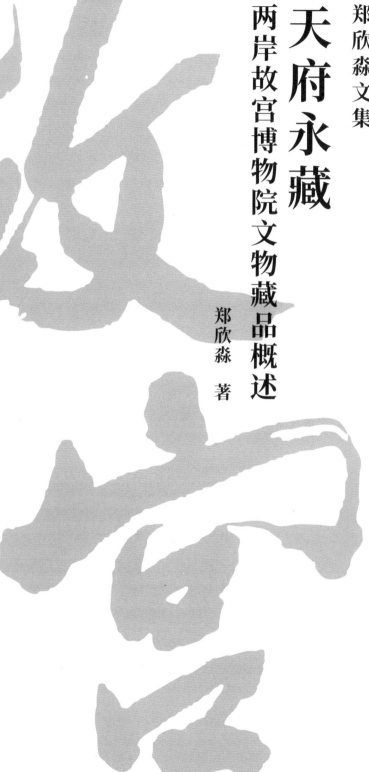

郑欣淼文集

天府永藏

两岸故宫博物院文物藏品概述

郑欣淼 著

北京出版集团
北京出版社

图书在版编目（CIP）数据

天府永藏：两岸故宫博物院文物藏品概述／郑欣森
著. — 北京：北京出版社，2023.5
（郑欣森文集）
ISBN 978 - 7 - 200 - 17241 - 6

Ⅰ．①天… Ⅱ．①郑… Ⅲ．①故宫博物院—历史文物
—介绍—北京②故宫博物院—历史文物—介绍—台湾
Ⅳ．①K870.4

中国版本图书馆 CIP 数据核字（2022）第 111553 号

郑欣森文集
天府永藏
两岸故宫博物院文物藏品概述
TIANFU YONGCANG

郑欣森　著
*
北 京 出 版 集 团
北 京 出 版 社　出版
（北京北三环中路 6 号）
邮政编码：100120
网　　　址：www.bph.com.cn
北 京 出 版 集 团 总 发 行
新 华 书 店 经 销
北京雅昌艺术印刷有限公司印刷
*
170 毫米 × 240 毫米　　16 开本　　18.25 印张　　242 千字
2023 年 5 月第 1 版　　2023 年 5 月第 1 次印刷
ISBN 978 - 7 - 200 - 17241 - 6
定价：110.00 元
如有印装质量问题，由本社负责调换
质量监督电话：010 - 58572393
责任编辑电话：010 - 58572383

　　故宫博物院是在明、清皇宫（紫禁城）及其收藏的基础上建立起来的。故宫博物院的文物分为两部分：一是紫禁城古建筑，它是全国重点文物保护单位、世界文化遗产，为不可移动的文物；二是其中珍藏的各种文物，为可移动文物。著名考古学家裴文中先生说："无论是紫禁城这一古代建筑物本身，还是紫禁城内珍藏的各种文物，都是罕见的旷世之宝。"①紫禁城与皇宫珍藏是不可分的，二者的结合构成了故宫无与伦比的价值及故宫博物院的丰富内涵与崇高地位。

　　故宫博物院成立于1925年10月10日，至今已走过了80多年的非凡历程，今天正以全新的、坚实的步伐，向着世界一流博物馆迈进。20世纪40年代末，故宫博物院在抗日战争时期南迁文物的近1/4运到了台湾，1965年在台北成立故宫博物院。从此，世界上同时有了两个故宫博物院。

　　海峡两岸两个故宫博物院，其藏品都主要来自清代宫廷。北京故

---

　　① 裴文中：《旷世之宝——紫禁城》，载《故宫新语》，上海文化出版社，1984年。

宫博物院现有文物藏品即可移动文物150多万件（套），其中130多万件（套）是清宫藏品和遗存，占藏品总数的85％。台北故宫博物院现有文物藏品65万件（套），清宫旧藏及遗存占到92％。也正因为这个原因，这个远离故宫的博物院才被冠名"故宫"。很显然，两个故宫博物院同根同源，其藏品互补性很强，只有把它们作为一个整体来看待，才能全面认识中华文明的源远流长、灿烂辉煌与一脉相承。但是长期以来，由于种种原因，两个故宫博物院的文物藏品并未为人们所广泛了解，或者知此而暗彼，或者只知其一而不知其二，甚至有些误传，可以说，藏品状况一直为两岸同胞乃至国际社会所关注。有鉴于此，把两岸故宫博物院的文物藏品进行全面介绍就显得十分必要。在这里，笔者不揣浅陋，力图对此进行一番研究，探讨两个故宫博物院藏品的变化情况，并把这些藏品放在一起，分类论述，以帮助读者对这个问题有明晰的认识。

郑欣淼

2008年6月5日

CONTENTS

下编

北京故宫博物院 85% 的文物藏品属于清宫所留，台北故宫博物院藏品的 92% 来自清宫遗存。

故宫博物院南迁文物中近 1/4 运往台湾，数量虽然不多，但多是精品。

中华人民共和国成立后，北京故宫博物院经过数十年积累，古老的皇宫不仅重现昔日收藏颇丰的盛况，而且补充了更多的过去皇宫所没有的精美艺术品。

宏富珍贵的清宫旧藏及其厄运

北京故宫博物院85％的文物藏品属于清宫所留，台北故宫博物院藏品的92％来自清宫。这些文物的来源比较复杂，除过大量的清宫旧藏，也有一部分为清宫遗存。回溯并梳理清宫旧藏的来源，对两岸故宫博物院文物的构成及特点当有更多的了解。

一　清宫旧藏的来源

清宫旧藏的来源主要有5个方面。

（一）历代皇家收藏的承袭

中国历代宫廷都收藏有许多珍贵文物，到宋徽宗时，收藏尤为丰富。《宣和书谱》《宣和画谱》《宣和博古图》，就是记载宋朝宣和内府收藏的书、画、鼎、彝等珍品的目录。清代帝王重视文物收藏，特别是乾隆皇帝，更使宫廷收藏达到了极盛，清宫编有《西清古鉴》、《西清续鉴》（甲、乙编）及《宁寿鉴古》，均为清宫所藏古代铜器的著录；另有《石渠宝笈》《秘殿珠林》，为当时宫廷所收藏各类书画的著录。这些收录清宫藏品的书籍均编写于乾隆、嘉庆年间，并形成了以考据为特征的乾嘉学派。见于著录中的很多古代文物早已散佚，但也有不少几经聚散，历尽沧桑，保存了下来。例如晋王珣《伯远帖》、隋展子虔《游春图》、唐韩滉《五牛图》、五代顾闳中《韩熙载夜宴图》等著名书画，都曾载于《宣和书谱》、《宣和画谱》或《石渠宝笈》中，现仍藏在北京故宫。晋王羲之《快雪时晴帖》（唐人摹本）、唐孙过庭《书谱》、唐怀素《自叙帖》等著名法书，曾入存宋元宫廷，现藏台北故宫博物院。这些名品留传至今，颇为不易，许多都有鲜为人知的故事。例如《清明上河图》，最初在宣和"御府"，宋徽宗赵佶原有题签至明中叶还存在，以后失去了。入金后为张著、张公药、王磵、张世积等人鉴赏题咏，但是不知道那时为何人所藏。元代又入内府。为官匠装池者以摹本易出，售于贵官某氏，又鬻于武林陈彦廉，至正年间杨准得之陈氏。明代先后由朱文征、徐溥、李东阳、陆完等收藏，继入严世蕃家，严败籍没，隆庆年间为冯保所窃据。万历六年（1578年）冯自题跋。明末清初时，不知何在。至乾隆中有陆费墀、毕沅印记，可能先在陆手，后为毕沅所收。嘉庆二年（1797年），毕死，四年（1799年）其家被籍，又入嘉庆内府，遂一直藏于清宫。后为溥仪盗出，携至长春。长春解放，人民解放军在通化一带缴获，曾藏东北博物馆，1958年拨交故宫博物院收藏。[①]

（二）清宫的征集

清代除承袭前朝宫廷收藏外，又着力各方搜求，其主要途径有三个：

其一，进呈物品。专制时代帝王一家天下，逢年过节、万寿大典或外出南巡，臣工往往多有贡献，其中又以进书画、文玩较为讨喜。乾隆皇帝在《续纂秘殿珠林石渠宝笈序》中说："自乙丑至今癸丑，凡四十八年之间，每遇慈宫大庆、朝廷盛典，臣工所献古今书画之类

---

① 参阅徐邦达《清明上河图的初步研究》，载《故宫博物院藏宝录》，上海文艺出版社、三联书店香港分店，1986年10月。

及几暇涉笔者，又不知其凡几。"①《石渠宝笈三编》嘉庆皇帝的上谕中也说："朕自丙辰受玺以来，几暇怡情，惟以翰墨为事，阅时既久……至内外臣工，祝嘏抒诚，所献古今书画亦复不少。"②大约清宫书画，臣工所献占一大部分。书画如此，其他珍宝也进献不少。除国内进献外，还有藩属国贡品、外国礼品等。这些所进之物，往往与重大的政治事件有密切关系。

其二，多方征求。例如访书。为了丰富、充实清宫藏书，清朝诸帝即不断广搜博采天下遗书。康熙二十五年（1686年）四月，圣祖谕礼部、翰林院："自古帝王致治隆文，典籍俱备，犹必博采遗书，用充秘府。善以广见闻而资掌故，甚盛事也。朕留心艺文，晨夕披览，虽内府书籍篇目粗陈，而裒集未备。因思通都大邑，应有藏编；野乘名山，岂无善本？今宜广为访辑，凡经史子集除寻常刻本，其有藏书秘录作何估值采集及借本抄写事宜，尔部院会同详具奏，务令搜罗罔佚，以付朕稽古崇文之意。"③乾隆皇帝即位后，更是多次征书，其时间之长、规模之大，均超越前代。

其三，查抄没收物品。明珠为康熙时的权相，喜收藏，"好书画，凡其居处，无不锦卷牙签，充满庭宇，时人有比邺架者，亦一时之盛也"④。乾隆五十五年（1790年），明珠的后嗣、驻伊犁领队大臣承安因罪革职，乾隆帝即命将其家产严密查抄。时乾隆皇帝正在巡幸山东返回的路上，便传旨索看查抄承安家产中之珍稀字画："昨据绵恩等奏称，查出承安什物内所有字画册页已交懋勤殿认看，书籍请交武英殿查检，分别呈览等语。书籍卷帙浩繁，即有宋元旧版之书，只可小心存贮，俟回銮后进呈。惟字画一项，伊系世家，必有唐宋名人真迹可供鉴赏之物，著彭元瑞、金简择其佳者数件，附本报之

---

① 《秘殿珠林石渠宝笈汇编》第3册，北京出版社，2004年1月，第1页。

② 《秘殿珠林石渠宝笈汇编》第8册，北京出版社，2004年1月，第4页。

③ 《清圣祖御制文集》卷三。

④ ［清］昭梿：《啸亭杂录》卷十。

便，先行寄至行在，以备途中遣兴。其单内所开西洋器皿，想自非钟表，或另有制作精巧足供玩赏者，著金简挑出几种，一并随报附寄呈鉴。"[①]明珠藏书数万卷，宋元版及名贵抄本尤多，其藏书处所为"谦牧堂"。嘉庆二年（1797年）重辑《天禄琳琅书目续编》时，原"谦牧堂"书便是入选的重要对象。又如高士奇、毕沅，都身居高位又精鉴赏，家藏书画古帙甚富，后也均被抄没入内府。

（三）清宫制作

为了满足皇帝对宫廷日用器皿及各种工艺品的需要，清宫内务府一直设有造办处，从全国各地选拔技艺高超的工匠，在宫廷内造做各种物件，均不惜工本，精益求精。乾隆二十年（1755年）前，造办处曾设立有匣作、裱作、画作、广木作、灯作、裁作、花儿作、绦儿作、穿珠作、皮作、绣作、镀金作、银作、玉作、累丝作、錾花作、镶嵌作、牙作、砚作、铜作、镀作、杂活作、枪作、眼镜作、如意馆、做钟处、玻璃厂、铸炉处、枪处、舆图房、弓作、鞍甲作、珐琅作、画院处、木作、漆作、雕銮作、旋作、刻字作等39个，后将一些活计相近的作处合并，减为15作，后又有所调整。这时懋勤殿、如意馆并造办处所属的单位共有41作，每月仅食1两钱粮的各项匠役就有595名[②]。这是一个规模很大的综合性手工业工场，常年按照谕旨制作独有清代皇家风范的艺术品、工艺品和各种精美的日用品。造办处各作的地点，有宫中造办处一带厂房，有画画人在启祥宫、慈宁宫作画，在景山、圆明园尚有许多制作地点。还有些器物由造办处设计画样，或拨蜡样，或做木样交苏州、扬州、南京、浙江、江西、广东等处，由当地最优秀的匠人制作，应该说造办处的制作网是全国性的。遗留至今的很多精美绝伦的工艺品，如玉器、珐琅器、钟表、文玩

---

① 《乾隆朝上谕档》第15册，第540—541页。

② 转引自万依、王树卿、刘潞著：《清代宫廷史》，辽宁人民出版社，1990年，第316页。

等，都是当年造办处制造的。造办处的档案保存至今，故宫所藏清代工艺美术品，有许多仍可以在档册中找到作者是何人，是某年月日开始设计画样、做模型，某日完成，以及陈设地点，等等。瓷器几乎全由景德镇官窑烧造，有时也用民窑代烧，要求质量极高，尤其是某些观赏瓷器，经反复筛选，方能进呈宫廷。

（四）清宫编刻书籍

清宫藏书是以明代皇宫秘籍为基础，又经过历年的搜求，加上清宫编纂刊刻、抄写的各类图籍，其收藏之富，超越以前各代。清前期，清内务府主持编纂、刊刻和抄写了许多大部头的图书。这些图书不仅在中国图书史上占有极为重要的位置，同时也成为清宫藏书的重要来源。康熙时把武英殿作为清代内府专门的修、刻书机构。康熙一朝内府刻书不少，从内容上看，门类齐全。特别是中国第一部带有经纬度的全国地图——《皇舆全图》，虽于乾隆二十五年（1760年）才由内府用铜版印刷，但其编绘乃在康熙一朝。雍正年刊印的《御制数理精蕴》和中国现存最大的一部类书《古今图书集成》，其编纂亦在康熙年间。雍正帝在位时间较短，也编刊了几十种书。乾隆朝内府刻了150多种大小不等的书，不算《清文翻译全藏经》，仍镌有18000余卷。清内府在编刊图籍的同时，由于康乾二帝崇尚书法，内府抄写书籍亦极为盛行，其抄写之精、装帧之美、数量之大，均可与内府刊本书相媲美。乾隆年间编纂的《四库全书》最为有名，同时产生的《四库全书荟要》和《武英殿聚珍版丛书》也颇有影响。这些内府刊本与抄本，都成为尔后故宫博物院的文物藏品。

（五）明清档案

明清档案与殷墟甲骨、敦煌经卷，被誉为中国近代文化史上的三大发现。文书是传达政令的工具，是国家机关上传下达的纽带。文书办理完毕后，例行存档以备查考。这样，档案就成为统治者在施政过程中必备的依据或者参考资料。明清王朝都建有比较完整的文书档案制度。明代档案在当时就已多次被烧毁、变卖，到清代又数次被销毁，几乎损失殆尽。清末，内阁大库部分倒塌，大量档案流于宫外，酿成"八千麻袋事件"。清在入关前就开始积累保存档案，存留至今的有《满文老档》等。入关后建立起全国政权，各项制度进一步完备，中央和地方衙署设有典籍厅、满本房、汉本房、档房等文书档案机构。皇史宬仍被沿用为保存清代实录、圣训和玉牒的皇家御用档案库。中枢机关内阁设内阁大库，除保存内阁形成的承宣、进呈的日行公事档案外，有官修实录、圣训、玉牒、会典的稿本，修书征集的档案，以及盛京移来的旧档，库藏极其宏富。内阁还设有副本库，建于嘉庆朝，专藏内阁的题本副本。清代设军机处，其档案库称方略馆大库。清代国史馆也设有档案库，称国史馆大库，主要保管为修史而征集来的档案。1925年故宫博物院成立后，这些明清档案就成为博物院的重要文物藏品，并专设文献馆进行管理。

此外，故宫还保存了大量清宫衣食住行的用品，当时并不是收藏品，而是实用之物，但在今天看来，同样是宫廷历史的见证，具有重要的历史价值、收藏价值，又由于是皇家日常生活用品，一般制作十分讲究，也有着相当的艺术价值。这批物品种类繁多、数量庞大，例如宫灯、乐器、车轿、家具、戏衣道具、服饰衣料以及金银器、锡器、铜器、梳妆具、玩具、地毯、药材、药具等等，都是清宫典制及文化娱乐活动的反映，同样具有文物的意义。

二 清宫旧藏的三次厄难

清宫旧藏，至乾隆年间最为丰盛，尔后随着国力衰败，外患频仍，收藏日渐式微，特别是近代以来，清宫文物珍藏更是多次遭到劫掠或毁损，比较大的厄难有三次：

（一）第二次鸦片战争中英法联军对圆明园的野蛮劫掠和焚毁

圆明园是清代皇帝的别宫，有着综合中西建筑艺术、规模宏大、举世罕见的壮丽宫殿，是清代帝后的"宸居游豫之所"，也是皇帝处理政务的重要场所之一。园内陈设极为华丽，不仅收藏有国内外极为珍贵的艺术品，而且还保存了大量历代图书字画、鼎彝礼器和清代文书档案，像是一座宏大的博物馆。咸丰十年（1860年），在英法联军发动的第二次鸦片战争期间，侵略者占领了圆明园，法军总司令孟托邦函告法国外务大臣说："予命法国委员注意，先取在艺术及考古上最有价值之物品，予行将以法国极罕见之物由阁下以奉献皇帝陛下（指拿破仑三世），而藏之于法国博物院。"①这个清廷经营了150多年的东方艺术之宫，被英法联军洗劫一空之后，在英国首相巴麦尊的批准下，又被放火烧毁。大火焚烧了3天，号称"万园之园"的圆明园化成了一堆堆败瓦颓垣。据《石渠宝笈》记载，圆明园收藏有历代书画200多件，或被烧毁，或被劫掠。

英法等国一些博物馆、图书馆现收藏有大量从圆明园劫掠去的珍贵文物。英国伦敦大英博物馆收藏有3万多件中国文物，包括书画、古籍、玉器、瓷器、青铜器、雕刻品等，其中直接从圆明园掠夺的文物就达2万多件，包括唐人所摹晋代著名画家顾恺之的《女史箴图》。法国收藏圆明园文物最为著名的是枫丹白露宫的中国馆，达到3万多件，多是珍贵无比的中华民族历史文化的精华。康有为1904年到法国游历，在巴黎乾那花利博物院看到了从圆明园掠夺去的文物："内府珍器，陈列满数架，凡百余品，皆人间未见之瑰宝，精光射溢，刻镂精工。有碧晶整块，大五六寸。一白玉大瓶，高尺许。一白玉山，亦高尺许，所刻峰峦楼阁人物精甚。其五色玉盘、玉池、玉屏、玉磬、玉罗汉、玉香橼，皆精绝，亦多有刻字者。玉瓶凡十一，大小不

---

① 转引自《清代宫廷史》，第426页。

一，皆华妙。有玉刻绮春园记十简，面底皆刻龙，精绝。一白玉羊大三寸许，尤华妙。如意亦百数，以红玉镶碧玉及白玉者佳；有一纯白玉米，至清华矣。其他水晶如意、瓷如意，亦极清妙。其铜铁如意尤多，不可数。其刻漆、堆蓝、雕金之屏盘杯盂百器甚多，皆非常之宝也。""其御制瓷有字者甚多。有御书'印心石屋'墨宝六幅，金纸《印心石屋图》三幅，亦刻龙。斋戒龙牌一。封妃嫔宝牒一。其他晶石漆瓶盘、人物无数。皆中国积年积世之精华，一旦流出，不痛甚哉！"[1]

（二）八国联军对皇室财宝的抢劫与破坏

清光绪二十六年（1900年），八国联军攻占了北京，不仅大肆杀戮义和团民，还有组织地大掠三日，更继以私人抢劫。各官衙所存库款被洗劫一空，颐和园、三海（南海、中海、北海）等地，也遭到抢劫。颐和园为清宫避暑游乐之地，陈列着大量的历代珍贵文物、图书字画和金银珍宝，尤以碧玺、宝石、翡翠居多，大多是各地进呈给慈禧太后的寿礼，都被掠走。颐和园的珍宝被抢掠殆尽，佛香阁下排云殿内的什锦柜只剩下空槅子了，而那些前来"参观"的各国游客，仍然"皆争取一二物，谓留为纪念品，遂至壁间所糊字画，窗间雕刻之画板，亦瓜剖豆解矣"。[2]正如时人所言，经过这场浩劫，"中国自元明以来之积蓄，上自典章文物，下至国家奇珍，扫地遂尽"。[3]

紫禁城是皇宫，自然是各国侵略者抢劫的重点目标。但侵略军总部怕各国在抢劫中产生矛盾和冲突，另外他们还准备继续承认清政府，于是决定不占领紫禁城。但事实上各国侵略者都曾利用各种机会进入皇宫进行抢劫，部分档案对此有所记载，如八月初四日，"洋人拿去乾清宫等物品清单"中记载有：玉器163件、玛瑙44件、瓷器3

---

[1] 康有为：《欧洲十一国游记二种》（"走向世界丛书"），岳麓书社，1985年，第220页。

[2] 《义和团档案史料》下册，第667页。

[3] 柴萼：《庚辛纪事》，《义和团》第1册，第316页。

件、笔16支、核桃珊瑚20件、扇子5把、扳指6个、竹木器7件、玩器35件、册页14册、手卷4轴、挂轴2件、铜器8件和石器墨纸4件，以上共331件。乾清宫内的青玉古稀天子之宝1方、青玉八征耄念之宝1方、铜镀金佛2尊、碧玉双喜花觚1件和碧玉英雄合卺觥1件等珍贵物品，也被洋人相继抢去。另外，八月初六日、十二日、二十七日，九月初一日，十月初三日、初七日和初十日等的档案中，也有洋人抢劫东西的类似记载①。这些记载远远不是皇宫御园损失的全部。

光绪年间，中海西岸修建了慈禧太后的寝宫和归政后的颐养之所，称为仪鸾殿。据《仪鸾殿陈设账》记载，其内陈设着近千件珍宝，有玉器、瓷器、玻璃器皿，还有各式各样的钟表和宝石。这些陈设品有一部分来自大臣的进贡，如袁世凯献给慈禧太后的一件"四季花镜"，上面除镶有墨绿玉、蓝宝石外，还有珍珠54颗。八国联军侵入北京，中南海成为联军司令部的驻地，联军总司令瓦德西挟名妓赛金花住仪鸾殿达半年之久。一天深夜，仪鸾殿突然起火，瓦德西狼狈逃出，联军参谋长则烧死殿内，殿内珍宝化为灰烬。皇宫御园损失的价值是无法估量的。正如瓦德西供认："所有中国此次所受毁坏之损失及抢劫之损失，其详数将永远不能查出，但为数必极重大无疑。"②

（三）逊帝溥仪在内廷13年中文物的损失

1911年辛亥革命后，根据《清室优待条件》，逊帝溥仪仍"暂居宫禁"，皇宫里大量堆积的文物珍宝仍然由皇室和内务府占有。但是，"这些财宝每一分钟都在被赠送、出售或典押，甚至被偷窃。"③文物财宝流失的渠道主要有以下三个方面：

其一是赏赐。逊帝溥仪经常拿一些名贵的字画珍籍赏人，主要是他身边的"师傅们"，如"宣统八年十一月十四日"：

---

① 转引自《清代宫廷史》，第542页。

② 转引自《中国近现代史纲要》，高等教育出版社，2007年，第23页。

③ ［英］庄士敦：《紫禁城的黄昏》，山东画报出版社，2007年，第228页。

赏陈宝琛王时敏晴岚暖翠阁手卷一卷

伊克坦米元章真迹一卷

朱益藩赵伯驹玉洞群仙图一卷

梁鼎芬阎立本孔子弟子像一卷

又如"宣统九年三月初十日"记的单子，上有赏伊克坦、梁鼎芬每人"唐宋名臣像册"一册，赏朱益藩"范中正夏峰图"一轴、"恽寿平仿李成山水"一轴。溥仪后来回忆说："这类事情当时很不少见，加起来的数量远远要超过这几张纸上的记载。"他又说："我当时并不懂什么字画，赏赐的品目，都是这些最内行的专家们自己提出来的。"①这些"师傅们"还以"借"为名，公然将宫中之物据为己有。1925年3月19日清室善后委员会点查毓庆宫时，发现一份《诸位大人借去书籍字画古玩等糙账》，是宣统庚申年（民国九年，1920年）记的。"诸位大人"指陈宝琛、朱益藩，下面或有注"收回"，未注"收回"字样的则是已侵为己有了。不过，在溥仪印象中，真正盗卖珍贵文物的老手，还是罗振玉。溥仪对于北京城里掌握实权的人物，遇到他们的生日或新年，都免不了送古玩字画等作为贺礼，以为巴结、笼络。如1923年曹锟当了大总统后，溥仪送给他一份丰厚的生日礼物：

哥窑天盘口大瓶2件

嘉靖青花果盘2件

玉雕云龙大洗1件

白玉双管甲扁瓶1件

白玉诗意山子1件

碧玉仙人山子1件

---

① 溥仪：《我的前半生（全本）》，群众出版社，2007年，第49页。

古铜三足朝天耳炉1件

古铜鼎1件

古铜鎏金双鹿耳尊1件

古铜提梁卣1对

珐琅葫瓶1对

珐琅宫薰1对

红雕漆格1对

红雕漆双耳尊1对

吴佩孚、徐世昌、张作霖等人的生日或新正度岁，溥仪都曾以古玩充作贺礼。1923年9月，日本东京发生大地震，溥仪也选了一批约价值30万美金的古物、字画、珍宝，送交日本驻华公使芳泽谦吉，以代现金作为赈灾之用，向日本示好。

其二是拍卖典押。溥仪在暂居内廷期间，不仅大清皇帝"尊号"仍在，而且继续使用宣统年号，仍有所谓内务府、宗人府等衙署操办事务，更有大批太监、宫女等供其役使。为了满足庞大的开支，维持小朝廷的局面，他们不惜拍卖或典押宫内的珍贵文物。民国十一年（1922年）、十二年（1923年）清室曾几次公开投标拍卖宫中珍宝、金银器。

最显著的例子是溥仪岳父荣源经手的一次抵押。抵押合同日期是民国十三年（1924年）五月三十一日，签字人是内务府的绍英、耆龄、荣源和北京盐业银行经理岳乾斋，抵押品是金钟、金册、金宝和其他金器，抵押款数80万元，期限1年，月息1分。合同内规定，40万元由16个金钟（共重111439两）作押品，另40万元的押品则是：包括8个皇太后在内的金宝10个、金册13个，以及金宝箱、金印池、金宝塔、金盘、金壶等，计重10969.796两；不足十成的金器36件，计重883.8两，镶嵌珍珠1952颗、宝石184块。另外，还有玛瑙碗等珍品45件。只这后一笔的40万元抵押来说，就等于是把金宝、金册等十成金的物件当作荒金折卖，其余的则完全白送。后来故宫博物院在宫廷物品点查中发现了这一合同，遂给北洋政府内务部致函，提出防止这批宝物变卖：

> 查本院于接收保管故宫物品中，曾发见有清皇室内务府将宫中所存宝册、古乐金钟及各种金器，抵押于北京盐业银行之事。曾经致函该行，请将所押物品暂为保存，勿即变卖。俟与内务府商定办法后，再与该行接洽。函达去后，迄未见复。该项抵押品中有古乐金钟十六件，闻为旷代仅存之品，为研究古乐所必需。其余册宝等物，亦多有关文献，均属明令应行保存范围，自未便听其变卖处分。相应照录原订合同及抵押品全单，函请贵部查照，禁止变卖处分，并希转行税务处对于单开各件，一律禁止出口，以保国粹，至纫公宜。①

其三是偷盗。紫禁城表面平静，内里却秩序混乱，盗窃活动愈演愈烈。溥仪刚行过婚礼，"皇后"凤冠上的全部珍宝都被换成了赝品。他回忆说："那简直是一场浩劫。参加打劫行径的，可以说是从上而下，人人在内。换言之，是一切有机会偷的人，是无人不偷，而且尽可放胆地偷。偷盗的方式是各有不同的，有拨门撬锁秘密地偷，也有根据合法手续，明目张胆地偷。太监大都采用前者方式，大臣和官员们则是用办理抵押或标卖，借出鉴赏，以及请求赏赐，等等，即后者合法的方式。至于我和溥杰采用的一赏一受，更是最高级的方式。"②

溥仪与溥杰的"一赏一受"，就是监守自盗。溥仪在宫中随着

---

① 中国第二历史档案馆编：《中华民国史档案资料汇编第一辑·文化》，江苏古籍出版社，1994年，第222—223页。

② 溥仪：《我的前半生（全本）》，群众出版社，第106—107页。

年龄的增长，复辟大清帝国的愿望和改善禁锢生活环境的要求日益强烈。改变现状需要大量的金钱。为了筹备经费，他就打起了宫里最值钱的字画和古董的主意。当时正值内务府大臣和师傅们清点字画，溥仪就从他们选出的最上品中挑最好的拿，以赏赐溥杰为名，运出宫外，存到天津英租界的房子里。溥杰每天下学回家，必带走一个大包袱。这样的盗运活动，始于民国十一年（1922年）七月十三日，止于当年十二月十二日，历时整整5个月。运出去的字画古董，有王羲之、王献之父子的《曹娥碑》《二谢帖》等，有钟繇、怀素、欧阳询、宋高宗赵构、米芾、董其昌、赵孟頫等人的真迹，司马光的《资治通鉴》原稿，有唐王维的人物画、宋马远和夏圭以及马麟等画的《长江万里图》、张择端的《清明上河图》，还有阎立本、宋徽宗等人的作品。古版书籍，是把乾清宫西昭仁殿的全部宋版、明版书的珍本运走了，运出的总数有1000多件字画，200余种宋元明版书。

1925年7月31日，清室善后委员会在点查养心殿时，发现了一束"赏溥杰单"和一束溥杰手书的"收到单"。故宫博物院后来将此密件及此前发现的《诸位大人借去书籍字画古玩等糙账》编辑成书，取名《故宫已佚书画目录三种》，向社会公开发行。弁言中称，被溥仪兄弟盗运出的书籍字画，"皆属琳琅秘籍，缥缃精品，《天禄》书目所载，《宝笈》三编所收，择其精华，大都移运宫外。国宝散失，至堪痛惜！兹将三种目录印行，用告海内关心国粹文化者。"①

当时宫中偷盗已成为一种公开的秘密。在地安门大街上，新开了一家又一家的古玩店，它们都是太监或者内务府的官员们开的。店内卖的古玩，许多都是货真价实的内府珍品。

建福宫是乾隆时期建造的一处自成体系的大型宫殿花园式的院落。宫室内收藏着十分丰富的文物珍宝，有皇帝行乐图、帝王御容写真、名人字画、佛经、书籍、金佛、金塔、金银法器以及珍贵铜器、

① 《故宫已佚书画目录三种》，清室善后委员会，1926年6月。

稀有瓷器等，收藏较为全面和系统。溥仪大婚时用的物品和全部礼品，也都存放在这里。1923年溥仪决定整顿内务府，清点库房。建福宫的清点刚开始，6月27日深夜，一场大火将建福宫花园及其附近的宫殿建筑化为焦土，大量文物珍宝付之一炬。据内务府所说，烧毁金佛2665尊，字画1157件，古玩435件，古书几万册。但究竟烧毁了多少东西，至今还是一个谜。烧成的灰烬里有烧熔的金、银、铜、锡，内务府把北京金店的人找来投标，结果一个金店以50万元的价格中了标。据说当时只是熔化的金块、金片就捡出了17000多两。内务府把余下的灰烬装了许多麻袋，分给内务府的人们，有人用从麻袋灰烬里提制的金子，做了两个直径和高度均为1尺上下的黄金坛城，施舍给北京两座寺庙①。其损失之巨，于此可见一斑。

---

① 溥仪：《我的前半生（全本）》，群众出版社，第108页。

故宫博物院的成立、
文物南迁及部分文物运台

一 故宫博物院的成立

正当溥仪小朝廷在紫禁城闹得昏天黑地时，溥仪没有想到，他在紫禁城的末日到了。

1924年9月16日，第二次直奉战争爆发，贿选总统曹锟下令讨伐奉系，任吴佩孚为"讨逆军总司令"，率部进攻据守山海关的张作霖奉军，直系将领冯玉祥也奉命率部离京开赴直奉战争前线。10月22日夜，冯玉祥的部队突然倒戈，从滦平前线秘密班师回北京，发动震惊中外的"北京政变"。24日，直系军阀政府被推翻，曹锟被囚，吴佩孚的势力被逐出北京。"北京政变"成功后，冯玉祥将军被推为国民军总司令，并成立了中华民国临时执政府，由国民军支持的黄郛担任临时执政府代总理，摄行总统职务。11月4日，临时执政府摄政内阁会议议决，修正《清室优待条件》，决定"清室应该按照原先优待条件第三条规定，即日移出宫禁"；同时决定，由京师卫戍司令鹿钟麟、京师警察总监张璧负责执行，并以教育文化界名流李煜瀛为国民代表会同办理。

1924年11月5日，溥仪及其眷属被驱逐出紫禁城。11月7日，临时执政府发布命令："著国务院组织善后委员会会同清室近支人员协同清理公产私产，昭示大公。所有接收各公产，暂责成该委员会妥慎保管。俟全部结束，即将宫禁一律开放，备充国立图书馆、博物馆等项之用，藉彰文化，而垂永远。"①11月14日，《政府公报》上公布了《清室善后委员会组织条例》，条例共8条，包括委员会的任务、组织职务、期限、办公地址、办公费及其他事项，同时聘请李煜瀛为清室善后委员会委员长。11月20日，清室善后委员会筹备就绪，宣告成立，李煜瀛就任委员长一职。委员会由政府和清室双方人士组成。

清室善后委员会最重要的任务是点查清宫物品，分清公产、私产，但遭到段祺瑞政府的阻挠与清室的破坏。善后委员会对此给予坚决的抵制，并在当年12月20日召开了委员会第一次会议。在清室方面的委员拒绝到会的情况下，按法定程序，通过了《点查清宫物件规则》。清室方面委员拒不参加点查并唆使政府下令停止点查工作，善后委员会于12月22日又召开点查预备会议，坚持对清宫物品的点查，后在有关方面的斡旋下，段祺瑞政府也只好同意点查。善后委员会在召开点查预备会议时，同时决定，立即按《清室善后委员会组织条例》的规定，成立图书馆、博物馆筹备会，聘请易培基为筹备会主任，开始筹组图书馆、博物馆的工作。

点查清宫物品，以宫殿为单位，而顺序则由入口左侧起，逐件编号，依序登录。因故宫殿堂众多，善后委员会遂将各宫殿按《千字文》编号，如乾清宫为"天"、坤宁宫为"地"、南书房为"元"、上书房为"黄"等。物品的编号有总号、分号之别：橱柜箱架各为一总号，以中文书写；置放其内之物则属总号之下的分号，以阿拉伯数字记之。点查作业以组为单位，派赴各宫殿点查，谓之"出组"。每次清点，除工作人员外，还有军警参加，最多的参与者近20人。每组各有一张担任职务签名单，称为"组单"，上列六大工作项目：查报物品名目、登录物品、写票（据点查登录簿所记编号写成票签）、

---

① 中国第二历史档案馆编：《中华民国史档案资料汇编第一辑·文化》，江苏古籍出版社，1994年，第292—293页。

贴票（将票签粘贴或悬挂于物品上）、事务登记、照相（重要物品需照相）。

故宫博物院成立于1925年10月10日。成立的基础是经过将近一年的时间，清宫中大多地方的物品得到初步的点查，并由善后委员会编辑出版《清室善后委员会点查报告》一份，以易培基为主任的图书馆、博物馆筹备会，做了大量的筹备工作；同时，也是当时政治斗争的需要，善后委员会认为，鉴于当时的紧迫形势，应迅速成立博物院，使清宫善后之事成为公开局面，才能杜绝清室方面的复辟妄想。故宫博物院成立时，养心殿、毓庆宫、寿安宫、慈宁宫、宁寿宫、永寿宫等尚在点查之中，博物院成立之后陆续完成。景福宫、阅是楼、景祺阁、符望阁、倦勤斋、文渊阁以及景山寿皇殿等都是1926年开始点查并完成的。直至1930年3月，又次第完成皇极殿、颐和轩、南三所、西所、盆库、大高玄殿，以及实录库、皇史宬、銮舆卫、帘子库等处点查工作。迁延5年多的清宫物品点查宣告结束，并出版了《清宫物品点查报告》6编28册，载录每一物事之编号、品名、件数，以及参与点查人员、军警监视人员姓名，为故宫清点清宫物品的完整记录。

根据《清室善后委员会点查报告》，清宫遗留下来的物品，计有117万件之多。这些文物就成为1925年成立的故宫博物院的藏品。当然，清宫旧藏及遗存的数量远不止这些，当时有些殿堂尚未清点，清点过的一些物品，因计算方法的原因，与实际数量亦有不小出入。例如故宫的一些档案，原来是按包扎，以一包为一件的，实际上一包之中所含的物件等，多者竟达一二百件。运台的档案文献，按原来统计办法是26920件，后重新按件整理，则变成了393167件，是原来的15倍。正因为如此，文物的清理也就成为故宫博物院一项多次进行的重要工作。据估计，加上北京故宫博物院以前收藏的档案典籍等，当年故宫博物院成立时，清宫旧藏及遗存在700万件以上。

故宫博物院创立后，由于北洋军阀政府的内战，政局的不稳与变化以及经费的困难，使创立初期的故宫博物院遭遇了困难与挫折。

1928年6月国民革命军第二次北伐成功后，南京国民政府接收故宫博物院。1928年10月，国民政府先后公布了《故宫博物院组织法》和《故宫博物院理事会组织条例》。1929年3月，国民政府任命李煜瀛为故宫博物院理事会理事长，任命易培基为故宫博物院院长。故宫博物院各项业务工作全面开展，进入了难得的蓬勃发展的好时期。

二　文物南迁

1931年，日本帝国主义发动了"九一八事变"，占领我东北，平津震动，华北告急。一旦日军入侵华北和平津，故宫博物院的文物就有在战火中被劫被毁的危险。鉴于日军侵略气焰方炽、时局不断恶化，故宫博物院理事会认为，万全之计，就是把文物转移到安全的地方。于是经理事会讨论决定，并报国民政府同意，选择院藏文物中的精品，迁往上海储藏。

文物南迁的准备工作，一是选择文物精品，二是做好装箱工作。古物馆、图书馆、文献馆三馆各负责本馆文物精品的装箱准备，秘书处则负责办理散置各宫殿的文物。这次装箱，可以说装了故宫文物大部分精华，凡是可以装运的，几乎都装了箱。各类文物装箱的情况是：古物方面集中装箱的以书画、铜器、瓷器、玉器为主，数量也最多，其他同时装箱的象牙、雕刻、珐琅、漆器以及文具、陈设等工艺类文物，也占相当数量；图书方面，宫中所存、值得运走的大致装了箱，其中主要有文渊阁《四库全书》，摛藻堂《四库全书荟要》，文渊阁、皇极殿、乾清宫所存《古今图书集成》等；文献方面，主要有档案、册宝、舆图、图像、乐器、服饰等，凡是重要的都装了箱。

故宫文物南迁及南迁文物运台已为人们所熟知。不少人以为，当年故宫博物院的文物都南迁了，而其中的精品又都运到了台湾。这自然是个误解。南迁古物，当时决定尽量挑选精品，事实上未能完全做到。各库藏品数以万计，大量珍品贮藏其间，大部分仍保存未动，有的库甚至整库文物未动。同时各个陈列室要维持正常开放参观，就要保留一定数量的展品。有的因装箱人员对文物缺乏研究，留下真品，选走伪品。有的虽系精品而因故未及装箱。也有的当时视为伪作，有意未装箱。还有虽系珍贵文物，过去不为人知，或藏置于次要处所，当时未找出装箱运出。还应看到，南迁文物的挑选，因受包装及运输条件的限制，凡是大件的物品（玉器、陶瓷、书画等俱有）都未运走；而且囿于当时的认识水平，还多从传统的古董商人的角度看待文物，重视文物的市场价值，缺乏文化史、艺术史的眼光，因此挑选南迁文物时，难免有偏颇之处。

各馆处装箱南迁文物箱数及件数如下：

1.古物馆

瓷器	1746	箱	27870	件
玉器	178	箱	8369	件
铜器	50	箱	572	件
铜镜	5	箱	517	件
铜印	2	箱	1646	件
书画	128	箱	8852	件
文具	19	箱	862	件
如意	6	箱	88	件
鼻烟壶	3	箱	559	件
朝珠	2	箱	75	件
剔红	70	箱	744	件
珐琅	70	箱	639	件
象牙	22	箱	66	件
陈设	45	箱	47	件
刀剑	4	箱	67	件
雕刻	20	箱	188	件
法器	14	箱	228	件
杂项	247	箱	12346	件
共计	2631	箱	63735	件

2.图书馆

文渊阁四库全书全部	36537	册	536	箱
摛藻堂四库全书荟要	11179	册	145	箱
宛委别藏	784	册		
文渊阁、皇极殿、乾清宫古今图书集成	15059	册		
清刻高宗御译大藏经	108	函	54	箱
藏文写本龙藏经	108	函	108	箱
藏文写本甘珠尔经	108	函		
宜都杨氏观海堂藏书全部			62	箱
善本书			72	箱
方志			46	箱

其他如武英殿聚珍版、抄本、满蒙文刻本等，一共装运了1415箱。

3.文献馆

内阁大库档	1516	箱
刑部档	86	箱
宫中档	461	箱
内府档	32	箱
清史馆档	77	箱
军机档	365	箱
实录圣训	507	箱
起居注	66	箱
玉牒	94	箱
剧本	5	箱
戏衣	200	箱
乐器	160	箱
地图铜版	26	箱
舆图	17	箱
图像	62	箱
仪仗	16	箱
册宝	35	箱
武器	5	箱
盔甲	32	箱
陈列品	9	箱
印玺空盒	2	箱
共计	3773	箱

4.秘书处

将钟表、清瓷、盆景等各宫殿尚未集中的文物以及分处物品尚未
售出的皮衣等，共装5608箱又64包。

文物南迁是从1933年1月开始的。当时日军进入山海关，并进攻
热河省（包括今内蒙古、河北、辽宁各一部）和长城各口，华北地区
面临更加险恶的局势，故宫博物院理事会决定，立即将已装好箱的文
物，分批南迁上海，并派人去上海租赁库房准备存储迁沪文物。2月6
日，第一批南迁文物起运，以后，又经过约4个月的时间，到5月15日
止，共运出文物5批。

5批运送的起止日期表如下[①]：

批数	起运日期	到达日期
第一批	1933年2月6日	1933年3月5日
第二批	1933年3月14日	1933年3月21日
第三批	1933年3月28日	1933年4月5日
第四批	1933年4月19日	1933年4月27日
第五批	1933年5月15日	1933年5月23日

5批运出的故宫一处三馆文物列表如下[②]：

批数	秘书处	古物馆	图书馆	文献馆	总数
第一批		452 箱	602 箱	1064 箱	2118 箱
第二批	426 箱	384 箱	44 箱	436 箱	1290 箱
第三批	1013 箱 又 62 包	242 箱	477 箱	1240 箱	2972 箱 又 62 包
第四批	2635 箱 又 2 包	829 箱	138 箱	1033 箱	4635 箱 又 2 包
第五批	1534 箱	724 箱	154 箱		2412 箱
总计	5608 箱 又 64 包	2631 箱	1415 箱	3773 箱	13427 箱 又 64 包

[①]《由北平起运赴沪到达日期表》（1949 年 2 月 20 日收。凡档案原件无日期，均标
收档日期，下同），北京故宫博物院档案。

[②]《由北平起运赴沪分批箱数表》（1949 年 2 月 20 日收），北京故宫博物院档案。

附随故宫文物南迁的，还有古物陈列所、中央研究院、颐和园等单位的文物，亦列表如下[①]：

批数	古物陈列所	中央研究院	颐和园	内政部	国子监	先农坛
第二批	200箱	37箱				
第三批	814箱		74箱	档案4箱		
第四批	1400箱		224箱		石鼓10件 碑1件	
第五批	3000箱		343箱又8件			88箱

　　1934年初，故宫文物南迁后半年多，行政院下令故宫博物院清点留平文物及点收运沪文物，马衡就任院长后具体主持此项工作。北平留存文物的点收，从1935年7月至1936年10月，历时年余。初由行政院驻北平政务整理委员会遴派专员到院监视。政整会撤销后，9月奉行政院令，派北京大学校长蒋梦麟、北平大学校长徐诵明、清华大学校长梅贻琦、北平师范大学校长李蒸为文物监盘委员，轮流到院监视工作。点查手续仍按以往成规办理，但没有详细登记，一是考虑留院文物数量大，不及细查；二是考虑需要日后进一步对全部文物分类整理编目。因此只着重于首先点清留院文物品名、数量，其他工作留待以后再做。

　　运沪文物的点查，始于1934年11月20日，1937年6月结束。行政院派去的文物监盘委员是教育部的舒光宝，点验过的文物，全都钤盖上"教育部点验之章"，工作做得较细，事后编印油印本《存沪文物点查清册》，以后就成为南迁文物的原始清册。原来自平装箱运出时，清册只记了品名与件数，并没有编造详细清册。这次点收则是按箱详细登记的，铜器、玉器、牙器，都要记明重量。瓷器，还要标明颜色、尺寸（包括口径、底径、腹围、深度等）、

---

① 《各处附运箱数》（1949年2月20日收），北京故宫博物院档案。

款式，以及有无损伤。倘原来文物最初由清室善后委员会点查所粘贴的字号签遗失又无法查出原字号，或原来就漏编字号，则此次补编新字号。马衡院长以"全材宏伟""沪上寓公"八字，重造一处三馆南迁文物的编号与箱号：文物编号为全（秘书处）、材（古物馆）、宏（图书馆）、伟（文献馆）；箱件编号为沪（古物馆）、上（图书馆）、寓（文献馆）、公（秘书处）。上海开箱点查南迁文物箱数表如下①：

		字号	第一批	第二批	第三批	第四批	第五批	总计	备注
故宫博物院	古物馆	沪	2466箱	164箱	1箱			2631箱	①
	图书馆	上	420箱	995箱				1415箱	②
	文献馆	寓			129箱	1535箱	2102箱	3766箱	③
	秘书处已点收箱数	公		3658箱	105箱			3763箱	
	前秘书处未点收箱件	禾			1845箱		64包	1845箱64包	④
	伦敦艺展箱件	艺	76箱		4箱			80箱	
	艺展会退回未选送出国箱件	提				7箱		7箱	
	法院封存箱件	法				10箱	1箱	11箱	⑤
	驻沪办事处文件箱	处				2箱	39箱7件13扎	41箱7件13扎	
	刊物	刊	189箱					189箱	⑥
其他单位	古物陈列所	所			1760箱	3657箱		5417箱	⑦
	颐和园	颐			566箱8件8包	74箱		640箱8件8包	
	国子监	国					11箱	11箱	

①《在沪经开箱点查后运南京箱数及日期表·分批箱件数目表》（1949年2月20日收），北京故宫博物院档案。

续表

	字号	第一批	第二批	第三批	第四批	第五批	总计	备注
总计		3151箱	4817箱	4410箱8件8包	5285箱	2153箱7件64包13扎	19816箱15件72包13扎	

备注:

①与南迁时数目相符。

②与南迁时数目相符。

③南迁时为3773箱。1935年5月提《满文老档》8箱运平。1936年2月由平运还《满文老档》1箱,故得此数。

④以上两项共为5608箱64包,与迁时数目相符。

⑤以上三项共为98箱,系从三馆及前秘书处南迁各箱内提出另存,将来需归原箱。

⑥以上两项共230箱7件13扎,系附带运京箱件,卒另提存。

⑦南迁箱件原为5414箱,因艺展退回连囊匣一并归箱,不敷应用,新添1箱又加空囊匣2箱,故合为5417箱。

原档案说明如下:

一、由沪运京之字号为沪、上、寓、公、禾五项,即由平运沪之原箱。惟寓字内提运北平满文老档7箱后,总数为13420箱。

二、二十四年(1935年)在英国伦敦中国艺术国际展览会,由各箱内提选精品参加展览。于出国前,增制精美囊匣。回国后,沪处仍用运英原箱,装为八十箱,编为艺字第一号至八十号。

三、由各箱内提出参加展览之物品,未入选者,沪处临时装为七箱,编为提字,由第一号至第七号。

四、江宁地方法院在沪检查本院文物,由各箱内提出之物品,分装十一箱,编为法字第一号至第十一号。

五、处字及刊字编号之二百三十箱,系沪办事处之文件账册及照相室所之器材,及本院印行之刊物等件与文物无关。

六、本院代运前古物陈列所之箱数,在沪点查后,较由平运沪之箱数多三箱。又颐和园之箱数,较由平运沪之箱数少一箱。应是在沪开箱点查后，装箱技术不同之差别，卷内并未载明。

查以上号字，沪字者，包括铜器、瓷器、书画、织绣、玉器、景泰蓝、剔红、折扇、木器及象牙雕刻等杂项；上字者，为书籍；寓字者，为文献档案；公字、禾字，为绸缎、皮件。（廿一日函王毅荐将此节改为：公字、禾字箱，包括瓷器、绸缎、皮件，尤以瓷器为大多数。）

南迁文物运储上海后，同时在南京抢建库房。1936年8月，南京朝天宫文物库房建成，当年12月投入使用，存于上海的文物分批转运到南京新库房储存。但仅仅半年时间，日本侵略者在北平发动"七七事变"，接着在上海发动"八一三事变"，中日战争爆发，南京情势日趋紧急。刚刚转迁到南京库房的南迁文物，又根据行政院命令，再次避敌西迁，向后方疏散。文物西迁转移以后，随同西迁文物到后方的工作人员，分散在贵州安顺，四川重庆、乐山、峨眉4处。在重庆设立总办事处，由院长马衡率领一部分人驻守；文物的日常保管与维护工作，则由安顺、乐山、峨眉三个办事处的工作人员分别负责。1944年12月，安顺办事处所管文物运到四川巴县境内储存，同时设立故宫博物院巴县办事处，撤销安顺办事处。

1945年9月抗日战争胜利后，战时状态结束，故宫博物院奉命复原。散储在乐山、峨眉、巴县三处库房的文物箱件，从1946年1月下旬开始起运，直到1947年3月6日，全部集中到重庆，暂存约两个月，便开始向南京转运，到12月初结束，历时将近半年。从1937年11月开始西迁文物转移储存，到1947年6月全部东归南京，这批文物在后方整整过了10年，在这10年间的分散保管时期，经历了难以想象的困难和艰辛，文物没有较大的损伤，创造了第二次世界大战时期人类保存文化遗产的奇迹。

1937年，存放于南京分院的故宫文物避敌西迁时，有近3000箱堆放在江岸码头上的文物未来得及装运，又运回库房封存。日军占领南京后，将南京分院及文物库房强行占用，并连同朝天宫一起改作伤兵医院。封存在库房中的近3000箱文物被日军分别移存于北极阁中央研究院、紫金山天文台和地质调查所等处。抗日战争胜利后，这批留存文物全部追查收回，但原分院库房使用的空调机等机器和原印刷所的印刷设备则大部分下落不明，无从追索。

三 接收古物陈列所及对流散文物的收集

古物陈列所是北洋政府内务部于1913年12月29日下令筹办，1914年2月4日正式宣告成立，是一个主要保藏陈列沈阳故宫及热河行宫文物的机构。1913年12月24日制定的《古物陈列所章程十七条》申明："本部有鉴于兹，默察国民崇古之心理，搜集累世尊秘之宝藏于都市之中，辟古物陈列所一区，以为博物院之先导，综我国之古物与出品二者而次第集之，用备观览，或亦网罗散失参稽物类之旨所不废欤。"古物陈列所有热河行宫及各园林的陈设物品1949箱117700余件，沈阳故宫古物1201箱114600余件，共计约232300件。除在武英殿、文华殿开辟展室外，还用美国退还庚款20万元在武英殿以西的咸安宫旧基，建筑宝蕴楼库房，用来保存文物。热河都统治格兼任古物陈列所所长。1926年设鉴定委员会，分书画、金石、陶瓷、杂品4组，由各委员分任鉴定。为了吸引观众，规定各殿陈列物品每周都进行更换，稀世珍品随时更易，不做长时间展览，以便慎重保护。普通展品"或旬月一换，或逢令节纪念等日减价期间，分别选择更易"。另外还在东、西华门外各置一大公告木牌，书写陈列物品门类，以期观众预为知晓。古物陈列所代表了我国20世纪20年代博物馆的水平，受到观众欢迎。据统计，从1928年7月中旬到1934年，6年间该所共接待观众422000人次，最多一月（1932年10

月）观众达12457人次。①

古物陈列所从热河、沈阳接管的古物中，有两部《四库全书》，后都移交出去了。1929年9月13日，古物陈列所改为直属于南京国民政府内政部。1933年2月7日，古物陈列所所存古物也奉命装箱，随故宫博物院第二批南迁文物同时起运，先后运出4批，计111549件，留平的还有88202件。南迁文物包括铜器、瓷器、书画、珐琅器、玉器、雕漆、古籍、帝王像、琴砚、珠宝、钟表、挂屏、藏经等。这批文物运沪后与故宫南迁的文物存在一起。1936年故宫博物院南京分院朝天宫库房建成后，古物陈列所的这批文物也从上海移到南京。淞沪会战爆发后，这批文物随故宫博物院文物分三路同时迁出南京，辗转运到四川，直到抗战胜利。抗战胜利后，国民政府行政院在1946年12月3日开会议决了三件事：一、故宫博物院划归行政院直辖；二、古物陈列所房屋及其留北平之文物，拨交故宫博物院；三、古物陈列所文物之已经移至南京者，仍照中央政治会议成案，拨交中央博物院。

1948年3月1日，古物陈列所正式并入故宫博物院，留平的文物归了故宫，更重要的是实现了整个紫禁城的统一管理。1930年10月，故宫博物院院长易培基向国民政府行政院提出"完整故宫保管计划"的议案，并以理事蒋中正领衔呈送国民政府，当即得到行政院的批准，同意将设在紫禁城外朝的古物陈列所与故宫博物院合并，将中华门以北各宫殿，直至景山、清太庙、皇史宬、清堂子、大高玄殿一并归入故宫博物院。但因多种原因，合并工作一直未能完成，18年后才得以实现。1948年10月，国民政府重行修正公布《国立北平故宫博物院暂行组织条例》，第一条规定："国立北平故宫博物院……掌理旧紫禁城全部，并所属天安门以内及大高玄殿、清太庙、景山、皇史宬、清堂子等处之建筑物。"事实上，除紫禁城全部及清太庙外，其他建筑

---

① 参阅王宏钧主编：《中国博物馆学基础（修订本）》，上海古籍出版社，2001年，第81页。

物直到这时仍为其他单位占用，没有收回来。故宫博物院正式接收古物陈列所留存北平文物及房屋馆舍后，重行布置太和、中和、保和、武英、文华等殿，辟为南路参观路线。

抗战胜利后，故宫博物院北平本院接管和收购了一批散失在外的故宫旧有文物和物品，还接受了很多私人收藏家捐献的文物，其中不少是具有很高艺术价值和历史价值的稀世珍品。

（一）在天津接收两批文物

收回被日军劫走的铜灯亭、铜炮。日军1944年6月22日从故宫劫走铜灯亭91座，铜炮1尊，作为其推广"献铜运动"的成果。这批物品运到天津，还未来得及运往日本，日军就投降了。故宫博物院于1946年从天津运回铜灯亭、铜炮，有的已残破、毁坏，共重4460公斤，较劫走当时短少971公斤。被日军劫走的54个铜缸则遍寻不见。

接收溥仪天津旧宅留存的文物和溥修宅中留存的溥仪物品。溥仪宅中文物计1085件，分藏于19个小铁匣和2个皮匣中，多为玉器及小件什物，书画5件，其中有见于《故宫已佚书籍书画目录四种》中的作品。小件什物上大多有黄色号签，与故宫博物院所存同类物品的号签完全相同。在溥修宅中发现的溥仪物品共222件。这两批文物发现后由河北省平津区敌伪产业处理局查封，经国民政府行政院批准由故宫博物院于1946年7月接收，运回北平。溥仪这些文物，其中珍品古玉达数百件之多，如商代鹰攫人头玉佩即为无上精品；宋元人手卷4件，宋马和之《后赤壁赋》、元邓文原长卷章草《急就章》、元赵孟頫设色《秋郊饮马图》及《老子像道德经书卷》；此外有古月轩珐琅烟壶、痕都斯坦嵌宝石玉碗、嵌珠宝珐琅怀表等，至于黄杨绿翡翠扳指等，更是价值连城[1]。

---

① 参阅王世襄：《锦灰不成堆》，生活·读书·新知三联书店，2007年，第71页。

（二）在北平接管 4 批文物

接收清宗人府余存玉牒等。北平孔德学校于1947年3月6日，将清宗人府原存满汉文玉牒74册、清代八旗户口册690册、档簿70册，共834册，交给故宫博物院。

接收法兰克福中国学院友谊会古物图书741件。这批文物原存北京德孚洋行中，河北省平津区敌伪产业处理局查封后，经行政院教育部核议后，交故宫博物院接收。

接收陈仲恕汉印。这批汉印原存伪善后救济总署，共501件。北平沦陷后，北平名流陈仲恕举家南迁时，向北平某商业银行借贷5000元，以这批汉印为抵押品。后来这批汉印为伪华北政务委员长王克敏买去，预备还给陈仲恕，陈不肯收，因此存放在伪善后救济总署。日本投降后，王克敏被捕，伪中国联合准备银行总裁汪时璟用陈仲恕名义，于1945年10月8日把这批汉印交给故宫博物院。

接收朱启钤"存素堂"旧藏宋、元、明、清历代丝绣及玉器、铜器、牙雕、书画等文物3319件。朱启钤先生曾先后担任民国内阁交通总长与内务总长，亦受聘为故宫审查委员。他对收藏的历代缂丝刺绣逐一考证，撰《存素堂丝绣录》。1929年，先生为募款筹设中国营造学社及影刻宋版《营造法式》，将其存素堂丝绣及各类文物，一并售于张学良，押存于东北边业银行。"九一八"后，为伪满洲国中央银行占有，伪满视之为"国宝"，并将部分文物运至日本展出，编辑出版《纂组英华》图录。抗战胜利后，存素堂旧藏由长春空运北平，贮存于中央银行，嗣由故宫博物院接管。其中丝绣尤为精美，不乏稀世珍品，如缂丝有北宋《紫鸾鹊谱图》轴、《瑶台献寿图》轴，南宋朱克柔《山茶》《牡丹》方幅，元代《牡丹》团扇等；绣品有宋绣《瑶台跨鹤图》方幅、《金刚经》册等，明绣有顾绣名家韩希孟《花鸟人物》册、顾绣《弥勒佛》立幅及罕见的发画人物立轴等，另有五代梁贞明二年（916年）织成的《金刚经》卷等。

（三）接收私人捐献方面，著名的是"杨铜""郭瓷"

"杨铜"是指杨宁史的收藏。杨氏为德国侨商禅臣洋行的经理。北平沦陷期间，他从市肆收买了大量从河南等地出土的古铜器，其中古铜礼器127件，古兵器120件。1946年1月22日，杨把这批文物捐给故宫博物院，后杨又捐周蟠虺簠一件。"杨铜"中极为重要的器物，有经唐兰先生定名为"宴乐渔猎攻战纹"的战国铜壶，商饕餮纹大钺以及鼎、卣、爵杯、玉柄钺等。故宫博物院为"杨铜"辟专室陈列，并挑选参加国民政府教育部于1946年11月在南京举办的胜利后第一届文物展览。

"郭瓷"是指郭葆昌的收藏。郭葆昌先生雅嗜文物，锐意收藏，为著名的瓷器专家，以精鉴别、富收藏闻名中外，编有藏瓷图谱《觯斋瓷乘》，曾任故宫瓷器及书画两组的审查委员，于抗战期间去世。抗战胜利后，他的儿子郭昭俊遵照先生遗嘱在1946年2月25日把郭葆昌藏瓷送到故宫博物院，共计427件。后来他家又补献残木座106件、乌木床1架、紫檀雕灵芝桌1件、锦床垫1件。编有《郭葆昌藏瓷目录》。

（四）收购

1946年底到1947年前半年，故宫博物院还收购到《故宫已佚书籍书画目录四种》中曾著录的一些书籍和书画，用掉收购专款26770万元。重要的有宋版《资治通鉴》1部（共100册，另目录16册）、米芾《尺牍》1卷、唐国诠写《善见律》1卷、宋高宗书《毛诗闵予小子之什》（马和之绘图）1卷、《明初人书画合璧》1卷、宋版《四明志》1册、元人《老子授经图书画合璧》、龙麟装王仁昫书《刊谬补缺切韵》1卷及雍正、乾隆等朱批奏折41本等。

这批书籍、书画都是清宫的藏品，抗战胜利后从东北流入北平，合浦珠还，回归故宫。

上述故宫博物院接收的古物陈列所文物以及接管、收购和接受捐献的文物，都成了北京故宫的收藏；有些文物，例如朱启钤先生的存素堂珍藏，后来又交回东北。

四　部分南迁文物运台

1948年9月以后，国内政治军事形势变化很快。中国人民解放军发动的辽沈战役行将解放东北全境，平津战役与淮海战役正在准备进行之中。平津被围，徐蚌紧急，南京岌岌可危，南京国民政府准备逃往台湾。11月10日，兼任故宫博物院理事长的翁文灏（为国民政府行政院长）邀集常务理事朱家骅、王世杰、傅斯年、李济、徐森玉等，以谈话会的方式密议，商定选择故宫精品，以600箱为范围先运台湾，而以参加伦敦艺展的80箱为主。在会上，朱家骅以教育部长身份提出国立中央图书馆的善本书、傅斯年以中央研究院历史语言研究所所长身份提出该所收藏的考古文物亦应随同迁台。迁运的筹划工作由理事会秘书杭立武（时任教育部政务次长、中央博物院筹备处主任）负责。后中央博物院筹备处亦决定选择精品120箱，会同故宫文物运台。接着，故宫博物院与中央博物院筹备处理事会合议决定，第一批文物运台之后，应尽交通工具之可能，将两院其余藏品，一并运往台湾。但因形势急转直下，只运走了一部分。

运台文物共三批。

第一批文物由海军部调派中鼎轮载运。载运故宫博物院文物320箱、中央博物院筹备处212箱、中央研究院历史语言研究所120箱、中央图书馆60箱，以及外交部重要档案60箱，共计772箱。1948年12月22日中鼎轮启航，26日抵达台湾基隆港。

第二批运送文物的船只，为招商局的海沪轮，因无其他乘客与货物，装载文物数量大，共计3502箱，其中故宫博物院1680箱，中央博物院筹备处486箱，中央研究院历史语言研究所856箱，中央图书馆462箱，北平图书馆寄存在金陵大学的明清内府舆地图18箱也由教育部委托中央博物院附带了出来。该轮于1949年1月6日开行，3天后到达基隆港。

第三批运台文物，原计划共2000箱，其中故宫博物院1700箱，中央博物院筹备处及中央图书馆各150箱。但因无法觅得商船，便由海军部派的"昆仑号"运输舰载运，由于舱位有限以及军舰停留时间短等原因，实际上只运走1244箱。其中故宫博物院运走972箱、中央博物院筹备处150箱、中央图书馆122箱。故宫博物院728箱、中央图书馆28箱没有运走。昆仑舰于1949年1月29日启航，因军舰负有任务，不时停靠，故行驶缓慢，2月22日始抵基隆港。

故宫部分南迁文物三次运台情况如下表：①

---

① 《运台文物分类统计表》（1949年9月1日），北京故宫博物院档案。

运台文物分类统计表

批次	第一批			第二批					第三批						总计
日期	1948年12月22日			1949年1月6日					1949年1月29日						
船名	中鼎			海沪					昆仑						
箱别	沪	院	小计	沪	上	上特	展	小计	沪	上	萬	公	备	小计	总计
瓷器	111	38	149	397				397	347			14		361	907
玉器		2	2	10				10	80			6		86	98
铜器	55	4	59	1				1				1		1	61
雕漆									35			1		36	36
珐琅				21				21	32			13		45	66
书画	74	10	84	2			1	3	1			1	2	4	91
图书		18	18		1182	2		1184		132				132	1334
服饰												20		20	20
档案		7	7								197			197	204
杂项		1	1	63			1	64	76			14		90	155
总计	240	80	320	494	1182	2	2	1680	571	132	197	70	2	972	2972

南京国民政府决定部分文物迁台后，行政院又函电马衡院长启程赴京，并嘱选择北平故宫博物院的文物精华装箱分批空运南京，与南京分院的文物一同迁往台湾。在国民政府的高级官员中，马衡先生始终是无党无派的。在这重要关头，他做出了保护国宝、拒绝赴台的决定。他之所以如此选择，是因为他一贯以研究与保护国家的历史文物为己任，完全从对祖国的利害得失角度，视政治形势的顺逆和人民的意愿而决定的。当南京政府忙于做逃离准备并挑选南迁文物拟运台时，在北平的马衡院长却镇定自若，继续推进各项业务工作。1948年11月9日，他主持召开了故宫复原后的第五次院务会，讨论决定了一系列重大事项，如清除故宫院内历年积存秽土，修正出组与开放规则，把长春宫等处保存原状辟为陈列室，增辟瓷器、玉器陈列室及敕谕专室，修复文渊阁，继续交涉收回大高殿、皇史宬等[1]。马衡院长以实际行动表达了自己的立场与决心。

南京分院迁往台湾的文物，分三批自南京起运，北平本院的文物迁运工作，却一拖再拖。马衡院长在职工警联谊会和高层职工的支持与配合下，先是布置古物馆、图书馆、文献馆的工作人员编写可以装运的文物珍品目录，报南京行政院审定；然后又让准备包装材料，并告诫有关人员"不要慌，不要求快"，绝不能因装箱而损伤文物；至于装箱工作进展如何，他却从未催问[2]。他还于1948年底下令将故宫对外出入通道全部关闭，严禁通行，致选装文物精品箱件无法运出。南京分院虽函电催促，马院长则以"机场不安全，暂不能运出"为由拖延。其时解放军已进关，形势日新，北平几乎是一座孤城。又过几天，东西长安街拆除牌楼，计划用长安街的路面作跑道，以使飞机在城内起飞降落。但这个城内机场尚未使用，北平已和平解放了，故宫

---

① 《国立北平故宫博物院第五次院务会议记录》（1948年11月9日），北京故宫博物院档案。

② 参阅朱家溍：《马衡院长保护故宫文物的故事》，《紫禁城》1986年第2期。

文物一箱也未运出。

1949年1月，北平对外交通断绝，南京政府派专机接运文教界名流，马衡院长1月14日致函杭立武，以病后健康未复婉拒赴南京。信中说：

> 弟于十一月间患心脏动脉紧缩症，卧床两周。得尊电促弟南飞，实难从命。因电复当遵照理事会决议办理，许邀鉴谅。嗣贱恙渐痊而北平战起。承中央派机来接，而医生戒勿乘机，只得谨遵医嘱，暂不离平。①

又望停止迁运文物赴台，并以第三批作为结束：

> 运台文物已有三批菁华大致移运。闻第一批书画受雨淋湿者已达二十一箱。不急晾晒即将毁灭。现在正由基隆运新竹，又由新竹运台中。既未获定所，晾晒当然未即举行；时间已逾二星期，几能不有损失。若再有移运箱件则晾晒更将延期。窃恐爱护文物之初心转增损失之程度。前得分院来电谓三批即末批，闻之稍慰。今闻又将有四批不知是否确定。弟所希望者三批即末批，以后不再续运。②

自第三批文物运出后，南京政府代总统李宗仁下令阻止故宫文物运出，第三批乃成最后之一批。过了不到3个月，百万雄师过大江，南京就解放了。

---

① 转引自《故宫跨世纪大事录要》，台北故宫博物院，2000年，第200页。
② 转引自《故宫跨世纪大事录要》，台北故宫博物院，2000年，第200页。

北京故宫博物院文物藏品的清理、充实与外拨

故宫博物院南迁文物中近1/4送往台湾，数量虽然不多，但却多是精品。中华人民共和国成立后，在各方支持下，北京故宫博物院认真进行文物清理，努力充实文物藏品，经过数十年积累，古老的皇宫不仅重现昔日收藏颇丰的盛况，而且补充了更多的过去皇宫所没有的精美艺术品，使北京故宫成为世界上收藏中国古代文化艺术品最为宏富的宝库。同时，北京故宫的业务及机构也做了一定调整，所存藏的800多万件明清档案及一大批其他文物藏品划拨或调拨了出去。

一 1949 年以来机构变化及其他事项

（一）北平和平解放与军事管制

1949年1月16日，毛泽东主席在为中共中央革命军事委员会起草的关于积极准备攻城（北平）部署给平津前线总前委聂荣臻等负责人的电报中，强调指出："此次攻城，必须作出精密计划，力求避免破坏故宫、大学及其他著名而有重大价值的文化古迹。""要使每一部队的首长完全明了，哪些地方可以攻击，哪些地方不能攻击。绘图立说，人手一份，当作一项纪律去执行。"同一天，在傅作义将军召开的北平市各界学者名流座谈会上，画家徐悲鸿慷慨陈词："北平是一

座闻名于世的文化古城。这里有很多宏伟的古建筑，如故宫、天坛、颐和园等，在世界建筑宝库中也是罕见的。为了保护我国优秀古代文化免遭破坏，也为了保护北平人民生命财产完全免受损失，我希望傅作义将军顾全大局，服从民意，使北平免于炮火摧毁。"康有为年逾花甲的女儿康同璧说："北平是座世界共仰的文化名城，有着人类最珍贵的文物古迹。这是无价之宝，绝不能毁于兵燹。"

1949年1月31日，北平和平解放。次日，中国人民解放军北平市军事管制委员会和北平市政府进驻办公。军管会的文化接管委员会设有文物部，由尹达任部长，王冶秋任副部长，李枫、于坚、罗歌为联络员，负责接管市内的文物、博物馆、图书馆等事宜。工作机关设在北池子大街66号。

1949年2月7日，国立北平故宫博物院重新开放。2月11日，北平市军事管制委员会派文物部罗歌、于坚、刘耀山进驻故宫担任联络工作；19日又派钱俊瑞、陈微明、尹达、王冶秋为代表，到故宫进一步商议办理接管事宜。3月1日，国立北平故宫博物院总务处成立测绘室，对故宫内古建筑进行普查，并对乾隆花园进行测绘。3月6日在故宫太和殿召开接管大会，尹达宣布正式接管故宫，马衡留任院长，全体工作人员均留原工作岗位工作，职薪不变。4月27日北平市军事管制委员会文化接管委员会通知："兹决定故宫售票款作为修复费用，不必缴费，并请制定修缮计划。"经调查研究，故宫博物院开列修缮工程21项，其中用票款修缮工程12项，其余由文化接管委员会拨专款修缮。首先修缮的有乾隆花园、畅音阁、造办处大库、西六宫屋顶。4月，北平市军事管制委员会文化接管委员会文物部确定国立北平故宫博物院新的业务方针是：要利用文物为教育人民之工具，以启发其反帝反封建的革命思想，并协助国家建设事业为工作目标。因此，全部陈列室要重新布置，不事炫奇尚异，而以教育为主旨。

1949年4月26日，中共中央宣传部电告中共中央华东局、第三野战军政治部，命欧阳道达保护国立北平故宫博物院南京分院的文物。电称：南京水西门朝天宫有故宫博物院仓库，内存故宫精选古物一万余箱，望特别关照保护，其负责人为欧阳道达科长，即驻朝天宫内，请与联络，命其继续负责看管，不得损失。

1949年5月7日，国立北平故宫博物院南京分院由南京市军事管制委员会高等教育处接管。该分院成立于1937年1月。1953年3月，文化部社会文化事业管理局决定故宫博物院南京分院收归故宫博物院领导。1954年7月，南京分院改为南京办事处。1959年5月改为南京库房，10月，经文化部批准，南京库房移交江苏省文化局管理。故宫博物院原存南京办事处的2176箱南迁文物仍寄存南京库房，日后运回。

1949年6月，北平结束军管。北平市军事管制委员会文化接管委员会的文物部并入华北人民政府高等教育委员会，改称图书文物处，国立北平故宫博物院划归该委员会领导。

（二）中华人民共和国成立至"文革"前夕

1949年10月1日，中华人民共和国成立，设立中央人民政府文化部。文化部下设一厅六局，文物局即其中之一。前由华北人民政府高等教育委员会所属的故宫博物院划归文化部领导。

1950年2月，北平市改为北京市，国立北平故宫博物院更名为国立北京故宫博物院。6月13日文化部颁布《国立北京故宫博物院暂行组织条例》，规定故宫"承中央人民政府文化部文物局之领导"，负责"所有之古物、图书、文献之整理保管、研究、展览等事宜"。1951年6月，国立北京故宫博物院改称故宫博物院。

1950年4月10日，国立北京故宫博物院管理的太庙，移交北京市总工会使用，改称北京市劳动人民文化宫。其中的文物运回故宫博物院保存，故宫图书馆太庙分馆关闭。太庙位于天安门东侧，是明清两代帝王祭祀祖先的地方，总面积14万平方米。始建于明永乐十八年（1420年），明清两代多次重修、扩建，大部分保持着明代原貌。太庙内古柏参天，树龄高达数百年。1924年曾辟为和平公园，1928年由故宫管理。1988年国务院公布太庙为全国重点文物保护单位。

1950年11月，国立北京故宫博物院所属整个景山建筑交拨解放军卫戍部队使用。1955年3月由北京市园林局接管，5月1日对外开放。

1954年4月14日，北京故宫试行《故宫博物院整顿改革方案》，确定故宫为"艺术性博物馆"，要在普及与提高相结合，以普及为主的方针下，首先进行中国艺术品陈列；既要组织好古代文物艺术品的陈列，也要做好宫廷史迹的陈列，在陈列展览工作中要不断提高思想性、艺术性和科学性。

截至1957年，在古代艺术陈列专馆方面，除建成历代艺术综合馆、陶瓷馆、绘画馆、青铜器馆外，还开辟了国际友谊礼品馆，筹设雕塑馆。在宫廷原状陈列方面，除展示前三殿、后三宫、养心殿、西六宫等宫廷史迹原状外，又开辟了重华宫和养心殿后部的体顺堂、燕喜堂等宫廷史迹陈列。

1958年7月27日，文化部宣布北京故宫博物院下放给北京市，归北京市文化局领导。1962年4月24日，文化部文物局通知，北京故宫博物院由中央管理，由文化部直接领导。

1959年6月22日，在中共中央宣传部部长会议上，陆定一部长批驳了所谓故宫"封建落后，地广人稀"，必须改革的错误指导思想，指出：要维护紫禁城的完整和统一，要保留宫廷史迹的陈列以古为今用，要保护好故宫的建筑和文物。故宫的陈列方针首先是要保持宫廷史迹，其次才是文化艺术的陈列。

到1965年，除调整充实珍宝馆（1958年建立）、历代艺术综合馆外，先后建了雕塑馆、织绣馆、明清工艺馆、钟表陈列室等专馆，并将历代艺术综合馆正式定名为历代艺术馆。三大殿及西六宫清帝宫廷原状陈列基本固定并开放。临时性展览经常举办。至此，北京故宫博物院的宫廷原状、历代艺术、专题展览三大系列的陈列基本完成，形成以明清两代皇宫为院址，以宫廷历史、宫殿建筑和历代艺术品为主要内容的中国古代文化艺术综合性博物馆。

北京故宫博物院内部机构也进行了重大调整。1951年3月，文化部文物局制定北京故宫改革方案，认为院组织机构保持以前形式不适应业务发展的需要，应予调整。决定撤销古物馆，文献馆改称档案馆。5月18日，文化部文物局批准故宫博物院改组，新确定的组织机构是三部两馆一处，即：保管部、陈列部、群众工作部、档案馆、图书馆、办公处。具体分工：保管部负责保管全院文物；陈列部管理陈列展览；群众工作部负责开展宣传服务工作；档案馆保管文献档案；图书馆、办公处的名称与职责未变。1952年，成立"故宫博物院临时办事处"（于1953年撤销），处理"三反"运动中的有关问题和安置复员转业军人。1952年7月起到1966年4月，14年间，经过13次大小范围的调整变动，最后确定：院成立政治部、行政处，撤销警保处；院办公室改为院长办公室；陈列部、保管部合并，成立业务工作部；金石、书画、陶瓷、工艺、织绣、宫廷历史组由业务工作部领导。保卫科由政治部领导。保管科由群众工作部领导；图书馆、防护队由院直接领导。此时部处机构为：院长办公室、政治部、业务工作部、群众工作部、古建管理部、行政处。

（三）"文革"期间

1966年5月以后，"文化大革命"在全国展开。6月，解放军工作队进驻北京故宫，不久撤离。此间，不断有院外造反派拥入故宫，执意要破"四旧"，要砸烂故宫、火烧故宫。此事上报国务院，国务院总理办公室通知："故宫除泥塑收租院展览外停止开放，封锁库房。"翌年4月，北京卫戍区对北京故宫实行军事保护，至1968年12月工人解放军宣传队进驻，故宫建立革命委员会，院务工作由宣传队、革委会领导。1969年9月22日，北京故宫大部分职工开始下放到湖北咸宁文化部五七干校劳动，少部分留任继续工作。1971年7月15日，故宫博物院恢复开放，工人解放军宣传队撤离，同时启用郭沫若先生题写的匾额。在此之前，周总理还指示由郭沫若先生组织专业人员编写《故宫简介》，并经总理审阅定稿后出版发行。

1973年12月7日，北京故宫遵照李先念副总理关于故宫应进行修缮的指示，制定了5年修缮规划，计划从1974年至1978年基本解决故宫危险破漏建筑，使故宫参观地区的建筑及交通线的地面重现整洁的原貌。为此，国务院同意将故宫的工程队扩大为400人，专门担负故宫的古建维护。同月17日，李先念副总理又指示："故宫防火要重视。"为彻底消除火患，故宫决定增设热力管道。

（四）改革开放以来的调整与恢复

20世纪70年代末，北京故宫各项工作进入调整恢复阶段，80年代进入发展阶段。1987年，故宫列入《世界遗产名录》，对故宫的保护也进入一个新的阶段。[①]

1979年，《故宫博物院院刊》复刊。1980年6月，《紫禁城》杂志创刊，2006年起改为月刊。1983年3月，经文化部批准，故宫博物院成立紫禁城出版社。

从70年代末以来，北京故宫的下属机构也进行多次调整。截至2000年，北京故宫下属行政及业务机构有院办公室、人事处、计财处、国际交流处、资料信息中心、保卫处、开放管理处、工程管理处、古建部、行政服务中心、研究室、宫廷部、古器物部、古书画部、展览宣教部、文保科技部、图书馆、紫禁城出版社、党委办公室、工会、团委、纪检监察处、审计处、离退休人员服务处、经营管理处等25个部处。

---

① 以上纪事均引自《中华人民共和国文物博物馆事业纪事（上）》，文物出版社，2002年。

20世纪80至90年代，北京故宫为了使院藏文物有一个安全、科学的保护环境，在院内修建了地下文物库房，这在故宫博物院发展史上具有里程碑的意义。80年来，在紫禁城内，20世纪初古物陈列所曾建宝蕴楼库房、30年代初故宫博物院曾建延禧宫库房，这次则是第三个库房，也是目前国内最大最先进的现代化地下文物库房。地下文物库房分为两期建设，一期工程于1986年开工，到1990年竣工，建筑面积为5000多平方米。二期工程从1994年开始，到1997年完工，建筑面积达17000平方米，两期合计面积达22000多平方米。地下文物库房设计为地下三层全埋式钢筋混凝土结构，底板和四周采取双层围护，确保地面水和潮气不会侵入库内。地库主体按照三级人防标准设防，有战争防护能力，具备抗震能力。故宫地下库房采用了先进的技术设备，其中包括消防系统、防盗系统、空调系统、文物运送系统和计算机自控系统。其中，消防系统采用了火灾自动报警和气体灭火装置，按照防火区域配备了足够的灭火剂。一旦发生火灾，系统可在30秒内完成自动灭火喷洒，在不损伤文物的前提下，迅速准确地扑灭火灾。防盗系统从地上到地下已完全达到了"立体化设防"的标准，可确保文物库房的绝对安全。空调系统则采用恒温恒湿机组，由计算机实施全自动控制，保证库内温湿度的控制。库房内现已存贮文物约80万件。

（五）21世纪的新发展

进入新世纪，北京故宫也进入一个新的发展时期，文物保护、陈列展览、学术研究、对外交流也迈上了一个新的台阶。

2002年8月，北京故宫博物院由国家文物局所属划归文化部领导，成为文化部的直属事业单位。

北京故宫博物院根据事业发展需要，增加了一些内设机构并进行了适当调整，现有机构31个：

院办公室、人事处、计划财务处、外事处、审计处、法律顾问处、经营管理处；党委办公室、纪检监察办公室、工会、团委、离退休人员管理处；文物管理处、科研处（研究室）、古书画部、古器物部、宫廷部、文物保护科技部、展览部、资料信息中心、图书馆、古建部、宣传教育部；保卫处、开放管理处、工程管理处、基建处、行政服务中心；文化服务中心、紫禁城出版社、古建修缮中心。

北京故宫新世纪的一项重要任务，是对古建筑的维修保护。2001年，国务院确定对故宫进行大规模维修。故宫保护工程从2003年至2008年为近期，2009年至2014年为中期，2015年至2020年为远期；到2020年紫禁城建成600周年的时候，全面完成故宫维修任务。5年来，北京故宫在正常开放的同时，保证了古建筑保护修缮的有序开展，实现了工程预期。作为试点的武英殿工程已于2004年圆满竣工，午门城楼及中轴线东西两庑目前已经基本恢复原有格局。2008年，故宫中轴线核心建筑太和殿及太和门维修竣工。

二　南迁文物的北返

南迁文物中的2972箱运台后，故宫博物院南京分院尚存11178箱，分类统计如下：[①]

单位：箱

		基本箱件						附属箱件						合计
		沪	上	寓	公	颐	国	院	展	上特	法	京	畲	
瓷器	原存	1702			2631	351		38				118		4840
	现存	847			2617	351						118		3933
玉器	原存	184			286	25		2				7		504
	现存	94			280	25						7		406

[①] 《北京故宫博物院南京分院库存文物箱件分类统计表》（1953年1月3日），北京故宫博物院档案。

续表

		基本箱件						附属箱件						合计
		沪	上	寓	公	颐	国	院	展	上特	法	京	畲	
铜器	原存	56			30	111		4				6		207
	现存				29	111						6		146
雕漆	原存	67			216	1						17		301
	现存	32			215	1						17		265
珐琅	原存	95			88	5						8		196
	现存	42			75	5						8		130
书画	原存	77		60	31	2		10	1			28	2	211
	现存			60	30	2						28		120
图书	原存		1400	18	44	22		18		2		23		1527
	现存		86	18	44	22						23		193
册宝	原存			32								1		33
	现存			32								1		33
陈设	原存				468	38						291		797
	现存				468	38						291		797
服饰	原存			205	393							56		654
	现存			205	373							56		634
档案	原存			1671	68			7				1915		3661
	现存			1474	68							1915		3457
乐器	原存			31								86		117
	现存			31								86		117
武器	原存			1								67		68
	现存			1								67		68
石鼓	原存						11							11
	现存						11							11
杂项	原存	238		13	593	12		1	2		12	152		1023
	现存	99		13	579	12			1		12	152		868
总计	原存	2419	1400	2031	4848	567	11	80	3	2	12	2775	2	14150
	现存	1114	86	1834	4778	567	11		1		12	2775		11178

这批文物的绝大部分于1950年、1953年、1958年分三次返回北京故宫博物院：

第一次，1950年。

1949年冬，文化部派郑振铎、赵万里、于坚、梁泽楚等人赴南京，参加政务院指导接收工作委员会华东工作团文教组，郑振铎任组长。此行决定，将暂存故宫博物院南京分院的南迁文物全部运回北平本院，并立即开始筹运第一批文物。

这次北运，由华东工作团主持，运输委员会统筹北运。1949年底即开始筹划，做了周密规划和精心准备，于1950年1月23日在南京装车启运，26日下午1时抵京。运回1500箱，其中文物1283箱，器材217箱。北京故宫为了接运这批文物，成立了点装（27人）、押运（64人）、收库（35人）、警卫（67人）、事务（7人）5个组，由张景华任总指挥。

2月17日，北京故宫博物院拣选返京文物180件，举办"文物特展"。

运回的这批文物，包括国子监的10面石鼓，存放在故宫。颐和园南迁文物共650箱，因抗战西迁抢运不及，陷留南京，被敌伪拆散者不少。抗战胜利后，经过点收，实装567箱。这次北运的1500箱中，有颐和园文物271箱。对于这批文物，成立了"颐和园北返文物分配委员会"，决定由颐和园和北京故宫派人共同清点、鉴定，并确定了分配原则：有关清代艺术品，如慈禧生活有关之器物，尽量分配颐和园；有关历史考古器物，可分配故宫方面，补充有系统的陈列品①。1951年1月4日会议决定：

1.书画，原则凡见《石渠宝笈》著录者，由故宫博物院存藏；

2.钟表、插屏、陈设，37箱全部归颐和园；

---

① 《北返颐和园文物清点鉴定分配临时委员会第一次会议记录》（1950年5月16日），北京故宫博物院档案。

3.玉器，25箱全部归颐和园；

4.瓷器，95箱归故宫博物院，有重复者归颐和园，但成对者不得谓为重复；

5.铜器，112箱明清时期的归颐和园，其余归故宫。①

北京故宫对这批北返文物进行了认真查核。其中属于图书馆的86箱，包括藏文写本《甘珠尔经》48箱96函，满文《大藏经》38箱76函，以及内府舆图。1950年5月23日下午，总务处第一科奉命清理，开箱至"上"字第585号（故博字1023号）时，发现箱内有一包割断之物，是捆经书用的五彩丝带，打开包袱后，发现上下护经板内佛像周围的镀金佛光及镶嵌七宝皆缺少，并有"585"三字白纸条一小张，又"原贮第四箱"字样一纸条，以及干树叶一片。此事立即上报院长，马衡院长批示："抄寄分院，查明当时组单并记录具报。"②南京分院即组织人员进行检查、核对，仔细查阅有关记录，弄清了情况，遂于6月5日向马院长写了报告，针对箱件出现的诸多问题，一一做了解释；③7月11日，北京故宫图书馆也将查阅的结果，会同有关档案、清册，正式报送马衡院长，全文如下：

查上次北运文物，属于我馆者计八十六箱，业于五月中开始清点、整理，至六月中完成。其中，藏文写本《甘珠尔经》四十八箱，九十六函（原装五十四箱，一〇八函，尚缺六箱，十二函），三万零七百一十七页。系两面漆地金书，因存在南方年久，受潮生霉，颇为严重（在民国二十四年存沪文物点收清册上，注有"霉

① 《颐和园北返文物分配委员会第一次会议记录》（1951年1月4日），北京故宫博物院档案。

② 《还京之甘珠尔经本院图书馆开箱整理情况》（1950年5月24日），北京故宫博物院档案。

③《遵查关于上字第585号箱各项记录呈复》（1950年6月5日），北京故宫博物院档案。

伤"字样，可见已潮霉多年）。故此次清点时，发动员工八人，分为四组，将此项经卷逐页小心擦去水湿霉痕，防止霉烂。

满文《大藏经》三十八箱，计七十六函（原装五十四箱，一〇八函，尚缺十六箱，三十二函），三三七一六页，亦有同样情形。均经逐页揭开透风，顺序整理，工作相当繁重困难。

又查，《甘珠尔经》装潢富丽，每函上下梵夹内，均有铜镀金佛光、嵌七珍。此次清查，计缺佛光、七珍者十五函，均经分别详注目内。

其残缺的原因，亦经查出。清光绪二十七年，慈宁宫花园档案房的记载：

光绪二十七年，皇太后回銮后，九月初一日，派遣总管李莲英至临溪亭拈香毕，并查点各殿陈设，以及慈荫楼，楼上经包经庚子兵乱，已经脱落在地等情，业经奏明。奉太后懿旨：著本处首领太监会同该管官员等将该经包照旧包放原处，钦此。本处档案房特记。

原条二纸，以及民国二十年四月十二日，由慈宁宫花园提来藏文《甘珠尔经》，当时所造目录册后，注明：以上共一百八函内18、24、30、34、35、39、40、41、42、45、46、47、48、52、53、54、60、66函，原存慈宁宫花园慈荫楼内，提时，原包丝条割断，破坏不堪。今已整理，照原样包妥，陈列于英华殿西庑等句。

根据这两项记载可知，被割断破坏者，除此十五函外，尚有三函，当在未运回的六箱之内。所有开箱清查、整理手续及有无残缺情形，理合备函据实说明，连同查点藏文《甘珠尔经》清册、满文《大藏经》清册，各二份，送请转呈院长核阅，分别存转为荷。此致总务处。附清册四本。①

---

① 《国立北平故宫博物院图书馆函》（1950年7月12日），北京故宫博物院档案。

《甘珠尔经》所缺的6箱12函、满文《大藏经》所缺的16箱32函，已被运到了台湾。根据上述资料，当知台北故宫博物院的《甘珠尔经》，也有3函的包装丝绦被割断破坏。

北京故宫博物院接收北返的南迁文物箱件总表[①]

单位：箱

		沪	上	寓	公	颐	国	法	京	刊	铜	玻	纸	合计	备注
古物	瓷器	59			27	94			13					193	
	玉器	1			1	25								27	
	铜器					112			1					113	
	珐琅	6			2									8	
	书画			60		2	2	9	9					82	
	册宝			32					1					33	
	陈设					22	34	4	32					92	内钟表38箱、木器47箱、杂件7箱
	服饰			8	24				18					50	
	织绣			258										258	
	皮货			40										40	
	石鼓							11						11	
	成扇	17												17	
	杂项	5		7	1				7					20	
	合计：944箱														
		沪	上	寓	公	颐	国	法	京	刊	铜	玻	纸	合计	备注
图书	藏经		86											86	
	舆图			18										18	
	刊物									158				158	
	合计：262箱														

[①] 《接收故宫博物院文物箱件总表（带京部分）》（1950年1月13日），北京故宫博物院档案。

续表

		沪	上	寓	公	颐	国	法	京	刊	铜	玻	纸	合计	备注
案档	文献			235										235	
合计：235箱															
		沪	上	寓	公	颐	国	法	京	刊	铜	玻	纸	合计	备注
器材	铜版										26			26	
	玻璃											32		32	
	纸张												1	1	
合计：59箱															
总计		88	86	360	377	267	11	13	81	158	26	32	1	1500	

第二次，1953年。

1952年11月4日，北京故宫陈列部向院长呈送了一份报告："查我院陈列计划，明年度起即将展开，而现在的库房所存精品仍感缺乏。为了充实陈列，拟请将南京库房所存玉器、铜器两项，按照库存书画一项全部运回的办法，一并予以运回北京，以供提选陈列。至于瓷器、雕漆、珐琅、陈设、服装、乐器、武器、图书、杂项各项等，亦拟由专家前往分别加以选择提取，随同一并启运来院。"①这个报告得到批准。1953年，挑选文物分两次由火车运回，6月8日运出261箱，装两车皮，高丽纸作零货运送；6月18日运出455箱，分装3车皮。两次合计716箱。

第三次，1958年。

1958年9月，由南京分院运回北京故宫文物4037箱（件），有玉器、瓷器、铜器、金器、书画、珊瑚、服装、陈设、武备、图书、戏衣、仪仗以及实录圣训。

根据档案资料，1958年部分文物北返后，南京库房原存2422

---

① 《拟请将我院南京分院库存文物运回一部充实陈列由》（1952年11月4日），北京故宫博物院档案。

箱，1959年处理花盆246箱，现仍存2176箱104735件，具体藏品如下：

故宫博物院南迁文物统计表（留宁部分）[①]

第一部分：瓷器

盘碗杯碟（共计97021件）					
款识	青花	各色彩釉	一色釉	黄釉及加彩	合计
康熙	9663	4231	5358	13045	32297
雍正	4143	114	11985	2022	18264
乾隆	7699	6509	8085	11654	33947
嘉庆	89	414	7	111	621
道光	136	416	105	1978	2635
咸丰	47	24	129	10	210
同治	65	260	450	66	841
光绪	799	2754	1403	1126	6082
宣统	111	113	351	1267	1842
大清年制				27	27
大雅斋		66			66
明代（嘉靖）	2			11*	13
无款	16	22	138		176
瓶盘壶爵盆（共计3464件）					
款识	青花	各色彩釉	一色釉	黄釉及加彩	合计
乾隆	734	164	561		1459
嘉庆	7				7
同治		2	5		7
光绪	84	20	332		436
宣统		2	145		147
无款	135	237	448		820
无款（花盆）		588			588
共计	23730	15936	29502	31317	100485

*黄釉：万历4，嘉靖4，正德1，弘治2。

[①]《运回院址南京寄存文物事（附件）》（1978年12月13日），北京故宫博物院档案。此件档案系复印件，没有档案号和日期。

第二部分：其他文物

文物名称	件数
铜鹤、盆、炉、熏、五供等	36件
铜垫门帘等	63件
各种小刀	78把
七宝烧	24件
各种插挂屏围屏及瓷屏心	128件
三镶如意	1件
折扇	364柄
玉碗、筷及玩器	55件
玉册	67片（附纸册宝8）
珐琅镜	14件
漆盒、碗	4件
乐器鼓架号筒	21件
宫扇豹尾幡（均残）	8件
空印匣	20个
木座、框、花牙等（均残）	86件
图书杂志画册（德国克虏伯炮厂画册）	61册
照片（内有延庆楼照片）	274张
藏经（内有《甘珠尔经》及《龙藏经》）	228件（附经版32）
佛像	13轴
铜佛	1332件（附破龛14）
佛塔	17件
银珐琅五供等	80件
牌位	74件
御笔	135件
残破盆景	40件
毛笔	230支
檀香木手串朝珠	270串
翎管	188件（瓷管176、玉管12）
象牙	81支
残破家具	41件
玻璃罩	65个
戏剧场面用具	100件（场面用具90、假人头10）
破烂戏衣	11箱
共计	4209

三 故宫已佚书籍书画的散失与收集 ①

如前所述，逊帝溥仪在"暂居宫禁"期间，以赏赐溥杰的名义，将大量珍贵的古籍及书画带出了故宫，故宫博物院曾以《故宫已佚书籍书画目录四种》印行。这批文物尤其是书画，在抗战胜利后大量散失，政府亦曾予以收购，第二章最后一节曾经提及，但整个文物的存留状况比较复杂，一直到中华人民共和国成立后仍在努力搜寻，加之这批文物相当重要，因此有必要专门做一介绍。

（一）"故宫已佚书籍书画"的遭遇

溥仪于1925年2月23日由北京前往天津，在日租界的张园住了5年，后又搬到陆宗舆的私宅静园住了两年。园子挂有"清室驻津办事处"的牌子，园子里使用的仍是宣统年号。溥仪偷运出宫的这批书籍、字画，存放在天津英租界戈登路的一栋楼房里。在天津期间，这批文物被卖了几十件，卖了什么，无账册可稽。为了"复辟"大业，还拿出一批批古玩字画去联络"台上人物"。溥仪还以唐阎立本《历代帝王图》《步辇图》、五代阮郜《阆苑女仙图》三卷及宋拓《定武兰亭序拓本》一卷"赏赐"经手人，即其师傅陈宝琛的外甥刘骧业，以资酬答。《步辇图》《阆苑女仙图》的主人，把此两件名画作为女儿的嫁妆，带到福建的婆家，后捐献人民政府，由北京故宫收藏。《历代帝王图》则辗转到了美国。

日本帝国主义侵占我东北后，于1932年3月9日在长春炮制了伪满洲国，扶持溥仪为"执政"，年号"大同"。同年9月，伪满洲国和日本政府签订"日满议定书"，使该地区成为日本的殖民地。1934年3

---

① 本节参阅溥仪《我的前半生（全本）》第四、五、六章；杨仁恺《国宝沉浮录》第二章；向斯《故宫国宝宫外流失秘笈》第三章。

月称"满洲帝国","执政"改称"皇帝",年号"康德"。1945年,这个傀儡政权随着中国抗日战争的胜利而被摧毁。在溥仪到达长春之后,他偷运出宫的大批古物便由日本关东军司令部中将参谋吉冈安直从天津运至长春伪皇宫内。装书画的木箱,存放在伪皇宫东院图书楼楼下东间,即所谓的"小白楼"。在长春伪皇宫期间,溥仪曾先后以《晴岚暖翠图》、米芾《真迹卷》、赵伯驹《玉洞群仙图》、阎立本《孔子弟子像》等书画"赏赐"过"近臣"。

1945年8月10日,日本关东军总司令山田乙三宣布伪满洲国迁都通化,通知溥仪马上启行。溥仪即做准备,要求把重要的文物装箱。古籍因太多未携带,手卷等珍品又经过一次再挑选,把最珍贵的装成57箱,现打的白木板箱子。溥仪随身携带的珍宝,装在一个原装电影放映机的皮匣子里,除了乾隆皇帝的田黄印石等少数古物外,大部分是黄金、白金的制品和钻石、宝石、珍珠之类的珍宝。溥仪一行带着这些珠宝书画等逃到了与朝鲜仅一江之隔的通化临江县的大栗子沟。这里是一座煤矿,溥仪住在日本矿长的住宅里。8月17日夜晚,在大栗子沟矿业所的职工食堂,溥仪举行了简单的"退位"仪式,念诵了"退位诏书"。溥仪拟逃往日本,在大栗子沟又把随身物品做了整理,只带了一个内装珠宝首饰和小件古文物的手提箱及一个皮包,但刚坐飞机到达沈阳机场,苏军的飞机就到了,溥仪一行全部被俘,第二天被押往苏联。溥仪被俘后,遗弃在大栗子沟的还有男女眷属百十来人;11月份,还剩下的四五十人住到了临江县一个朝鲜式旅馆里。溥仪的随侍严桐江下令,所有书画手卷分散交个人保存,每人3~4件不等。过了10天左右,东北民主联军派代表来接收,严桐江等把木箱中的珍宝及古文物都交出了,绝大部分人也把保存的手卷交了出来,但也有个别人没有全交[①]。收缴的这些文物交东北人民银行保管。这批

---

① 参阅爱新觉罗·毓嵣:《伪满洲时代的溥仪》,载《溥仪离开紫禁城以后》,文史资料出版社(今中国文史出版社),1985年。

文物，有100余卷法书名画，包括晋、唐、五代、宋时的名家佳作，大多数是《石渠宝笈》所著录的乾隆皇帝鉴赏的名品，其余珠宝玉翠之类，也都是宫中的上乘珍玩。例如，王羲之书、宋高宗题跋的《曹娥碑》，唐阎立本画的《步辇图》《萧翼赚兰亭图》，唐欧阳询的《梦奠帖》《行书千字文》，唐张旭的《草书古诗四帖》，唐怀素的《论书帖》，五代黄筌的《写生珍禽图》，南唐董源的《溪山积雪图》《潇湘图》《重溪烟霭图》《夏景山口待渡图》等，以及赫赫有名的宋张择端的《清明上河图》等等，都是见于《赏溥杰书画目》的。1948年，东北人民银行将这批文物移交东北行政委员会的东北文物保管委员会①。

贮放古籍及书画的小白楼，在溥仪一行匆匆出逃长春之后，遭到了守护伪皇宫"国兵"的哄抢，大批书画被偷运，为了争夺国宝，有的大打出手，有的为了争夺一卷而撕成几段。例如米芾的《苕溪诗》，包首锦一段不知去向，引首是明代李东阳70岁高龄的绝笔手书篆文"米南宫诗翰"5字，被人撕去，帖心、前隔水、后隔水，被揉成一团，完全变形，书心被撕毁了一大块，残缺10字。溥仪盗运出宫的这批国宝，一部分由溥仪携带，一部分在大栗子沟流失，绝大多数由执勤"国兵"抢劫，成为有名的"东北货"。这些书画流散出来，大部分流往关内，一部分再经香港等地流往国外。

（二）古书画流存状况

对于这批流散的国宝秘籍，政府方面和关心国宝命运的有识之士，一直采取积极措施，千方百计进行征集和收购。刘时范先生是国民政府东北某省的一位民政厅长，喜爱书画，精于鉴赏。他是国民政府的几位接收大员之一，一方面为政府和上司多方搜集长春散出的国宝，一方面自己选择珍贵的国宝收藏。刘氏收获的国宝，主要有：

---

① 王修：《东北文物保管委员会成立前后》，《中国文物报》，2008年4月23日。

北宋韩琦《二牍》，南宋马和之《诗经·齐风图》，明文徵明《自书诗》、沈贞吉《菖蒲图》和宋濂《自书戴伯曾序文》等。郑洞国将军是国民政府派到东北的又一位接收大员，是东北军事最高机关的负责人。他用大量黄金收购了长春散出的许多历代书画名迹，包括：宋李公麟的《吴中三贤图》，元赵孟頫的《浴马图》《勉学赋》，宋马逵的《久安长治图》，元人合璧《陶九成竹居诗画卷》等。中华人民共和国成立后，郑氏以郑佑民的名义将赵孟頫的《浴马图》捐献给北京故宫博物院。王世杰先生是文化界的名流，特别喜爱收藏古代书画。五代李赞华《射骑图》，从长春散出之后，辗转到北京琉璃厂，最后落入王世杰之手，1948年携去台湾。

曾担任长春伪皇宫警卫任务的"国兵"金香蕙，是辽宁盖县人，曾当过小学美术教师。他在小白楼抢劫了大量书画，将30余卷宋元书画存放在好友刘国贤家里，自己携带10余卷认为最珍贵的国宝，回到故乡。中华人民共和国成立前夕，他卖出了两件：一是马远的《万籁清泉图》，《故宫已佚书籍书画目录四种》中无此卷，后一直下落不明。一是明唐寅的《事茗图》，此画20世纪60年代由北京故宫收购。还将手中的明文徵明《老子像》和清张若霭《五君子图》送给其叔叔，后一再转卖，由旅顺博物馆收藏。金氏的妻子地主出身，中华人民共和国成立初期，因为害怕，竟然将丈夫抢劫来的国宝扔进了火坑，化为灰烬！这些国宝包括：晋王羲之《二谢帖》，南宋马和之《诗经·郑风图》，南宋陈容《六龙图》，岳飞、文天祥《岳文合卷》，等等。

从长春流失的国宝秘籍，人民政府通过多种渠道接收、搜集和收购，大部分拨交北京故宫收藏，一部分则交当地相关部门管理，最后正式接收。曾参与这项工作的杨仁恺先生回忆说："从溥仪携逃时所获的国宝中，拨归前东北博物馆接收典藏，名正言顺，本无问题。而东北博物馆从全面考虑，将全部珠宝玉翠转交沈阳故宫，也是出于全局观点，值得称许。1952年，清理及回收长春伪皇宫散佚历代法书名画，从数与质的方面说，不逊于溥仪携逃的分量。后来，全数上缴国家文物局，转拨故宫博物院。"

据杨仁恺先生的多年研究，《故宫已佚书籍书画目录四种》（以下简称《佚目》）中的书画部分，截至1999年底，其流存状况大致是：

（1）晋、隋、唐代法书名画：法书79件，包括晋代7件，隋代1件，唐代33件；绘画为晋代3件，隋代1件，唐代34。其中《佚目》外法书4件，名画6件。尚未发现者15件，外流5件，毁3件。除4件为私家收藏外，余则全归国内几家博物馆收藏。

（2）五代、两宋法书名画：法书74件，墨拓7件，其中国外收藏3件，国内私人手中6件，台湾2件，未发现者7件，毁2件，《佚目》失载6件。余归国内博物馆收藏。绘画著录249件，其中国外收藏38件，台湾1件，毁1件，国内私人收藏5件，《佚目》失载32件，未发现者27件，余归国内博物馆收藏。

（3）金、元法书名画：共计195件，金代无法书记载，名画5件，另1件列入宋代；元代法书63件，流往国外7件，《佚目》外15件，未发现者8件，余归国内博物馆收藏；名画为133件，流往国外20件，《佚目》外23件，私家存7件，未发现者19件，余归国内博物馆收藏。

（4）明代法书名画：共365件，其中法书98件，包括《佚目》外的9件，未发现的26件，流往国外的10件，国内私家收藏2件，余归国内博物馆收藏；名画267件，包括《佚目》外19件，未发现的57件，流往国外的27件，国内私家收藏13件。余下的为国内博物馆收藏。

（5）清代法书名画：共355件，其中法书89件，内有未发现的53件，《佚目》外的17件，余归国内博物馆收藏；名画275件，内有未发现的100件，《佚目》外40件，流往香港、国外的10件，私家收藏2件，余归国内博物馆收藏。

《佚目》尚有墨拓一项，共9件，均有下落。王献之《鹅群帖》和王羲之《开皇本兰亭序拓本》藏辽宁省博物馆；王献之《保母帖》

藏美国弗利尔博物馆；游似藏《开皇兰亭本》、欧阳询《皇甫诞碑》《化度寺邕禅师塔铭》均藏北京故宫；释弘仁《集圣教序》原在于莲客处；唐人《佛遗教经》由上海蒋谷荪携往台湾；宋拓《兰亭并摹萧翼辩才图》经北京玉池山房售出。

综上，法书名画载入总数为1331件，较《佚目》1200件多出100余件，即《佚目》外之数。外流和藏于台湾地区在内达113件之多，作品全毁6件，私家收藏约37件。余则分藏于国内博物馆，到1989年初截止，尚未发现的历代法书名画297件，以明清所占比例较大。

根据杨仁恺先生提供的资料，笔者对《佚目》所存书画的存藏状况做了统计，其中庋藏于北京故宫约370件（内有元以前的约200件），辽宁省博物馆150件，吉林省博物馆42件，沈阳故宫博物院29件，上海博物馆22件，国家博物馆22件（多为故宫博物院调拨去的），天津市艺术博物馆17件，黑龙江省博物馆8件，旅顺博物馆6件，无锡市博物馆5件，首都博物馆、中国美术馆、广西省（今广西壮族自治区）博物馆各3件，广东省博物馆、荣宝斋、朝阳市博物馆、丹东抗美援朝博物馆、天津市历史博物馆各2件，贵州省博物馆、重庆市博物馆、丹东市博物馆、国家图书馆、南京博物院各1件。庋藏辽宁省博物馆的有晋人小楷书《曹娥诔辞》、唐欧阳询《梦奠帖》、张旭狂草《草书古诗四帖》、唐周昉《簪花仕女图》及宋徽宗《瑞鹤图》等一批书画巨品。吉林省博物馆有宋苏轼《洞庭春色赋·中山松醪赋》墨迹、南宋杨婕妤《百花图》、金张瑀《文姬归汉图》、元何澄《归庄图》、元张渥《九歌图》、明董其昌《昼锦堂图并记》及清丁观鹏《法界源流图》等。上海博物馆有东晋王羲之勾填本《上虞帖》、唐孙位《竹林七贤图》、五代董源《夏山图》、宋郭熙《幽谷图》、元王蒙《青卞隐居图》及苏轼、黄庭坚、米芾的墨迹。流失到国外博物馆的，美国纽约大都会博物馆20件，美国堪萨斯纳尔逊博物馆14件，美国普林斯顿大学博物馆7件，美国波士顿博物馆7件，美国克利弗兰博物馆和弗利尔博物馆各3件等，其中也有不少珍本名迹。

（三）古籍流存状况

相对于古书画，贮藏在长春小白楼的古籍则幸运多了。原因是这些书籍体积较大，不好携带，"国兵"们也不知道这些宋元珍本的价值。这些书基本上保存完好，损失不大。国民党占领长春后，国民政府东北接收大员张嘉璈先生接收了13箱珍本秘籍，多属"天禄琳琅"丛书，交给了当时担任沈阳故宫博物院筹委会主任委员、东北文化接收委员会主任委员的金毓黻先生。金先生请故宫博物院接收这些书籍，故宫也表示同意，最后由东北行营经济委员会正式移交。故宫博物院接收了这批珍籍，又接收了文管会和北平图书馆送来的"天禄琳琅"旧本《经典释文》：

> 查本月十三日，本馆在绛雪轩，接收沈阳博物院归还北平故宫已佚书籍，按照清册查对，除点收八十二种，一千二百四十一册外，其因版本重复，退回该院者七种，共二百一十五册，均经分别造具接收、退回两种清册各四份，随函送请分别存转。又于十五日前往文管会，接收《经典释文》三函，十八册，及北平图书馆原藏该书五册，共二十三册。[①]

故宫博物院马衡院长还特地致书北平图书馆：

> 文管会交下《经典释文》二十三册，其中一册原为贵馆所藏，今交还本院，俾天禄琳琅旧藏复还故宫，本院受此鸿惠，至深感谢，除派员前往领收外，特函申谢！[②]

---

① 《故宫博物院公函》（1948年4月15日），北京故宫博物院档案。
② 《函谢承赠经典释文五册希察照由》（1948年4月15日），北京故宫博物院档案。

　　1948年5月至9月，东北文管处先后多次运送文物到北平，由故宫博物院接收，存放在景山禧雨殿，其中，皇宫秘籍包括：清历朝玉宝、玉册101包，汉文《清实录》原本85包，满文《清实录》原本65包。

　　1949年3月31日，已改任沈阳博物院筹备委员会主任委员的金毓黻先生致函北平故宫博物院，请求将运到北平已由北平故宫博物院存藏的国宝秘籍包括宋元珍本和玉宝、玉册、《清实录》等运回沈阳。经中国人民解放军北平军事管制委员会文化接管委员会同意，由管委会主任周扬、副主任陈微明签发公函，调回这批珍贵文物。北平故宫博物院同意把玉器、缂丝、古钱文物交还，4月14日交点清楚，其中包括原为朱启钤先生"存素堂"的一批珍贵丝绣。但是，北平故宫博物院坚决不同意将古籍交给沈阳故宫博物院，因为这是宫中出去的。北平故宫博物院在给北平军事管制委员会的函件中说：

　　　　查三十五年（1946年），前东北行营经济委员会查获宋版书籍多种，计九十二种，一千四百四十九册，由张嘉璈主持移交前教育部清理战时文物损失委员会东北区代表金毓黻接收保管。当时，本院查知该项书籍，全部均系清逊帝溥仪携带出宫之文物，是载在本院所印行之《故宫已佚书籍书画目录四种》，是天禄琳琅所藏之国有瑰宝，与本院之历史关系极为重要，曾一再申请交还本院统一保管。乃前教育部不察实在情形，狃于偏见，竟视为普通之文物，应俟各地接收就绪，再行统筹分配。迄今四载，该案尚久悬未结。到战时文物损失委员会结束以后，金毓黻转任国立沈阳博物院筹备委员会主任委员，该项书籍亦转归该院所有。在东北解放之前，该书移运来平，刻闻日内即将运归沈阳。查该书既系本院已佚之文物，据情度理，自应归还本院。且前教育部亦无明文分配，岂能因人事之转移而归该院所有？拟请贵会主持停止起运，以便合理解决，庶使人民了解散佚

61

及归还之意义，实为公便！①

这批珍本终于得以保留在北京故宫。溥仪盗窃出宫的这批国宝秘籍，在政府和有识之士的努力下，大部分回到了故宫博物院，但也有部分流失，后来经过多方努力，又先后收购回一批。比较集中的是1946年至1947年国民政府拨专款收购的唐写本王仁昫《刊谬补缺切韵》、宋版《资治通鉴》等，这在第二章已做了介绍。从1949年至1953年，在国家经济困难的情况下，文化部、国家文物局仍然坚持收购流失出去的宫廷珍本，主要有：宋本《易小传》（人民券11万元）、宋本《三苏先生文粹》（小米400斤）、宋本《古文苑》（人民券400万元）以及宋本《刘后村集》和明本《孙可之集》等。

四　文物藏品的清理

从清室善后委员会到故宫博物院，从抗日战争期间到中华人民共和国成立后，故宫博物院对宫廷藏品开展过多次清理且如今尚在进行。

1949年以前的清理共三次：

第一次是1924年至1926年清室善后委员会的逐殿逐室点查。

第二次是南迁文物到上海以后，按照国民政府行政院命令，于1934年1月24日起对存沪南迁文物一一开箱验收；北平故宫博物院内留存文物，也于同时逐殿逐室清点了一次，写出"点收清册"。

第三次是北平沦陷期间，在伪院长祝书元主持下，于1943年9月28日成立文物分类委员会，到当年11月26日止，为156291件文物分

---

① 《本院已佚之文物拟请停止起运以便合理解决由》（1949年3月31日），北京故宫博物院档案。

过类，编制出《留院文物点收清册》，然后按类划归各馆分别保管；不属于三馆保管范围内的物品，仍按旧制，归总务处保管。但这次查点并不彻底，还有不少物品混杂储存的殿室未及细查，或根本未查到就停了下来。

1949年以来，北京故宫文物藏品的清理工作几乎没有停止过，加上目前正在进行的清理，共有4次：

第一次是1954年至1965年。1954年，北京故宫制定了以清理文物、处理非文物、紧缩库房、建立专库为主要内容的《整理历史积压库存物品方案》以及《清理非文物物资暂行办法》，开始了全面整理工作。分两个步骤进行。第一步，1954年至1959年，主要是清理历史积压物品和建立文物库房，成立了处理非文物物资审查小组，政务院批示由中央监察委员会、最高人民检察院、最高人民法院、文化部社会文化事业管理局及北京故宫组成故宫博物院非文物物资处理委员会，先后共处理各种非文物物资70万件又34万斤。对全院库藏的所有文物，参照1925年的《故宫物品点查报告》和1943年的《留院文物点收清册》，逐宫进行清点、鉴别、分类、挪移并抄制账卡。第二步，1960年至1965年，按照《以科学整理工作为中心》的规定，对藏品进一步鉴别划级，建立全院的文物总登记账，并核实各文物专库的分类文物登记账。制定了文物分类标准，将文物划分为三级，编制了《院藏一级品简目》。经过几年的核对，基本做到物账相符，并以故宫旧藏汇总为"故"字号文物登记账，与核对过的1954年开始登记的"新"字号文物登记账，合为北京故宫藏品总登记账。这是一项相当艰巨、繁复的工作。当初面对清宫堆积如山的物品以及藏品中玉石不分、真赝杂处的状况，有人担心50年也干不完，但10年时间就基本完成了，并制定了有关保管工作的规定和办法，使北京故宫文物管理工作开始走上正轨。

在这次整理中，从次品及"废料"中清理出来的文物多达2876件，其中一级珍品就有500余件。例如，绘画方面，有唐卢楞伽画

《六尊者像册》，在整理庆寿堂中院时发现，没有号，混杂在过去拟处理的杂乱物品中；有宋徽宗赵佶的《听琴图》，过去被认为伪作，经鉴定，实为赵佶真迹。青铜器方面，有春秋末期或战国初期的龟鱼蟠螭纹方盘，清宫旧藏，未曾著录。铸得精致，装饰复杂，风格新颖，在传世青铜器中极少见。又如商代三羊尊，重百余斤，一直认为是伪品，不被重视，存放在缎库。1957年整理缎库时发现，经唐兰先生等院内外青铜器专家共同鉴定，认为是一等精品，造型精美、气魄非凡。瓷器方面，在弘德殿物品中，发现账上没号的瓷器中不少是宋哥窑、官窑、龙泉窑的珍品，如哥窑葵瓣洗、龙泉窑青釉弦纹炉等。金银器方面，保和殿东庑存有一批印匣，原以为是铜或镀铜制品，整理这些印匣时，发现其中有金印匣10个，最重的8斤多，轻的4斤多，共重73斤。工艺品方面，发现了明宣德皇帝朱瞻基山水人物大折扇，在一捆竹席中清理出名贵的象牙席。另外，在慈宁宫大佛堂中发现多件艺术价值极高的雕塑品，如木雕山子，在一般铜佛中清理出雕塑精致的金佛。这些珍品过去数次清点未被发现，有多方面原因：有的是溥仪出宫前，被清室人员藏在天棚、屋角、椅垫或枕头里，伺机盗运出去而未能得手；有的是在宫内储存时，被认为是次品、赝品，搁在次品堆中，一直湮没无闻；还有些是与非文物混在一起，长期未能区分；等等。

第二次是80年代末。"文化大革命"期间，北京故宫的文物保管工作停顿。恢复工作后，清理了一级藏品，健全了一级藏品档案。1978年，恢复保管部建制，重新制定了《库藏文物进一步整理七年规划》和《修缮库房的五年规划》。这次整理的主要任务，是把库房中过去还没有完成和没有做好的继续做好。具体工作是：划分级别，鉴定年代，给文物冠号，做好文物排架，补齐文物卡片，核对文物数字。此次整理的难点是实物、账卡、单据上的混乱。混乱的原因，主要是以前的工作指导思想上有"甩包袱"的想法，将批量的认为重复品太多的文物单调了出来，准备做"拨交"出去用，因此打乱了原来按年代、级别、类型分类存放的基础，加上"文革"中工作中断，长期无专人管理，使库房工作的许多头绪没能有效地衔接上，出现一时的混乱。这次整理先后用了10年完成。大部分分类库房在完成整理后都进行了小结，并通过了保管验收组的验收。

第三次是1991年至2001年。1990年北京故宫地下库房第一期工程完工，1997年第二期建成。从1991年起，在10年中，院藏文物的60%从地面库房搬入地下库房。地面库房的大迁移和大调整，几乎移动了所有文物。院内先后制定并修订了《故宫博物院文物出院出库管理制度》、《故宫博物院藏品管理条例》和《故宫博物院地下藏品库房管理细则》等。提出并实施了"对移入地下库房的藏品进行分类验收和更换院内在陈文物提单"的工作，核查文物数字，登录文物信息，解决历史遗留问题，分清保管与陈列责任，为进一步摸清家底，实现数字化管理打下基础。

第四次是从2004年开始，到2010年基本结束。这次清理的一个契机是故宫大规模维修工程。清理的目的是彻底弄清藏品"家底"。清理任务包括点核、整理、鉴定、评级等一系列工作。要继续完成90余万件文物账、卡、物的"三核对"任务，把图书馆中应列为文物的善本、书版等归入文物账进行管理，结合清理做好文物的鉴别定级等。

审慎整理"文物资料"是这次清理的一项重要内容。"文物资料"是北京故宫当年评定文物等级时，对于认为不够三级文物而又有文物价值，即介于"文物"与"非文物"之间藏品的称呼，古器物部、古书画部、宫廷部、古建部都有，10万多件，门类繁杂。列为资料有多种原因：有的是因为文物有伤残，例如3800多件陶瓷资料，从新石器时代到民国，时间跨度长达4000年之久，品种应有尽有，特别是明清两代的官窑瓷器，有许多弥补了完整器物的空白，更有一批珍品代表了各个历史时期瓷业制作的最高成就，只是由于留传过程中产生伤残而列入资料。有的是因为对文物认识上的局限，例如2万多件清代帝后书画，认为帝后不是艺术家，其作品水准不高而全部被列为资料。又如过去只重视皇帝后妃的成衣，而把相当数量不同级别的官服补子，其中也有皇帝服饰上的补子，都作为服饰的配件来对待。再如清代"样式雷"制作的烫样，是遗留下来的珍贵的皇家建筑模型，故宫收藏最多，达83件，但也作为资料由古建部管理。由于对宫廷遗物不够重视，许多反映清代典章制度的物品也被列入资料，例如反映清代官员觐见皇帝制度的近万件红绿头签，反映皇宫警卫制度的上千件腰牌，等等。还有一些曾作为文物收藏，后又降为资料，等等。这次清理中，要对这10万多件资料进行认真整理、鉴别，凡是够文物定级标准的，都要登入文物账并进行定级。

对未登记、未点查藏品的彻底清理。北京故宫少数藏品，因未进行过清理，具体数量不完全清楚。例如：文物管理处保管的10多箱10万多枚清代各朝未流通的货币；5000多件存放在延禧宫库房三楼、慈宁宫庑房等处的各种质地（紫檀、雕漆、玻璃）的匣、盒、座、托等实物，以及大量的附件；古建部库房内和未开放殿堂内的屏风、隔扇等；古器物部保存的20世纪五六十年代从全国100多个古窑址采集的3万多陶瓷标本；散存在院内各处的晚清家具、大批匾联；等等。对这些文物的清理点查都要从头开始，或定为文物，或作为资料，需要弄清楚。

故宫地面库房分散，有的长期未彻底清理过，这次清理中也发现了一些文物藏品，有的竟是整箱未登记的文物。如古书画部发现一批封存于1964年的1000余件书法作品，是收购秋醒楼尺牍中的近代部分，未做入库单，后因诸多原因长期搁置在一个木箱里，未做移交。宫廷部在存放近千件铺垫的库房内发现一个装有53只枕头的木箱，而故宫登记存藏的文物枕头不足10件。有些是散落在文物柜的底部或背后及夹缝里，不易察觉，如古书画部就从中发现了40多件书画，其中有清末以近代科学手段测绘的巨幅《台湾地理全图》。有的与破旧的物品堆放在一起。例如宫廷部对御茶膳房地上堆放已久的破旧地毯和帐帘进行保洁清理和熏蒸入库时，发现一批袁世凯称帝时制作的大型帘子，这填补了故宫织绣类中"洪宪"款文物缺项。当然这类发现不可能很多，但在宫廷遗物日渐珍稀的情况下，尽可能地注意搜寻，是很有意义的。

结合清理做好文物的鉴别定级。对于文物资料以及新发现的藏品认真鉴定，确定是否为文物并评判其等级。特别是对原有的一级文物要重新认定。北京故宫的一级文物，大部分是20世纪60年代鉴定的，由于受当时认识水平的局限，一级品中有部分文物存在水平不够及反复鉴定为伪品的，需要降级；二级文物中又有一些可以提升为一级文物。另有一些宫廷内文物，因过去对其价值认识不足，定级偏低，需要重新认识、重新定级。

彻底清理文物藏品与全面提升文物管理水平相结合。第四次北京故宫文物藏品的清理，不只是做到家底清楚、账物相符，而且与加强文物的科学管理、安全管理等工作结合起来，提高了文物管理水平，其中重要的是提高了文物管理的信息化水平。北京故宫信息化是以文物管理和古建信息管理这两个核心数据库的建设为主，利用建立办公自动化工作平台的契机，切实发挥这两个信息系统的作用，全面提升全院业务管理工作水平。其中文物管理系统从1993年起基本将院藏所有文物账务信息收录在内，下一步将继续充实、完善文物收藏位置的数据和文物档案影像的数据，引进计算机"流程管理"的理念，力争在若干年内实现院藏文物流通的全面信息化管理。届时故宫文物流通的全过程，院藏文物的账务管理、库房管理、文物修复管理以及展览信息、文物利用信息，乃至从业人员的工作状况管理均能通过信息系统直观、实时地反映出来；同时，拟大力加强在文物影像采集方面的投入力度，力争尽快完成所有院藏一级文物的档案影像数据采集工作，并为后续的文物档案影像采集工作建立起完整的工作模式、工作规范和工作标准。

北京故宫博物院在认真清理文物的基础上，适时编印了《故宫博物院藏品总目》并向社会公开发行，以俾世人了解故宫藏品的奥妙，更好地为人们的观赏、研究等不同需要服务，也利于社会对博物院文物保存状况的监督。已完成的60卷本《故宫博物院藏文物珍品全集》，比较概括地介绍了北京故宫的文物精华，但由于篇幅的限制以及故宫文物整理研究工作进展的影响，一些文物门类未能包括，大量应向社会介绍的精品尚未披露，精美的故宫古建筑及其彩饰壁画以及大量不可移动文物等都未列入。现北京故宫在前述60卷的基础上，开始编辑出版《故宫博物院藏品大系》，仅可移动文物部分即要出到500卷以上，"绘画编""雕塑编""玉器编"等已出了若干卷。这是一项卷帙浩繁、需要长时期努力的文化建设工程，是与北京故宫文物的整理、研究结合在一起且互相促进的工作。

五 1949年以来文物藏品的充实

中华人民共和国成立后，南迁文物中的绝大多数由故宫博物院南京分院运回北京故宫，博物院各项工作走上正轨。为了充实故宫院藏，中央政府给予高度重视，社会各界也积极支持，主要有以下三个途径：

（一）政府拨交

20世纪五六十年代，北京故宫接收政府部门和各地博物馆拨交的文物约16万件（套），其中一级品700余件。党和国家领导人对于故宫博物院的工作给予了大力支持，毛泽东主席曾于1951年12月将友人赠送给他的王夫之《双鹤瑞舞赋》交给国家文物局，并给当时的局长郑振铎写了一封信："据云此种手迹甚为稀有，今送至兄处，请为保存为盼！"[①]1952年12月，毛泽东主席又将朋友送给他的钱东壁临《兰亭十三跋》交由文化部社管局保管。1958年，毛泽东主席再次将

---

① 《毛泽东书信选集·致郑振铎（一九五一年十二月三日）》，人民出版社，1983年，第422页。

张伯驹先生赠送给他的唐李白《上阳台帖》交中央办公厅保存。此三件国宝在其后均转交北京故宫收藏。

中华人民共和国成立初期，周恩来总理日理万机，当接到报告得知故宫"三希堂"中的二希——王献之《中秋帖》和王珣《伯远帖》流入香港并欲出售时，即批示国家文物局重金购回交由北京故宫收藏。周总理批了50万港币，实际用了488376港币。这一年，中国的外汇储备仅1.57亿美元。但为了让国宝重返故土，财政异常困难的中央政府还是慷慨地拿出了这笔经费。据庄严先生回忆，1949年，收藏此二帖的郭葆昌先生的儿子郭昭俊，曾携二帖到台湾，"希望'政府'在'赏'他一点报酬的条件下，他再将二帖'捐赠'出来"，但由于台湾当时"财源短缺，实在无力顾及于此，希望以后再从长计议，以致二帖回归故宫之事不克实现"。后来，庄严先生看到香港某书局印制的《伯远帖》复本，消遣玩赏之余，不禁感慨万千："不知何年何月，三希堂才能重新聚首？"[1]同期从香港收回的还有唐代韩滉《五牛图》、五代南唐顾闳中《韩熙载夜宴图》、五代南唐董源《潇湘图》、宋徽宗赵佶《祥龙石图》、南宋李唐《采薇图》、南宋马远《踏歌图》、元王蒙《西部草堂图》及倪瓒《竹枝图》等一批名珍巨品。

由国家有关部门拨交给北京故宫的文物中，有许多是原清宫旧藏后来流失出去的，如当年溥仪抵押给盐业银行的玉器、瓷器、珐琅器、金印、金编钟等，就是由国家文物局于1953年拨交给北京故宫，并由故宫博物院工作人员到储藏地点收运回故宫的。此外，文化部于1952年向全国发出收回故宫文物的通知，通知要求："为了保存这些古代最优秀的文化遗产，经报请政务院文教委员会批准，凡在各地'三反''五反'运动中发现的故宫古物，其已判决没收和已由当地政府收回的，均应及时送缴中央，拨还故宫博物院集中保管。"[2]在国

---

① 庄严：《山堂清话·我与三希帖的一段缘》，台北故宫博物院，1980年8月，第263页。

② 转引自《中华人民共和国文物博物馆事业纪事》（上），文物出版社，2002年9月，第44—45页。

家文物局和全国各地博物馆的支持下，众多的国家级珍贵文物调拨到北京故宫，使得故宫藏品更加丰富。

1965年，北京故宫从溥仪等人交出的1194件物品中，挑选接收了245件溥仪的物品，包括古文物、稀有珍宝、宫廷用品及价值很高的艺术品等，绝大部分是溥仪留居紫禁城内廷时期，在1924年以前以赏赐名义携出宫外，并由溥仪在服刑期间随身所带，后向政府主动交代的。其中贵重的有康熙皇帝用过的金镶猫儿眼宝石坠；乾隆皇帝搜集的六朝小玉璧、周朝青玉子、周朝黄玉子、汉玉饰、清朝白玉龙纹佩等；特别是乾隆皇帝用的三联黄玛瑙闲章（溥仪在《我的前半生（全本）》中误写为"三颗田黄石刻印"），雕工精美，用三条黄玛瑙链条连接在一起，原为乾隆皇帝私章，后来被人从宫中盗出，溥仪在伪满过生日时，由伪职人员赠送给他。乾隆皇帝用过的金首饰表盒，原是外国通商使臣赠送给乾隆帝的礼物，后来由慈禧太后使用，又传于隆裕太后，隆裕太后死后，归荣惠太妃，溥仪出宫时带出。慈禧太后的贵重装饰品有白金镶钻石戒指、白金镶蓝宝石戒指、祖母绿宝石白金嵌钻石戒指、碧玺十八子手串、珊瑚十八子手串、金镶翠袖扣、金镶祖母绿宝石领针等。还有隆裕太后用过的宫廷用品6件。另接收了伪满洲国张景惠等9名战犯的14件文物珍宝。

抗日战争胜利后，中国海关曾将德国德孚洋行、德华银行非法所集的中国文物31箱计1136件予以扣留，又将原美国华语学校非法所集的文物19箱计21749件予以没收。这些文物原寄存在故宫，1974年正式拨交为北京故宫收藏。

拨交北京故宫文物较多的部门、单位主要有：

政府部门：对外文化联络局，拨交4次，计10826件；文化部，拨交6次，计4606件；公安部，拨交3次，计3748件；国务院办公厅，拨交5次，计828件；北京市宣武区（今属西城区）财政局，拨交1次，计891件；中央专案组，拨交2次，计436件；外交部，拨交7次，计423件。

文化部门：文物局，拨交137次，计97743件；北京市文化局，拨交10次，计15042件；文化部社管局，拨交12次，计6766件。

各地博物馆、文管所：广东省博物馆，拨交7次，计231件；山西省博物馆、晋祠文管所、云冈古迹保管所，计13件；河北省邯郸南北响堂寺文物保管所，拨交2次，计126件；广州市博物馆，拨交1次，计11件；河南省博物馆，拨交3次，计13件；黑龙江省博物馆，拨交2次，计36件；甘肃省博物馆，拨交1次，计20件；湖南省博物馆，拨交1次，计22件；文物局文物总店，拨交1次，计16件；南京博物院，拨交5次，计79件；上海文物管理仓库，拨交1次，计46件；四川省博物馆，拨交1次，计43件；江西省景德镇陶瓷馆，拨交1次，计18件；陕西省博物馆，拨交4次，计25件；湖北省博物馆，拨交1次，计38件；中国历史博物馆（今国家博物馆），拨交3次，计46件；北京图书馆，拨交1次，计50件；新疆博物馆，拨交1次，计24件。

其他单位：北京市寺庙组、中国佛教协会、天津佛教协会，拨交227件；北京艺术学院，拨交1次，计52件；北京定陵展览会，拨交4次，计11件；湖南醴陵陶瓷公司，拨交1次，计10件；江苏宜兴陶瓷公司，拨交1次，计77件。

另有中国人民解放军武汉军区政治部，拨交1次，计276件。

国外：瑞士日内瓦人类学博物馆，计58件；新西兰坎特伯雷博物馆，计1件。

（二）文物收购

从20世纪50年代以来，北京故宫确定了以清宫流失出去的珍贵文物为主，兼及中国历代艺术珍品的文物收购方针，国家在资金上给予支持，购回了大量珍贵文物。收购的途径主要有文物商店、古玩铺、文物收藏者和拍卖公司等。50年代至60年代初，是北京故宫购藏文物的高峰期。当时专门设立了"文物征集组"，并引进文物鉴定方面的专门人才，如乔有声（玉器）、孙瀛洲（陶瓷）、王文昶（铜器）、王以坤（书画）、马子云（碑帖）、刘九庵（书画）、耿宝昌（陶瓷）等专家，都是50年代调进故宫的，加上唐兰、陈万里、徐邦达、朱家溍等先生，组成了强大的专家队伍。每当有文物需购买，即先由专家鉴定论证，再决定是否收购。由于堵塞了文物外流这个大漏洞，当时社会上流散文物较多，琉璃厂一带的古董店得到一件珍贵文物后，首先是送故宫，这就为北京故宫创造了一个大量购进珍贵文物的极好机会。

截至2005年12月底，共购得53971件，其中一级文物1764件。从内地购买的文物，品类众多，特别是书画珍品，如隋人书《出师颂》，唐周昉《地官出游图》卷，唐颜真卿《竹山堂连句》册，宋王诜《渔村小雪图》卷，宋刘松年《卢仝煮茶图》卷，宋马和之《鹿鸣之什图》卷，宋夏圭《雪堂客话图》，宋马远《石壁看云》，宋张先《十咏图》卷，宋欧阳修《灼艾帖》卷，宋苏轼《三马图赞》卷，宋米芾《兰亭序题跋》卷、《苕溪诗》卷，元顾安《竹石图》轴，元钱选《西湖吟趣图》卷，元赵孟頫《墨笔水村图》卷、《张总管墓志铭》卷，元酒贤《城南咏古》，明吴伟《灞桥风雪图》轴，明唐寅《幽人燕坐图》，明沈周仿黄公望《富春山居图》，明董其昌《月赋卷》，明祝允明《琴赋卷》，清原济《高呼与可》，清赵之谦《许氏说文叙册》，宋拓《淳化阁帖》《绛帖》《圣教序碑册》以及寿山石雕蟠螭纽"皇太子之宝"、战国嵌赤铜豆、错银菱纹灯、晋青釉双系鸡头壶、唐黑釉蓝彩腰鼓、宋钧窑碗、元釉里红松竹梅玉壶春瓶、成化斗彩折枝牡丹罐、康熙五彩雉鸡牡丹罐、乾隆珐琅彩婴戏双连瓶、黄釉珐琅彩开光婴戏瓶、缂丝赵昌花卉图卷、红山文化玉龙、商玉鸟、周双鸟纹玉器、战国勾云纹玉奁、龙凤云纹璧等，极大地丰富了北京故宫的藏品。[①]

---

① 参阅梁金生：《藏品的来源和组成》，载《故宫博物院八十年》，紫禁城出版社，2005年，第241—242页。

（三）接受捐赠

截至2007年底，北京故宫共接受捐赠文物、文物资料及图书约33900件（套），捐赠人员728人次。捐赠者中，有国家党政领导人，有专家、学者、艺术家及知名人士，有港澳台同胞，有海外华侨、华人和国际友人，以及北京故宫的领导及专家等。

几乎每一位文物捐献者，都有着感人的故事，略举数例：

张伯驹先生曾以重金购藏西晋陆机《平复帖》，这是我国传世最早的一件名人墨迹，他爱同身家性命，抗日战争中曾把此帖缝在自己随身穿的棉袄中一同避难。隋展子虔《游春图》是我国现存卷轴山水画中最古老的一幅，张先生唯恐如此重要的文物被商人转手流到国外，曾变卖房产并搭上夫人的首饰才将其保留下来。20世纪50年代，张先生将珍藏的《平复帖》、《游春图》以及唐李白《上阳台帖》、唐杜牧之书《张好好诗》卷、宋黄庭坚书《诸上座帖》、宋蔡襄《自书诗》册、宋范仲淹书《道服赞卷》、元赵孟頫草书《千字文卷》等书画巨品无偿捐献给了国家，成为北京故宫的珍藏。

陈叔通先生曾任全国人大常委会副委员长、全国政协副主席，也是著名的文物收藏家。1953年10月，他捐献出"百家画梅"，凡102家109幅，有唐寅、陈录、王綦、邵弥、道济及扬州八怪汪士慎、李鱓、金农、黄慎、高翔、郑燮、李方膺、罗聘等明清诸家的杰作，是陈叔通先生数十年间搜集到的精品。宋杨无咎、元王冕画梅之后，梅花已成为画家喜爱的题材之一，"百家画梅"所收作品，俱见功力，十分名贵。陈叔通先生病逝后，家属又遵照遗嘱，捐出陈先生的387件文物，其中拓本碑帖119件，较好的有宋拓隋智永《真草千字文》、南宋拓《唐太清楼书谱》册。书画中较好的有明刘世行、陈录及清罗聘的作品。

马衡先生任故宫博物院院长长达19年。1949年，他将唐代石造像一尊捐故宫；1951年，捐赠四川出土瓷器13件；1952年，在他调离故宫时，将珍藏的包括宋拓唐刻颜真卿《麻姑仙坛记》卷在内的甲骨、碑帖等400多件文物捐献给了北京故宫。在他去世后，子女遵其遗愿，又把14000余件（册）文物捐给了北京故宫，有青铜器、印章、甲骨、碑帖、书籍以及法书、绘画、陶瓷、牙骨器等，种类众多，数量惊人，精品不少。这是马衡先生日积月累收购来的，花费了他一辈子心血，现在全部捐给了国家，捐给了与他的生命联结在一起的故宫博物院。

孙瀛洲先生曾是北京故宫研究员，早年在北京的古玩店当学徒，后独立开办了敦华斋古玩店，成为当时著名的古董商和鉴定家。20世纪50年代，他将家藏3000多件各类文物捐赠给北京故宫，陶瓷有2000多件，其中有宋代官窑盘、官窑葵瓣口洗、哥窑弦纹瓶、哥窑双耳三足炉、汝窑洗、定窑白釉划花葵瓣洗，元代红釉印花云龙纹高足碗，明代永乐青花折枝菊纹折沿盘、宣德青花折枝花纹执壶、成化斗彩三秋杯，清代康熙釉里红加彩折枝花纹水丞、康熙斗彩雉鸡牡丹纹碗、雍正仿成化斗彩洞石花蝶纹盖罐、乾隆粉彩婴戏纹碗、乾隆炉钧釉弦纹瓶等稀世珍品，其中25件被定为国家一级文物。

朱翼盦先生曾任职民国财政部，一生殚心经史，以著述自遣，尤精于鉴别，收藏碑版、书画多为罕见珍秘之本，曾任故宫博物院专门委员会委员。1934年在伦敦举办中国古代艺术展览，其中故宫参展绘画作品全部由朱先生选定。他的藏碑有三个特点：一是名碑名帖多，如两汉碑刻近70种，当时所能见到的几乎全部收入，唐代碑版数量最多，虞世南、欧阳询、褚遂良、欧阳通、王知敬、李邕、史惟则、苏灵芝、李阳冰、张从申、颜真卿、徐浩、柳公权等名家存世碑拓皆囊括其中；二是善本精拓多，宋拓20余种，元拓4种，明拓40余种，含英咀华，孙承泽难以比肩；三是有鉴家、学者题识为多，如元拓石鼓文，孙克弘故物，附周伯温临石鼓文墨迹，翁方纲、吴云、张祖翼、杨守敬等题识。[①]因故宫这方面的藏品是弱项，而朱先生所藏为公认的

---

① 朱翼盦：《欧斋石墨题跋（上）》，施安昌《前言》，紫禁城出版社，2007年。

一份系统完整、拓工最古的拓本，当年马衡先生任故宫院长时，拟用10万银圆收购，朱先生则表示将来要捐赠故宫。朱翼盦先生于1937年6月去世，1953年，由其夫人及4个儿子（朱家济、朱家濂、朱家源、朱家潜）将全部碑帖706种无偿捐赠故宫博物院。1976年，朱家又将明代紫檀、黄花梨木器和清代乾隆紫檀大型木器数十件等无偿捐给承德避暑山庄博物馆，同时将家藏善本古籍数万册全部无偿捐献给中国社会科学院。1994年，朱家又将最后一批文物，包括唐朱澄《观瀑图》、北宋李成《归牧图》、南宋夏圭《秋山萧寺图》等书画作品，以及南宋王安道砚、明代潞王府制琴、明成国公朱府紫檀螭纹大画案等无偿捐赠给浙江省博物馆。

叶义先生是香港著名医生，也是一位有影响的收藏家、鉴赏家。1985年，他将毕生收藏的81件罕见的犀角雕刻捐给了北京故宫。犀角雕刻材质名贵、稀罕，又因质属有机，不耐腐蚀，不易保存，早期遗物少，明清遗存稍多，然清宫旧藏犀角雕刻品也不过百余件。叶义先生捐献的这批犀角雕刻，是他多年来从各地竞拍而得，具有广泛性和代表性。叶义先生还将129件中国外销瓷和东南亚瓷器捐给台北故宫博物院，将200件中国竹刻雕品捐给香港艺术博物馆。

韩槐准先生为著名陶瓷收藏家，侨居新加坡多年。从1956年到1962年，他陆续将所藏瓷器276件捐给北京故宫，其中99件属外销瓷中的精品，包括明嘉靖、万历及清康熙、雍正时期的青花、五彩及粉彩器皿。有一件青花大罐曾长期为新加坡莱佛士博物馆借用展出。韩先生决定献给故宫前往索取时，该馆曾出3000英镑高价收购，韩先生没有答应。这类瓷器国内少见，对研究外销瓷有重大意义。他的捐献另有包括宋、元、明龙泉窑及明清青花等行销国内外的瓷器。

为了表达对捐献者的崇敬之情，并彰显其事迹、弘扬其精神，北京故宫于2005年80周年院庆之际，特在故宫景仁宫专设景仁榜，将捐献者的名字按年份镌刻于墙上，以做永久纪念，出版了记述捐献者的《捐献铭记》一书，并在景仁宫有计划地举办捐献文物展览。1999年出版《故宫博物院50年入藏文物精品集》，近年来又陆续出版捐献大家的捐献图录，目前已出版了张伯驹、叶义、郑振铎、孙瀛洲、吴景洲、章乃器等人的专集。

六　机构调整与文物外拨

（一）明清档案的划出

1949年以后，北京故宫在机构及业务上的最大变化，是明清档案部门的划出。

故宫博物院成立之初，文献馆在图书馆领导下称文献部，1927年6月改称掌故部，1928年从图书馆分离出来后正式称文献馆。文献馆下设大库档案组、宫中档案组、军机处档案组、内务府档案组、宗人府档案组。中华人民共和国成立后，十分重视明清历史档案，宣布档案为国家财富，实行集中统一管理的原则，陆续将散失在社会上的明清档案收集起来。先后从中宣部、外交部、财政部、广播事业局、中国银行、北京大学、中国历史博物馆、沈阳图书馆、北京图书馆、旅大市图书馆、长芦盐运局和南京史料整理处等，以及北京、上海、南京、沈阳等地的私人手中，接收和征集了明清档案近400万件（册）。1951年5月，北京故宫将文献馆改称档案馆，并将文献馆原来收藏的图像、冠服、乐器、仪仗、钱币等项历史文物移交保管部，使档案馆成为专理明清档案的机构。

罗振玉藏的一批档案有着重要的价值。宣统元年（1909年），清宫内阁大库库垣大坏，档案移存于文华殿两庑。大学士管学部事务的张之洞奏请以大库所藏书籍，设学部图书馆藏之，其余档案则奏请焚毁。当时学部参事罗振玉被派赴内阁接收书籍，见到奏准被焚之物都是宝贵的史料，于是请张之洞奏罢焚毁之举，将所有档案运归学部，藏于国子监南学和学部大堂后楼两处。民国初年，这部分档案由教育部历史博物馆筹备处管理，并移于端门门洞中存放。1921年，历史博物馆因经费困难，除拣出一部分较整齐的外，将其余档案装8000麻袋计15万斤，以4000元卖给同懋增纸店，幸被罗振玉所知，以三倍价钱将此购回。这就是有名的"八千麻袋事件"。罗氏后因无力保管，自己仅留一小部分，其余转售于李盛铎，中央研究院历史语言研究所成立后，始购为公有。现在这批约31万件的档案收藏于台北"中央研究院"史语所。罗振玉自己留存的那部分档案，后运到旅顺，并成立大库旧档整理处进行整理。1934年其子罗福颐（后为北京故宫研究员）利用这些档案材料编印了《大库史料目录》6编、《明季史料拾零》6种、《清史料拾零》26种、《史料丛编》2集、《清太祖实录稿》3种。1949年，东北图书馆将《大库史料目录》中的明史料部分，编印了《明清内阁大库史料·明代》第一集，上、下两册，凡525件，包括明代启祯二朝及有清200余年内外各官署之题稿、奏本、折帖等。1952年，东北图书馆将这批档册全部移交北京故宫博物院。

1955年8月，北京故宫"鉴于现有附设之档案馆的重要性，以及档案工作与艺术博物馆事业不相适应"，因与国家档案局协商，"认为将我院档案馆交由国家档案局领导为适宜"，经国家文化部同意后办理了移交手续[①]。

当时北京故宫档案馆所藏各系统档案种类如下[②]：

一、内阁大库部分：红本、黄册、制诏诰敕等，启本奏本等，朱批奏折、揭帖、试卷、乡会试录等，起居注、史书、表笺、会典图稿等，皇册、军令条约、俄国来文及抄档、内阁各房档案、修书各馆档案、满文老档、满文木牌、明选簿、明季题行稿等。

① 《故宫博物院档案馆移交国家档案局的拟议》（1955年8月2日），北京故宫博物院档案。

② 《档案馆所藏各系统档案种类清单》（1955年12月29日），北京故宫博物院档案。

二、军机处部分：录副奏折及附图等，各项档簿、来文、清册、奏表、各国照会、函札、电报、奏稿呈稿等，方略馆档案。

三、内务府部分：汇抄档簿、活计清档、各项日行公事档簿、各园各行宫陈设档、三旗户口册、销算清册、俸银俸米册、奏折及月奏、题本、呈稿、来文及附件、事筒、堂谕、织造缴回案卷、广储司各库档案、御茶膳房档案、修书处档案、上驷院档案、升平署档案。

四、宫中部分：朱批奏折、朱谕廷寄上谕等，汇奏谕旨等，国书、贡单履历单等，汇辑专案档、各项记事档簿、膳牌绿头签、档案之附图。

五、宗人府部分：玉牒、星源吉庆（玉牒之又一种）、各项档簿、启册、银米册、说堂稿等。

六、清史馆部分：借调各处的档案、抄录之档案、本身日行公事档案、修清史之稿本。

七、个人档案：溥仪档案（包括1912年至1924年在宫内部分及以后在天津部分，有谕旨、奏折、档簿、月折、贡单、函札、呈文等项）、端方档案（有电报、函札等）、赵尔巽等奏折。

八、民国以后各部等档案：陆军部档案、财政部档案、交通部档案、司法部档案（为旧刑部者）、实业部档案、旧国会档案。

以上8个部分共计644架1167箱1694麻袋430余万件，加上南迁档案2608箱150余万件，共580余万件。

北京故宫依据自身业务工作的需要，决定选留一批相关的档案资料等。

文化部副部长郑振铎提出，以下6项应留在故宫[①]：

---

① 《故宫博物院选留图书文物及档案总册（附划分原则）》（1955年），北京故宫博物院档案。

一、各园各行宫陈设册；

二、御茶膳房档案及膳牌、绿头签；

三、升平署档案；

四、织造缴回案卷；

五、修书处档案；

六、会典图稿。

由单士元、李鸿庆、欧阳道达、张德泽、单士魁、曾远6人共同研究，提出了区分历史档案及初步留院档案文物的意见①：

一、档案馆所藏历史档案包括以下4项：

1.清代内阁、军机处、宫中、内务府、宗人府、清史馆等处所藏档案文件。

2.清内阁原藏一部分明末档案文件。

3.故宫博物院陆续收集个人档案，如溥仪档案、端方档案等。

4.故宫博物院陆续收集民国初年各部档案、旧国会档案等。

二、档案所附之图表等件，随原档案收藏。

三、满文木牌、膳牌、绿头签等件，一并附档案收藏。

四、档案馆原藏图书文物拟留院各项：

1.实录、圣训、本纪、历书、则例及其他残书（以上各项有副本，可拨交档案局一份。关于档案工作参考书亦可酌拨）。

2.舆图、图版及书版。

3.铁券、金叶表文、腰牌等。

4.剧本、曲本、串头、排场等。

---

① 《关于档案馆所藏档案文物图书划分范围初步意见》（1955年10月10日），北京故宫博物院档案。

五、档案馆原有关宫廷艺术的档案拟留院各项：

1.为复原陈列用的各宫殿陈设档。

2.有关建筑、艺术的各种画样。

北京故宫最后决定选留的图书、文物及档案如下：

一、现存本院部分

实录圣训本纪及稿本	2487	册（内实录满蒙晰义294册又未整理9捆）
会典事例稿本	6210	册（又未登记4捆）
历书	2674	册又26捆4包
各项书籍	4678	册又53捆
舆图	1306	件
书版	16	箱
明谱系添匣	4	件
明铁券	2	件
金叶表文	19	件
腰牌	130	个又6箱
挂壁木區铜印等	84	件
剧本曲本串头排场等（附原目4册）	2079	号又36捆3包（附残烂剧词1筐1箱）
未刻石章	200	个
破荷包	1	箱
陈设档	485	件
服饰画样	349	件又未整理185件

第一部分附书籍、舆图、各项文物、剧本、陈设档、服饰画样清册6册。

二、存南京部分

实录圣训本纪	501	箱
地图铜版	26	箱（104块）
剧本	5	箱

三、在台湾部分

实录	5	箱
本纪	8	箱

二、三两部分系根据南迁清册箱数开列，南迁以后，箱件有散破合并等情况，可能与原箱数有出入①。

其中留院各项书籍总目如下：

内阁宫中各项史籍	9360	册又13捆
内阁汉文书	455	册
未登记内阁汉文书	29	册
北大移交各项书籍	726	册又1捆
宫中各项书籍	522	册又53捆
宫中满文书籍	72	册
宫中历书	2674	册又26捆4包
军机处书籍	1339	册
宗人府书籍	873	册

以上9项共计16050册93捆4包②。

1955年底，北京故宫档案馆除上述档案资料选留本院外，其余档案文物连同档案馆的25名工作人员正式划归国家档案局。

北京故宫档案馆移交国家档案局后，更名为第一历史档案馆。1958年6月，改名为明清档案馆。1959年3月，明清档案馆并入中央档案馆，改称为明清档案保管部，成为中央档案馆的一个组成部分。

1969年，中央档案馆领导小组认为："明清档案是明清封建王朝形成的档案，不宜和中央档案保存在一起，同时，档案分存两地，管理上也有困难。"提出把这批档案交回故宫。经与北京故宫博物院商量，故宫表示愿意接收③。1969年11月22日，北京故宫与中央档

---

① 《故宫博物院选留图书文物及档案总册（附划分原则）》（1955年），北京故宫博物院档案。

② 《故宫博物院选留各项书籍清册》（1955年），北京故宫博物院档案。

③ 《中央档案馆领导小组函件》（1969年7月1日），北京故宫博物院档案。

案馆正式签署了移交书。当时这些明清档案分存两地：一是故宫，所存档案包括清朝内务府、宗人府、溥仪档及吏、户、礼、兵、刑、工各部等24个机构形成的档案3431192件（册），其中大量为宗人府、内务府、刑部等机构及溥仪的档案。二是西郊中央档案馆内，所存明朝档案3484件（册），清代内阁、军机处、宫中等11个机构的档案4777083件（册），合计8208275件（册）。

这些档案以及档案的目录713册全部移交北京故宫。存于西郊中央档案馆的明清档案亦运回故宫。同时移交的还有原明清档案保管部保管的全部图书资料，约10万册（函），另有这些图书资料的目录18套，以及原明清档案保管部形成的全部文书档案683卷。又从原明清档案保管部的工作人员中选了16名，随档案一同划归北京故宫，仍称明清档案部，对外称第一历史档案馆。1975年，故宫西华门内新的文物库房大楼建成，明清档案部于同年11月迁入新址办公。

1979年6月，国家档案局要求将第一、第二历史档案馆划归国家档案局领导。设在南京的第二历史档案馆原属国家档案局领导，1978年3月移交给中国社会科学院近代史研究所领导。国家档案局的报告说："这两个档案馆是目前我国仅有的两个历史档案馆。其所管档案的特点是历史悠久，数量浩大，内容丰富，系统完整。对当前政治斗争、经济建设、历史研究、学术研究和对外文化交流都有重要价值，是国家的宝贵财富。""为了更好地贯彻党对档案工作集中统一管理的原则，加强国家档案局对全国档案工作的监督、指导和检查，充分发挥历史档案为党和国家的各项工作服务、为四个现代化服务的作用，并适应档案工作日益增多的国际交往的新形势"，建议将这两个历史档案馆划归国家档案局领导①。1980年4月，北京故宫明清档案部全部档案及职工再一次划归国家档案局，改称中国第一历史档

---

① 《关于拟将中国第一、第二历史档案馆划归国家档案局领导的请示报告》（国家档案局文件，1979年6月28日），北京故宫博物院档案。

案馆。

（二）典籍图书的外拨

故宫博物院图书馆长期以来是个重要的业务部门。1949年以后，北京故宫图书馆在继续整理、集中宫殿藏书的同时，又陆续接收了不少社会赠书，如国家文物局拨交的4066册图书，马衡、张允亮、侯宝章、韩槐准等个人捐赠的20000余册书籍。

1949年至1953年，在国家支持下，北京故宫仍然致力于收购清宫流失出去的珍籍，继续充实着故宫的典籍收藏。后来，大批的珍本典籍及宫廷藏书陆续外拨到北京图书馆、国家档案局、一些省市及大学的图书馆。

在20世纪50年代初期，北京故宫因为库存大量的铅印本重复书籍以及本院在30年代编印的档案丛刊、文物图录及其他出版物等积存尤多，遂赠送给有关的机关、单位。例如，存有《清代九朝圣训》41部，每部48函；《清代诸帝列朝诗文集》（康熙至同治）75部，每部76函；《清史稿》也多达23部；等等。经文化部文物局批准，分送有关单位。保存最多的还是故宫自己编印的书籍，例如《史料旬刊》《文献丛编》《故宫月刊》《掌故丛编》《教案史料》《清代文字狱档》《中法战争交涉史料》《光绪朝中日战争交涉史料》《清季各国照会目录》《咸丰朝及同治朝夷务始末》《军机处档案目录》等，还有《故宫书画集》47期及各种书画集册、单幅图卷等，数量巨大，除留够必要的外，1953年至1954年，应许多部门及机构的请求，作为研究参考的资料赠送，如复旦大学、山东大学、中国人民大学、中央美术学院、河北师范学院、人民美术出版社、民族出版社、北京图书馆、上海图书馆、中央革命博物馆筹备处、东北博物馆、北京历史博物馆、中科院近代史研究所、中国红十字总会、广东省人民政府文物保护委员会、中共中央政治研究室等。

接收北京故宫外拨书籍最多、质量最好的是北京图书馆，即今天的中国国家图书馆。

1955年，北京故宫将存在柏林寺的完整的18世纪《龙藏经》版外拨北京图书馆，约152200块，另有四库书版78289块。

1958年，中国历史进入一个特殊时期。这一年7月，北京故宫下放北京市文化局领导。为适应工作需要、充分发挥图书资料的作用，经文化部文物局研究决定，将文物局、故宫博物院、历史博物馆、文物出版社等单位的图书馆合并，成立故宫文博图书馆，归故宫博物院领导。在此之前，北京故宫已将190部40000余册宫中书籍拨给了中国科学院、北京图书馆、吉林省图书馆、中国人民大学、北京大学及部分省市大学等23个单位。为响应充分发挥图书作用的号召，1958年9月，北京故宫拟将藏书中的重复本及与业务无关的书籍23万余册拨给北京图书馆，并由北京图书馆把其中一部分分配给需要这些书籍的机关、单位。北京图书馆则提出要"天禄琳琅"图书，北京故宫也答应了，同时给了一批虽非"天禄琳琅"但仍为宫廷珍本的书籍。

1959年5月，北京故宫与北京图书馆办了移交手续，这些书籍分类如下[1]：

类别	号数	册数	附注
天禄琳琅书籍	239	2868	另有新购的《续资治通鉴纲目》1册
明本书籍	1505	21261	
殿本书籍	5817	54603	
普通本书籍	2850	37419	
满蒙文书籍	1166	11470	
石印图书集成	5	21713	
清代圣训	26	11648	
清代御制诗文集	50	27100	
清代七省方略	29	5639	

[1]《故宫博物院、北京图书馆交接书籍、佛、道经分类统计表》（1959年6月5日），北京故宫博物院档案。

续表

类别	号数	册数	附注
张氏普通书籍	528	4719	
各种杂书	8512	20123	另有138幅、61张、11轴、1袋、1折、1盒、1卷、1块、1束、10开未列入册数内
各种旧杂志	1486	18969	
各种残书	3428	41405	
佛道经	621	28906	另有460夹、908卷、26帙、9件、2捆、67包、6种、8匣、11页未列入册数内
总计	26262	307843	另有138幅、460夹、909卷、61张、26帙、11轴、9件、67包、6种、8匣、11页、2捆、1折、1袋、1盒、1块、1束、10开未列入册数内

另有2项未列入统计数内：

类别	号数	册数	附注
残破及火烧佛经	3	169箱	计铁箱151个、木箱18个
残破霉烂书籍	1	202捆	

这批书籍中，最珍贵的是"天禄琳琅"藏书。它是清宫秘藏善本书中的精华。乾隆皇帝于乾隆九年（1744年）下令内廷翰林检点内府善本，择其优者移藏于昭仁殿设架庋藏，御笔亲题匾曰"天禄琳琅"。命人编为《天禄琳琅书目》10卷，共收书429部。嘉庆二年（1797年）这些珍本因火灾化为灰烬，嘉庆皇帝即命重修昭仁殿，继续从善本书中择优入藏其中，又编成《天禄琳琅书目续编》，凡收书664部。清室善后委员会当年查昭仁殿存书时发现，属于天禄琳琅藏书者仅得288部，不到《天禄琳琅书目续编》所著录的一半。原来逊帝溥仪暂居内廷期间，把其中200余种珍版书偷运出宫外。后来这批书籍散落在东北，1949年以后，逐渐收回，重聚于北京故宫。计有：

宋本	38种	479册
元本	26种	337册
金本	2种	16册
明本	128种	1442册
清本	12种	53册
清抄本	3种	20册

以上计209种2347册。

这些珍品都拨交给了北京图书馆。台北故宫博物院图书馆现藏《天禄琳琅书目续编》著录者311种。

另拨交北京图书馆的非"天禄琳琅"却系宫廷珍本的有：

宋本	5种	69册
元本	8种	272册
明本	8种	134册
清本	3种	20册
清抄本	5种	14册[①]

以上计29种509册。

20世纪70年代初，随着工作的开展，北京故宫认为外拨给北京图书馆的书籍之中，有许多是故宫业务所需要的，便要求北图退还与本院业务有关的图书。北图除将"天禄琳琅"善本书以及普通线装书2号415册，以及平装书、杂志等运到馆内登记入藏和先后拨给外单位约5万册图书外，另外的20多万册尚放置在北京故宫，遂把这批书退还北京故宫。北京故宫对退还的这20多万册书进行清点整理，将与北京故宫业务相关的书籍留了下来，其中满、蒙文图书交故宫明清档案部，其余书籍，或上报文物局，或拨交其他图书馆，此外剩余部分处理给中国书店。

---

① 《拟将院藏天禄琳琅等书籍拨给北京图书馆报请批示》（1958年10月29日），北京故宫博物院档案。

北京故宫还将典籍图书较多地拨给了档案馆与国家档案局。

1954年，北京故宫将宫中舆图由图书馆移交本院档案馆。北京故宫因保存舆图数量庞大，便把其中158件与历史有关的图画保存下来，分别移存延禧宫和图像库，另外5747件舆图则移交档案馆。这批舆图，主要包括《盛京事迹图》《廓尔喀战图》《河间府图》《扬州府水陆舆图》《元旦朝贺图》《豫鲁皖边境捻匪等老巢图》《浙江嘉兴府舆图》《董各庄风水图》等。1955年，随着档案馆移交国家档案局，这批舆图也离开了北京故宫博物院。

直接拨交国家档案局的有两次。第一次是1956年10月，北京故宫拨交国家档案局一批复本书籍，13103册。这批书籍，有一部分为康乾时期的内府本。第二次是1977年4月，北京故宫又拨交给国家档案局宫廷书籍220部5790册，包括稿本、精写本、内府本、精刻本等。抄本主要有《洪武宝训》，清初顺治年写本，6册；《清文会典事例》，清文副本精写本，1215册；《大清会典》，清精写本，101册；《玉匣记》，清抄本，4册；《平定西北方略》，清抄本，27册；《晴雨录》，清光绪三十年（1904年）抄本，1册；《钦定外藩蒙古回部王公表》，清抄本，10册；《清文星历考原》，清抄本，12册；等等。

北京故宫还先后将不少宫中书籍拨交给一些省区市图书馆等单位：

1957年，拨给中国科学院新疆分院宫廷藏书14种3196册。

1957年、1977年，先后拨给内蒙古大学蒙文书籍2部36册；其他书籍93部9451册。

1977年，拨给河北省博物馆宫中书籍747部24548册。

1977年，拨给河南省博物馆宫中书籍20部635册。

1977年，拨给河南省图书馆宫中书籍54部2184册。

1978年，拨给天津市人民图书馆宫中书籍94部3544册。

（三）器物的外拨

从1949年至1980年，北京故宫藏品的充实得到社会各界支持，同时也先后有大量宫廷藏品及珍贵文物调拨给不少博物馆、图书馆及其他机构。例如，北京故宫曾把包括虢季子白盘、《乾隆南巡图》等在内的3881件珍贵文物拨给了1959年成立的中国历史博物馆。其中虢季子白盘是与现藏于台北故宫博物院的散氏盘、毛公鼎并称西周三大青铜重器的国宝，器形硕大、造型奇伟，而且铭文具有很高的历史价值。虢季子白盘清道光年间出土于陕西宝鸡，后辗转流传至江苏常州。1864年淮军将领刘铭传（曾任台湾建省后的首任巡抚）攻下常州进驻太平天国护王府，在马厩中发现此盘。其后，刘氏返居故乡合肥，建"盘亭"而藏之。民国以后，争夺此盘的风波迭起，北洋军阀、日本人都欲抢夺。刘氏后人为保此盘历尽磨难，最后掘地一丈将此盘深藏不露。1950年，刘铭传四世孙刘肃曾将此盘献给国家，为北京故宫收藏。北京故宫还把一部分官窑瓷器赠给了一些古窑址博物馆；在一些寺院和我驻外使馆等，都有调去的故宫文物。也有一些清宫文物赠送国外博物馆，例如1957年赠给苏联东方博物馆清代瓷器、玉器、漆器、珐琅、织绣等文物550件。

北京故宫从1954至1990年拨给外单位的、有登记记录的文物共84000件另87斤1两，拨给单位包括国内外各博物馆、事业单位、企业、人民团体、科研机构、寺院、学校、国家机关、电影厂等。

所拨出的文物以器物类别计，包括陶瓷、铜器、玉石器、漆器、珐琅器、织绣、绘画、法书、铭刻、雕塑、文具、生活用具、钟表仪器、宗教文物、武备仪仗、古籍文献、外国文物及其他文物等。具体文物包括汉、晋、唐、宋、元、明、清陶瓷器，战国铜剑，玉器，水晶，漆器，珐琅，丝织品（清代织金缎、丝绸锦缎），织绣材料，帝后书画，明清绘画，书札，拓本，清代诰谕，文献资料，汉魏六朝造像，曲阳石刻，汉封泥，铜灯，清代钟表，冠服，清代宝座陈设，家具，印章钱币，绦带，清代銮舆卫仪仗、服饰用品，八旗盔甲，弓箭，腰刀，阿虎枪，马鞍，清代御药房药柜及药材，历代钱币，佛像，龛塔，经架、经书，供法器，佛堂原状，屏联，挂灯，贴落，皮货，象牙，清代墨，清代铅锡铜铁玉石料及砗磲等石料标本，清代旧存药材，现代砚，旧军服、军帽，动物标本，现代美术工艺品，国际礼品（外国瓷），国内礼品（动植物标本、矿石），皇族与藩属等爵衔章及18世纪各国国王像，洪宪绸旗印匣，苏区钞票、锦旗、五星纪念章，等等。在数量上以瓷器、武备、民族文物、宗教文物、新铜、清代家具等陈设品、丝织品、皮货、清代美术工艺品、国际国内礼品、近代史资料为大宗。

北京故宫拨出文物涉及9个国家及国内27个省、自治区、直辖市和部队单位。其中，共拨往国外文物1000件，国内82999件另87斤1两。在国内的省区市中，接收北京故宫文物最多的前9个省市是：

1.北京（包括在京的中央国家机关及人民团体、北京市各机关等）	35680	件另87斤1两
2.河北省	15874	件
3.辽宁省（按：东北鲁迅美术学院归入辽宁省）	9950	件
4.河南省	4235	件
5.广东省	2398	件
6.吉林省	1965	件
7.黑龙江省	1812	件
8.江西省	1274	件
9.湖南省	1088	件

以上9个省市接收加上拨给解放军的1137件，共计75413件，占国内拨出文物总量的约90.9%，其中北京和河北两省市共计51554件，约占国内总数的62%。北京故宫拨出文物共涉及全国约131个单位（按：登记册上统计单位为157个，有些虽名称不同，但实际为同一单位），

其中，接收文物最多的单位是由中国革命博物馆和中国历史博物馆合并的国家博物馆，多达7970件。

文物数量超过2000件的单位有以下10个：

1.国家博物馆	7970	件
2.沈阳故宫	7546	件
3.承德外八庙	5968	件
4.民族宫	5519	件
5.洛阳市文化局	3361	件
6.东陵管理所（保管所）	2966	件
7.北京电影制片厂	2510	件
8.中国工艺美术学院	2356	件
9.国庆工程各单位（"国庆工程各单位"暂当作一个单位来统计）	2534	件
10.佛教协会	2015	件

超过1000件的机关单位有：

1.外交部	1962	件
2.黑龙江省博物馆	1812	件
3.广东省博物馆	1647	件
4.轻工业部美术工艺管理局	1614	件
5.承德避暑山庄（包括承德离宫、承德离宫办事处、承德离宫管理处、管理所）	1551	件
6.景德镇陶瓷馆（包括景德镇陶瓷研究所）	1217	件
7.文化部	1213	件
8.外贸首饰公司	1173	件
9.解放军八一电影制片厂	1130	件
10.湖南省博物馆	1088	件
11.长春电影制片厂	1000	件

拨给国外的有：

1.保加利亚博物馆	35	件
2.德意志民主共和国	251	件
3.哥斯达黎加	6	件
4.捷克斯洛伐克国家博物馆	65	件
5.毛里求斯	2	件

6.日内瓦人类博物馆　　　　　　 46　　件
7.苏联东方博物馆　　　　　　　 550　　件
8.苏联特列恰可夫画馆　　　　　 23　　件
9.新西兰坎特伯雷博物馆　　　　 21　　件
10.伊朗　　　　　　　　　　　　 1　　件

共计：1000件

　　北京故宫外拨文物，有些是在特殊历史条件下形成的。1973年，故宫大佛堂的2900余件佛教文物被迁运河南洛阳，佛像被安置于某寺院，其余文物如两座九级木塔等则为其他文物部门分别占据。大佛堂是故宫西路慈宁宫后殿，明嘉靖十五年（1536年）建成，为后妃礼佛之所。该殿面阔七间，进深三间，殿宇宏敞，直至1973年被拆之前，仍完整地保持着明清皇宫内佛堂的历史原貌。佛堂中有目前国内仅存的整堂元代干漆夹苎十八罗汉像、三世佛像、天王像、韦驮像等23尊，均属一级文物。干漆夹苎像是佛教造像中最珍稀的品类，它靠多层麻布、彩漆成型，重量较轻，造型精美，但因不易保存，存世极少。根据故宫整体维修的规划，恢复大佛堂是其中的重点项目，社会各界呼吁这批文物尽快归还北京故宫。

七　文物藏品分类统计

　　北京故宫的文物藏品，依据不同质地、形式和管理的需要，分为绘画、法书、碑帖、铭刻、雕塑、铜器、陶瓷、织绣、玉石器、金银器、珍宝、漆器、珐琅器、文具、生活用具、钟表仪器、帝后玺册、宗教文物、武备仪仗、善本文献、外国文物、其他文物和古建文物，共25大类69小项。现将藏品分类列表统计如下：

北京故宫藏品分类统计表（表一）

序号	文物类别	文物细分类	故（件）	新（件）	数量（件）	故所占比率	新所占比率	故（件）	新（件）	总数量（件）	故所占比率	新所占比率
1	绘画	纸绢画	9346	27780	37126	25.17%	74.83%	11312	31890	43202	26.18%	73.82%
		壁画		113	113	0.00%	100.00%					
		其他画	14	57	71	19.72%	80.28%					
		版画	1952	3940	5892	33.13%	66.87%					
2	法书	纸绢书	3380	51547	54927	6.15%	93.85%	3380	51547	54927	6.15%	93.85%
3	碑帖	铭拓	4989	20475	25464	19.59%	80.41%	4989	20475	25464	19.59%	80.41%
4	铭刻	甲骨		4740	4740	0.00%	100.00%	1829	30315	32144	5.69%	94.31%
		古陶石刻	612	5354	5966	10.26%	89.74%					
		印押（封泥）	1217	20221	21438	5.68%	94.32%					
5	陶瓷	陶	4	1892	1896	0.21%	99.79%	319817	29344	349161	91.60%	8.40%
		瓷	319813	27452	347265	92.09%	7.91%					
6	铜器	青铜	845	10005	10850	7.79%	92.21%	11072	18097	29169	37.96%	62.04%
		铜镜	934	3153	4087	22.85%	77.15%					
		古金属	11	414	425	2.59%	97.41%					
		仿古彝	535	358	893	59.91%	40.09%					
		货币	8747	4167	12914	67.73%	32.27%					
7	玉石器	玉器	22917	5544	28461	80.52%	19.48%	23550	6306	29856	78.88%	21.12%
		石器	633	762	1395	45.38%	54.62%					
8	金银器	金器	2326	93	2419	96.16%	3.84%	3145	172	3317	94.81%	5.19%
		银器	819	79	898	91.20%	8.80%					
9	珍宝	珠宝	841	23	864	97.34%	2.66%	841	280	1121	75.02%	24.98%
		金珠宝		257	257	0.00%	100.00%					
10	漆器	漆器	16810	897	17707	94.93%	5.07%	16810	897	17707	94.93%	5.07%
11	珐琅器	珐琅器	5746	409	6155	93.35%	6.65%	5746	409	6155	93.35%	6.65%

续表

序号	文物类别	文物细分类	故（件）	新（件）	数量（件）	故所占比率	新所占比率	故（件）	新（件）	总数量（件）	故所占比率	新所占比率
12	雕塑	雕塑	563	9175	9738	5.78%	94.22%	563	9175	9738	5.78%	94.22%
13	雕刻工艺	竹	1510	462	1972	76.57%	23.43%	7983	2165	10148	78.67%	21.33%
		木	3875	705	4580	84.61%	15.39%					
		牙角	2021	985	3006	67.23%	32.77%					
		匏	577	13	590	97.80%	2.20%					
14	其他工艺	玻璃器	3445	564	4009	85.93%	14.07%	10927	1421	12348	88.49%	11.51%
		盆景	1404	18	1422	98.73%	1.27%					
		编织品	195	45	240	81.25%	18.75%					
		成扇	5061	22	5083	99.57%	0.43%					
		锡器	286	215	501	57.09%	42.91%					
		新铜器	536	557	1093	49.04%	50.96%					
15	织绣	服饰	120046	4378	124424	96.48%	3.52%	135130	4462	139592	96.80%	3.20%
		配饰	6002	32	6034	99.47%	0.53%					
		戏衣	8323	3	8326	99.96%	0.04%					
		地毯	759	49	808	93.94%	6.06%					
16	文具	笔	4178	25	4203	99.41%	0.59%	51184	13871	65055	78.68%	21.32%
		墨	41497	11827	53324	77.82%	22.18%					
		纸	1392	350	1742	79.91%	20.09%					
		砚	2220	1392	3612	61.46%	38.54%					
		图章	606	269	875	69.26%	30.74%					
		文杂	1291	8	1299	99.38%	0.62%					
17	生活用具	家具	5394	444	5838	92.39%	7.61%	34895	592	35487	98.33%	1.67%
		灯笼	1476	8	1484	99.46%	0.54%					
		生活用具	23604	140	23744	99.41%	0.59%					
		切末道具	4421		4421	100.00%	0.00%					

续表

序号	文物类别	文物细分类	故（件）	新（件）	数量（件）	故所占比率	新所占比率	故（件）	新（件）	总数量（件）	故所占比率	新所占比率
18	钟表仪器	度量衡	198	119	317	62.46%	37.54%					
		钟表	1520	30	1550	98.06%	1.94%	2479	150	2629	94.29%	5.71%
		仪器	761	1	762	99.87%	0.13%					
19	帝后玺册	帝后玺册	4876	65	4941	98.68%	1.32%	4876	65	4941	98.68%	1.32%
20	宗教文物	祭法器	6997	129	7126	98.19%	1.81%	40977	146	41123	99.64%	0.36%
		陈设品	25349	1	25350	100.00%	0.00%					
		佛像	8631	16	8647	99.81%	0.19%					
21	武备仪仗	武备	15369	46	15415	99.70%	0.30%	19428	73	19501	99.63%	0.37%
		仪仗	1921	2	1923	99.90%	0.10%					
		乐器	2138	25	2163	98.84%	1.16%					
22	古籍善本（见表二）											
23	外国文物	外国文物	1245	3658	4903	25.39%	74.61%	1245	3658	4903	25.39%	74.61%
24	其他藏品	国际礼品		3132	3132	0.00%	100.00%	0	3713	3713	0.00%	100.00%
		国内礼品		581	581	0.00%	100.00%					
25	古建文物（见表三）											
	共计		712178	229223	941401	75.65%	24.35%	712178	229223	941401	75.65%	24.35%

表一说明：

1.此表统计至2006年6月底。

2.比率值保留小数点后两位数字。

3."故"字号表示1949年以前故宫的藏品统计，包括1949年以前收藏的极少数不为清宫藏品的文物；"新"字号表示1949年以后收藏的藏品，其中包括原为清宫旧藏的文物。

4."表一"最后"共计"数字不包括故宫图书馆馆藏图书数字及古建部文物数字，此二类数字分别见表二、表三。

5.此表不包括尚在整理的10万余件文物资料；绘画、法书栏，不包括正在整理的20000余件清代帝后的书画作品。

6.此表不包括滞留在南京博物院的10万余件故宫南迁文物。

北京故宫藏品分类统计表（表二）

文物类别	文物细分类	文物数字	单位	占总数比率
古籍善本	善本特藏	200000	册（件）	33.33%
	书版特藏	230000	块	38.33%
	普通古籍	170000	册（件）	28.33%
总数共计		600000	册（件）	

表二说明：

1.目前正进行"普通古籍"中符合善本条件的"入善"工作，待工作完成后，相应两类数字将随之改变。

2.普通古籍170000册中，有160000册为在账文物，另10000册尚未完成编目入账工作。

北京故宫藏品分类统计表（表三）

文物类别	文物细分类	文物数字	单位	占总数比率
古建文物	装修	3019	件（套）	55.21%
	木砖石/琉璃构件/铜铁饰件	2058	件（套）	37.63%
	烫样/画样	391	件（套）	7.10%
总数共计		5468	件（套）	

台北故宫博物院文物藏品的保管与征集

一 北沟时期文物藏品的保管

（一）从台中糖厂到北沟

文物存放台中糖厂。1948年底至1949年1月文物运台，是由当时的故宫博物院、中央博物院筹备处、中央研究院历史语言研究所、中央图书馆、国民政府外交部等5个参与运输的机关组织联合办事处办理的。第一批运台文物抵达基隆后，即卸船装上火车，运至杨梅车站旁预先洽妥的通运公司仓库贮存。因通运公司仓库容量不大，又联系了台中糖厂的仓库。第二、第三批文物到台后，除中央研究院历史语言研究所已迁到台湾，该所文物单独存在杨梅外，其余机关的文物，连同第一批的部分文物，一并运到台中糖厂保管。

编造迁台文物清册。1949年4月，开始编造迁台文物清册。故宫博物院运台文物总数为231910件又27张692页，分装2972箱。

成立"联管处"。1949年7月，为适应战时环境、节省人力物力，故宫博物院、中央博物院筹备处、中央图书馆及中华教育电影制片厂等4机关暂时合并组成"国立中央博物图书院馆联合管理处"（简称联管处），成立委员会，由杭立武兼任主任委员。每一个单位改成一个"组"。故宫博物院在这个组织里，为"故宫博物组"。故宫博物院本是隶属"行政院"，也暂时改隶"教育部"。1954年9月，中央图书馆在台北设馆，联管处少了一个组。1955年1月，联管处奉令改组为"中央运台文物联合管理处"，下分4个组：故博组、中博组、电教组、总务组。同年11月电教组由"教育部"撤回，剩下的只有两个博物组了，"教育部"又公布将其改组为"国立故宫中央博物院联合管理处"。联管处主任委员为杭立武，继任者有孔德成、何联奎，并升故宫博物组主任庄尚严为副主任委员。

组建两院共同理事会。1950年1月23日，理事杭立武以"教育部长"名义，在台北举行台北故宫博物院及中央博物院在台理事谈话会。到会理事认为两院在台理事人数甚少，不便行使职权，建议组建两院共同理事会，代行两理事会职权，并董理中央图书馆及北平图书馆存台图书。6月7日，"行政院"公布了第一届理事名单。1951年1月17日，两院共同理事会成立，李敬斋为理事长，王世杰、朱家骅、傅斯年、罗家伦、丘念台、余井塘、程天放为常务理事。理事的任期是两年，此后每两年改聘一次。理事人选虽有增减，大致无大变动。理事长一职，自第二届起，就由王云五理事担任，秘书一职，照例由联管处主任委员兼任。

修建北沟库房。1949年10月，在台理事举行谈话会，认为台中糖厂烟囱高大，距火车站又近，为求文物安全，主张迁离市区，选一靠近山麓地点，建筑郊外仓库。经联管处勘察，认为台中县雾峰乡吉峰村北沟，有一所农场，最为适宜。后经批准，于1950年2月动工，4月初完工，接着搬运文物入库房。建筑的库房共三座，呈"冂"形，长30米，宽12米，每座以能容普通箱件1600箱为准。正中一座，中间隔开，分存中央博物院及中央图书馆文物。两旁两座，均存故宫博物院文物。1952年7月，两院共同理事会又决定在库房附近山地，开建小规模防空山洞，预备到必要时，把最精华的文物存进去，以保文物的安全。山洞的开凿工程，是1953年4月9日开工，12月26日验收完毕。洞为"凵"形，全长100米，宽两米半，约可容600箱。新开山洞，里面不免潮湿，图书字画放进去易受潮，遂商定了两项办法：一是装置通风机，调节洞内空气；二是书画图籍等畏潮的文物，到必要时再行迁入。各单位遵照理事会的决议，选提最精品，另行装为"洞"字箱。故博组选装铜器32箱、瓷器105箱、玉器20箱、书画37箱、图书77箱、文献32箱、杂项29箱，共计332箱；中博组选装162箱，中图组选装宋元版图书60箱。但装置通风机的办法并没有成功，因为夏天洞里漏水，通风机无法使洞内空气干燥；铜瓷玉器本身虽不畏潮，但所有匣、架、木座以及包装物都怕潮，放得久了会出事。所以这个山洞通常只是备用，不能放东西。

（二）库房管理

故宫博物院从建院以来，对于库房的管理就很严格，有一套完整的出库手续。文物南迁到上海后，仍坚持库房管理的准则。在台中北沟，组织上虽然是一个大的机构，业务却各自独立，台北故宫博物院仍依据自己的成规办理。库房钥匙由专人保管。库房的启闭，须由组主任或代理人会同管理人员进行，闭门时会同签封，开库时由管理员负责记录，每月汇报联管处存查。库房建成时，正值雨季，为了防潮，在库房背后挖掘水沟，引水流泄，遏止地下伏流，同时采取了文物在川黔疏散时的办法，如把箱架支起，使其下面通风，时常开启门窗通风，箱架下铺撒石灰，库房里堆置木炭，随时检查晒晾图籍书画等。防治白蚁也采取了很多行之有效的办法。加上重视警卫和消防，保证了在北沟期间文物的安全保管。

1963年3月22日下午，图书仓库检查箱件时，发现一只箱上有水迹，经报告后即开箱检查，箱内《四库全书荟要》有受水浸粘并情形。继续开启附近几个箱件，出现粘并的尚有"院633箱"[①]的《左传注疏》2册、《春秋权衡》2册、《春秋左传事类始末》5册及"院856箱"的《栾城集》10册，另有"院1021箱"霉污的23册。经查，漏水原因是

---

① 运台文物重新编号，每箱件冠以"院"字，从院字第1号至2972号。

库房屋顶的瓦碎了一块，瓦碎的原因，推测可能是小孩抛了石头到屋顶打碎的。后来用数月时间，对《四库全书荟要》补抄了866页，修补了1300余页，一切恢复旧观，同时在库房管理上采取了一些补救措施。

（三）文物清查

1950年7月17日，两院共同理事会举行会议，朱家骅理事提议，清查两院存台文物，以明责任，经理事会通过。后又决定先行抽查，成立清点委员会，推荐理事或延聘专家3~5人为清点委员，办理此项工作。1951年6月16日，至9月8日，共抽查了1011箱，其中故宫博物院的有560箱。抽查的结果很好，箱内文物与清册符合，破伤的也极少。抽查之后，理事会决定从1952年起，把所有存台文物，分年赓续点查，不但可以知道文物有没有错误与破坏，并可趁此机会改善包装。这样的工作，又继续做了3年，因延聘的专家多在大学执教，暑假期间方能参加，每年点查的时间皆定在7月至9月。每年点查的分类件数及箱数如下①：

		1951年	1952年	1953年	1954年	共计
铜器	箱	19	5	37		61
	件	1544	408	430		2382
瓷器	箱	332	168	395		895
	件	6701	3455	7778		17934
玉器	箱	36	24	43		103
	件	1537	976	1381		3894
书画	箱	54	8	32		94
	件	3961	619	1180		5760
漆器	箱	4	10	20		34
	件	62	113	143		318
珐琅	箱	10	8	52		70
	件	152	83	582		817
雕刻	箱	6		2		8
	件	103		2		105

① 转引自那志良：《故宫四十年》，台湾商务印书馆，第133页。

		1951年	1952年	1953年	1954年	共计
文具	箱	12	2	10		24
	件	572	79	610		1261
杂项	箱	37	19	89		145
	件	2535	690	16733		19958
图书	箱	26	276	95	937	1334
	件	5390	32851	19746	99616	157603
文献	箱	24		2	178	204
	件	4089		213	24618	28920
总计	箱	560	520	777	1115	2972
	件	26646	39274	48798	124234	238952

（四）文物出版

联管处在清点管理文物的基础上，重视编辑出版，系统地介绍文物藏品，比较重要的书籍有：

（1）《中华文物集成》。由美国亚洲基金会补助费用，1954年出版，在香港印刷。全书分铜器、瓷器、法书、名画、版刻5册，共选图片500幅，其中法书90幅、名画110幅，其余都是100幅。每类文物有总说明，每件有分说明，用铜版纸精印。

（2）《故宫书画录》。故宫运台书画为4650件，经鉴评，分为"正目"与"简目"两部分。"正目"为价值较高或流传有绪的精品，有详细记录，其中法书237件、名画1234件，总计1471件；其余则列入"简目"，只写品名，不及其他。《故宫书画录》1956年出版，上、下两册，全书8卷，卷一至卷三是法书的卷、轴、册；卷四至卷六为名画的卷、轴、册；卷七是南薰殿图像；卷八是简目。全书包括了故宫博物院及中央博物院运台的全部书画。

（3）《故宫名画三百种》。《故宫书画录》仅为文字记载，没有图版，犹未满足艺术爱好者的需要，两院共同理事会遂决定刊印专集，以广流传。《故宫名画三百种》收唐画35件，五代画25件，宋画84件，元画61件，明及清初画84件，帝王像11件，分订6册，计两函，以珂罗版精印，于1959年出版。

（4）《故宫铜器图录》。为故宫博物院与中央博物院运台铜器的总汇。全书分上、下册，上册是目录，下册是图版，均分上、下两编，上编是故宫博物院藏器，下编是中央博物院藏器，于1958年3月出版。

（5）《故宫瓷器录》及《故宫藏瓷》。两院所藏瓷器，也照书画之例，编印《故宫瓷器录》，为目录性质的书，收录所有瓷器，一一记载其形制、花纹、款识、尺寸等，并附列器上前人刻字、乾隆题咏，以及所附木盖木座等。全书分为三辑，第一辑为宋元部分，第二辑为明代部分，第三辑为清代部分；每辑又分两编，上编为故宫博物院瓷器，下编为中央博物院瓷器。1961年开始出版。《故宫瓷器录》纯系目录，没有图版可以对照。两院理事会遂决定把瓷器精品有系统地用原色刊印，以存其真，依钧窑、官窑、汝窑、龙泉窑、单色釉、青花、釉里红、彩瓷、珐琅彩之类别，分别出版，名曰《故宫藏瓷》，共29册。

（6）《故宫法书》。收集院藏前贤名迹，分人、分代、分辑，次第发行。各书悉按原来尺寸，将原件及其题跋，以精版佳纸影印，另附说明，供爱好中国书法艺术者鉴赏。

二　外双溪新馆以来的馆舍扩建、组织机构及文物清点与出版

（一）外双溪新馆及其扩建

1960年9月，蒋介石以北沟地处偏僻、交通不便为由，要"行政院"于台北近郊择地辟建博物馆，既以宣扬华夏文化，亦以发展观光事业；"行政院"乃设置"国立故宫中央博物院迁建小组"，筹划办理。迁建小组选定台北近郊的外双溪作为院厦新址，以其地群山环抱，战时可保安全，平时交通亦便。建造经费由"行政院"、国民党

政府机构、美援三方分担。新馆建筑工程于1964年3月开工，1965年8月建造完成。

外双溪新馆为一座四层的楼房建筑，总面积7204平方米。第一层为办公室、研究室、储藏室、演讲厅等工作空间；第二、三层采密闭式设计，为展览陈列空间；第四层大部为屋顶平台，其上高耸楼阁一座，四周为落地长窗，绕以回廊；中央系斗八藻井，外檐则斗拱出踩，栋宇翚飞，为中国宫殿式建筑，背倚山林，环境优美。正馆背后挖有山洞。为避免潮湿，山洞建于山腹位置较高之处。洞长180.5米，略呈马蹄形，宽2.6米。两侧为堆箱之用，中间是过道。洞门入口有长26米的廊桥与正馆三楼相连，以备必要时输送展陈精品入洞。洞的出口则在正馆左后侧的山坳，有车道与正馆可通。正馆以及山洞均装置空调系统，尽可能维持合乎理想的温湿度。

1965年10月，蒋介石到外双溪新馆视察，得知新馆将在11月12日即孙中山先生诞辰纪念日开幕，认为把这一座新的博物馆定名为中山博物院，是最有意义的。"行政院长"严家淦对此甚为赞同，决定把这一座新馆定名为"中山博物院"，交由台北故宫博物院使用，待将来"反攻"胜利，原故宫博物院与中央博物院的文物分别运回北京与南京之后，再正式成立一个中山博物院。蒋介石先生为之题署"纪念国父百年诞辰——中山博物院"门额。11月12日，为中山博物院落成典礼，同时举行台北故宫博物院新址开幕典礼。台北故宫博物院主任委员王云五先生主持典礼，曾说明筹备经过：

> 台北故宫博物院为扩大展览与便利研究起见，承陈故副总统辞修先生之大力支持，数年前即筹备建于外双溪，又蒙友邦美国之赞助，以援款协助建筑新馆。现在新馆落成，承总统指示，严院长之赞同，即以落成之新馆，作为国父永久之纪念，他日光复大陆，故宫博物院连同所藏古物迁回大陆后，此一宏伟建筑，将永久保存，发展为台湾省专设之博物馆，在国父百年诞辰日，中

山博物院正式落成，意义最为深长。

"行政院长"严家淦在剪彩时指出：

> 此一博物院定名为中山，并在国父诞辰之日落成，尤具意
> 义。国父以继承尧、舜、禹、汤、文、武、周公、孔子相传的道
> 统为己任；博物院代表一个民族的文化。现在博物院以中山为
> 名，来纪念国父，就是要把国父的思想发扬光大，达到天下为公
> 的地步。天下为公四字，实可作为博物院之南针[①]。

台北故宫博物院外双溪新馆从建成以来，已进行了5次扩建：

第一次扩建：台北故宫博物院启用新馆后，即感房舍不足，遂决
定扩充正馆左右两翼。1966年12月动工，1967年8月落成，凡增加面
积2610平方米，其中一楼增加810平方米，二、三楼1800平方米，使
千余箱图书有空间可供贮放，陈列室观众的拥挤状况也有所疏解。

第二次扩建：为了增加陈列面积，决定继续第一次之扩建左右两
翼再向外延伸，从1969年4月动工，1970年3月完成，计增办公室面积
2000平方米，展览室3700平方米。

第三次扩建：分两大部分，一是在院厦左侧小山修建一座五层的
行政大楼，地下三层，地面二层，使各处库房与办公室独立于展览大
楼之外，进而扩充文物展陈面积；二是为更新安全维护设施，使院区
各处的防火防盗系统电子化、自动化，并使库房与陈列室真正达到恒
温恒湿。此项工程1982年9月动工，1984年新建行政大楼竣工，正式
启用，陈列室整修、安全维护系统建置等工程接续展开。

第四次扩建：为新建图书文献大楼，1992年5月动工，1995年9月
完工启用。该大楼为一多功能、多用途的建筑，楼高6层，呈"L"形，

---

① 转引自那志良：《故宫四十年》，台湾商务印书馆，第163—164页。

外观仍仿宫殿式，面积13100平方米，一楼为展览陈列室，二至四楼为图书文献馆；地下一楼为书库与借展文物库房，地下二楼为小型车库与文物箱件处理空间。图书文献大楼与行政大楼亦以地道相连接。

第五次扩建：这次扩建包括增建馆舍面积40482平方米及调整院区建筑群体的相互关系，重新设计人车动线、净化景观等，2000年开始规划，2004年动工，2006年完成。

（二）组织机构

在外双溪新馆投入使用前，也确定了新馆的组织。1965年8月，"行政院"公布《国立故宫博物院管理委员会临时组织规程》（以下简称《临时组织规程》），以"整理、保管、展出故宫博物院及中央博物院筹备处所藏之历代古物及艺术品，并加强对中国古代文化艺术之研究"为其设置宗旨。《临时组织规程》规定："国立故宫博物院管理委员会隶属行政院"；"原隶属教育部之国立中央博物院筹备处在台人员，暂列入本会编制，俟大陆光复时，应连同所保管该筹备处之古物一并归还原建制"；管理委员会"置委员二十五人至三十五人，由行政院长聘任之，任期二年"。委员会成立后，由委员互选主任委员1人，常务委员5~7人。博物院内部的组织，是由院长1人总理政务，副院长1~2人，襄助院长处理院务。设有古物组、书画组、总务处、出版室、秘书室、安全室、会计室、人事室8个单位。《临时组织规程》还强调："博物院得聘请专家五至七人为研究员，三至五人为副研究员。并得设研究发展委员会。"

《临时组织规程》后又经多次修订。1965年12月22日，"行政院"应台北故宫博物院要求，修改第九、十一、十二等三条条文，酌增技术人员名额，以应电器、空调的需要。1967年5月4日又核定修订第九、十二、十三等三条，酌增干事2名、助理干事7名、人事助理员2名、雇员20~40名，以补人手之不足。1968年7月17日，"行政院"颁布审查修订的《临时组织规程》，此重订的组织规程比1965年公布的增加了一条，其余各条也有增订，所增要点如下：

（1）本会的职掌条，增列"关于中国历代文物之收购事项"与"其他国立研究机构之合作事项"两款。

（2）第六条增列常务委员会议，至少每两个月开会一次，讨论管理委员会议交议，或主任委员特别交议事项。

（3）第八条将台北故宫博物院的组织，原来的"组"改名为"处"，总务处改室，并增加三个单位，使原来的三个业务单位增成三处三组，即器物处、书画处、图书文献处、展览组、出版组、登记组。

（4）增列第十一条："博物院得聘请国内外专家或学者为顾问或通讯员，均无给职。"原来的第十一条以下则顺移一条。

（5）第十五条将原来的第十四条博物院得设研究发展委员会，修订为："博物院得设专门研究机构，其组织及工作计划，由常务委员会另定之，并报请管理委员会备案。"[①]

1987年1月，《国立故宫博物院组织条例》颁布，台北故宫博物院自此正式隶属于"行政院"，其设置宗旨：以"整理、保管、展出原国立北平故宫博物院及国立中央博物院筹备处所藏之历代古文物及艺术品，并加强对古代中国文物艺术品之征集、研究、阐扬，以扩大社教功能"。新制与以前变化并不大，只是使台北故宫博物院由"临时机构"的地位常态化。其下分设器物、书画、图书文献三处，展览、出版、登记三组，秘书、科技、管制、总务、会计、人事以及政风室、资讯中心等14个单位。

1987年2月，台北故宫博物院院长职由"聘任"改为"特任"。

1991年，"行政院"组织"国立故宫博物院指导委员会"，取代原有之"管理委员会"，对院务发展重要事项予以咨议指导。

（三）文物总清点

台北故宫博物院文物自从1954年台中北沟点检以来，经过北运及

---

① 参阅《故宫七十星霜》，第204—205页。

移置行政大楼两度搬迁，原贮木箱文物多已整理编目，或罗列置架，或改换新型金属箱储，而捐赠与搜购的新藏文物也在逐年增加，院领导认为有予以再次清点的必要，乃于1988年9月成立"院藏文物清点计划研究小组"，1989年报经管理委员会同意，"行政院"核准实施。

这次文物清点的对象，为院中现所负责典藏且主权属于台北故宫博物院的所有文物，有国立北平故宫博物院迁台文物2972箱、南京中央博物院筹备处迁台文物852箱、抗战胜利时日本归还中国无主文物49箱、"司法行政部"移交的日伪机关印章一批以及台北故宫博物院在台接受捐赠与搜购所得文物等共5个部分。又延聘外界的学者专家及管理委员会现任委员45位组成清点委员会来监督主持，文物提件、度量、著录、验毕包装归箱等工作，则由台北故宫博物院专业人员担任。

1989年7月1日文物全面总清点工作正式展开。共分瓷器、玉器、铜器、杂项珍玩、书画、善本图书、档案文献7个组，每周进行5天，而每组至少须有委员2人到场，始得开始工作。倘遇文物正在展览陈列，即到现场验看。台北故宫博物院以北沟点查清册之著录稍显简略，乃重新设计清册表单，详注原箱字号、原始编号、品名、数量、分类统一编号、原点查清册记载、现况记录等项。清点时，凡器物、书画均摄制照片建档；善本图书与档案文献，则摄照全帙并正文首页。检视完毕，即于清册表单上加盖验讫章；文物上另钤印（或粘贴，或悬挂）"中华民国七十九年度点验之章"。

经过23个月的持久工作，到1991年5月24日，台北故宫博物院院藏文物全面总清点工作完成，所藏历代文物有了一个准确数字。7个小组分别统计数字如下：

书画组：旧藏6003件，新增3117件，合计9120件。

瓷器组：旧藏23913件，新增562件，合计24475件。

铜器组：旧藏5109件，新增6999件（内含钱币6945件），合计12108件。

玉器组：旧藏4803件，新增341件，合计5144件。

杂项珍玩组：旧藏23627件，日本归还1275件，司法行政部门移交日伪司法机关印章73件，新增1580件，合计26555件。

善本图书组：旧藏150709册，新增22498册，合计173207册。

档案文献组：旧藏395126册件，新增49件，合计395175册件。

以上总计为645784件册[①]。

清点结果，除过《满文原档》原已失落1页外，文物数量与原始清册著录完全符合。清点委员也提出了若干有意义的建议，"认为收藏中极少数并无文物价值之件，如器物处典藏之回子盐一包，早已氧化挥发无存；书画处典藏之空白素手卷、前清备赏赐臣工之空白成扇，因贮存过久，且经虫蛀或粘连难开，皆宜销号报废；稍有霉污的书画卷轴、图书文献，仍应加强揭裱修补，瓷器改装囊匣工作，亦宜继续进行等等"[②]。

（四）文物出版

1966年7月，《故宫季刊》开始发行，以整理中国艺术史料、报道台北故宫博物院学术研究成果、刊载国内外中国艺术文化史论著为出版旨趣。1983年7月，改为《故宫学术季刊》正式发行。

1969年12月，发行《故宫文献季刊》，将所藏清宫旧档原件及历朝帝王朱批，次第汇集影印，以广流传，并发表有关清史之专题论文。出版至1973年9月第四卷四期，因经费不继而停刊。

1970年1月，开始与日本东京学习研究社合作出版《故宫选萃》，陆续编印为名画、法书、铜器、瓷器、玉器、文具、古砚、如意、珍玩、法器、铜镜、鼻烟壶、织绣、雕漆器、珐琅器、册页、图

---

① 参阅《故宫七十星霜》，第294页。

② 参阅《故宫七十星霜》，第295页。

像、人物画、图书、文献凡20类。其名画、法书、铜、瓷、玉5类并增选了续辑。此书选件之精、印刷之美，俱为上乘。其说明用中、英、日三种文字。在此之后，台北故宫博物院又与之合作编印了《刺绣》《缂丝》各一册、《宋画精华》三册、《元画精华》二册、《宋瓷图录》四册、《明瓷图录》三册、《清瓷图录》二册，都是8开的大册，印制装帧俱精，于1982年1月全部竣工。

1973年4月起至1988年，与美国学术团体联合会（ACLS）合作编印宫中档出版。

1977年开始，与日本东京二玄社合作，陆续复制书画名迹100件。

1970年7月，发行《故宫图书季刊》，选印院藏卷帙简少之珍本秘籍，以广其传，并刊载有关版本目录及国学方面的专论。出版至四卷二期，亦因经费不继而停刊。

1980年，出版《故宫简讯》月刊，以报道院务最新动态、编辑出版资讯、专题讲演摘要等为主，兼及国内外重要艺文活动。1983年4月改版为《故宫文物月刊》。

1983年，与台湾商务印书馆合作，影印出版文渊阁《四库全书》。1983年发行的《国之重宝》，精选台北故宫博物院所藏16类文物中之重器名迹，每类选出1~2件至10余件不等，以铜版纸彩色精印16开大本，计图版161帧，各附说明。经5次再版，1991年重予修订，是台北故宫博物院出版品中发行量最多者。

1985年，与世界书局合作影印摛藻堂《四库全书荟要》。

1986年，与日本东京产业株式会社合作，选择《故宫历代法书全集》精要，汇为《故宫书宝》，凡10函50册，并附以日文解说，于日本发行。

1989年，编印《故宫书画图录》，依旧刊《故宫书画录》存目重新校理，循卷、轴、册之所属，各按作者时代部次，并逐件登载图版；凡《故宫书画录》未加详叙者均依例备述。

1991年，出版"故宫文物宝藏新编"丛书，分书法、铜器、陶瓷、绘画、玉器、文具等6篇，大字彩图，铜版精印，面向中小学生。后又赓续出版"故宫文物宝藏续编"及"故宫宝藏青少年特编"两种系列丛书，亦各为6篇。前者包括梅兰竹菊、人物画、缂绣、科技、清瓷、多宝槅，后者则有《清明上河图》、玉石器、青铜器、雕漆器、佛菩萨及图书等。

1993年，编印《故宫藏画大系》16册，以旧刊《故宫藏画解题》为基础，择院藏名画凡1000轴，以大幅彩色影印；益以名家名款印记，并增补中、英文解说。

1994年，自院藏清宫档案中搜集有关台湾之珍贵史料，采编年体例汇整出版，定名为《清代台湾文献丛编》。

1999年，发行《故宫藏瓷大系》，选择院藏历代瓷器之尤者，予以分门别类，汇整研析，并有简要论述。

三　文物藏品的征集

台北故宫博物院的藏品，主要是故宫南迁中的文物。故宫文物的南迁，囿于当时对文物价值认识的水平以及运输的条件限制，在文物选择上就不可能把好的东西都南迁；从大陆溃退时的南京政府虽然决定把所有南迁文物运台，并要把北平本院的精美文物运走，事实上都不可能做到；南迁文物只运了近1/4到台湾，加上清宫旧藏本身的局限性，这就使得台北故宫博物院收藏有许多阙遗。昌彼得先生在其《故宫七十星霜》一书中对此有过论述：

　　故宫迁台中华文物，其品质精美，诚足独步世界，但自收藏的体系而言，阙遗仍多。在古器物方面，如新石器时代的黑灰陶器、汉魏六朝之石刻、造像、碑志、封泥，晋唐五代的越窑、邢窑瓷器、三彩人、马明器、宋代迄清的民窑以及铜造佛像、银镂器皿，下至泉币、衣冠、宣德铜炉等等；在书画碑帖方面，如明末四僧、清乾隆以后的书画名迹、汉魏六朝碑碣拓本等等，皆付阙如。究其因由，或不为历代帝王之所重视，或为近世始行出土，或昔在北平有之，而失于迁运，以致故宫并未入藏。因为藏品未臻完备，展示即不能成为民族文物完整之体系，研究因之亦不能深入。[①]

鉴于此，台北故宫博物院对于充实院藏很重视，除过接受各界捐赠、寄存外，还积极搜购。数十年来，颇有所获，虽不能于所短缺者悉为备足，然大体略备，以使展出文物日渐具有历史发展体系。

（一）捐赠

台北故宫博物院接受捐赠，始于1967年5月日本梅原末治教授捐赠两面铁镜，其后又陆续捐赠了玻璃璧、玻璃球、古越窑罐等5件，开日本藏家捐赠故宫文物的先声。国人捐赠亦始于1967年，蒋鼎文先生捐赠西周迄汉铜器11件，开风气之先。台北故宫博物院接受捐赠的文物，以数量来说，整批的居多，如曾任台北故宫博物院管理委员会委员的罗家伦、张群、王世杰、叶公超、黄君璧、张大千等先生，都曾以其所藏的珍品捐赠。

台北故宫博物院接受捐赠需先经院内专家组成的小组进行审查，看其有无展出或典藏价值，是否能弥补旧藏的不足，而后报经管理委员会核定。

台北故宫博物院于1984年9月设置"捐赠文物纪念名录"，并于行政大楼厅堂与长廊两侧布置镜框，展陈重要受赠文物精华彩色照片，并介绍捐赠者简历，以申感念之忱，亦以示见贤思齐之来者。

截至2007年底，台北故宫博物院接受的捐赠主要有：

1967年，蒋鼎文先生捐赠西周立戈鼎、蝉纹鼎、乳钉簋、春秋战

---

① 参阅《故宫七十星霜》，第260页。

国蟠虺鼎、战国蟠虺鼎、汉五乳镜等，计11件。

1971年，刘慕侠女士（马鸿逵夫人）捐赠唐玄宗禅地祇玉册及宋真宗禅地祇玉册。据说这些文物为马鸿逵先生1928年在山东泰安蒿里山驻军时于一废塔之下发现。马逝世后，其夫人依嘱将之呈献蒋介石，嗣由蒋转赠台北故宫博物院永久典藏。徐庭瑶先生捐赠家藏的元明两代珍贵版本古籍227种2406册。

1972年，曾宝荪女士及曾约农先生捐赠清曾文正公（曾国藩）手写日记、曾惠敏公（曾纪泽）手写日记、清湘乡曾氏文献等24册，以及曾国藩文献36包。

1978年，张群先生将其寄存于台北故宫博物院的古书画捐赠该馆，包括明傅山大字诗轴，清八大山人《东坡朝云图》轴、行书轴、草书轴、草书对联，石谿《山高水长图》轴，石涛书《道德经》册、《写经通景》12屏、《霜山烟树图》轴等，计8种20件。

王世杰先生亦把寄存的10种古书画捐献台北故宫博物院，包括明黄道周狱中书《孝经》册、倪元璐墨竹卷、倪元璐草书诗轴、史可法书《赠云洲子歌》册、方以智书《和陶诗》卷、清八大山人《长江万里图》卷、八大山人写生册、八大山人草书诗轴、石涛兰竹卷、石涛《怀个山僧图》轴等。

1981年，沈仲涛先生捐赠其"研易楼"所珍藏的善本旧籍，凡90种1169册。

1982年，谭伯羽、谭季甫两先生的家属依其遗嘱，将家藏清代名家法书及历代碑帖、拓片、印章等共433种613件册捐赠台北故宫博物院。

1983年，旅日华侨林宗毅先生捐赠宋朱熹书《易经·系辞》名迹。台"国防部"移赠善本图书及各省县方志，共18047册。张大千先生夫人徐雯波女士以"大风堂"珍藏古书画及文玩纸笔，都94件，捐赠台北故宫博物院，其中率多隋唐以降历代名家巨迹，如隋成陀罗作绢画观音、释迦像，唐人画《明皇调马图》、五代董源《江堤晚景图》、宋徽宗《雌雄白鸡图》、元黄公望《天池石壁图》、明殷宏花鸟、清马豫山水等。

1995年，罗家伦先生夫人张维桢女士捐赠旧藏历代名家书画37品，有唐周昉《调婴图》、宋马远《松溪清眺图》、宋夏圭《溪山清远图》、宋马麟《初日芙蓉图》、元赵孟頫《兰亭修禊图》、元吴镇《嘉禾八景图》、元倪瓒《溪亭山色图》、明仇英《春游晚归图》、清恽寿平《落花游鱼图》等名迹。

2004年，家住德国的日裔饭塚一教授捐赠33幅欧洲人绘制的古地图及康熙画像与南京观象台2张古书插图。其中《中华帝国》是第一幅欧洲人绘制的"中国地图"，出现在奥特利乌斯1584年版的《世界概观》一书中。奥氏是根据葡萄牙籍耶稣会士巴布达《中国新图》手稿中所绘的地图绘制出版。本图首次将中国长城呈现在欧洲人面前。旅日侨胞彭楷栋（日名新田栋一）先生捐赠358组件文物，以佛教造型艺术的金铜佛为主，并包括部分青铜礼乐器。

台北故宫博物院对于私人捐赠文物，其数量足以成册，经整理编目后，编成捐赠目录，或举办特展，如出版了林忠毅、马寿华、王新衡、李石曾、蔡辰男、黄君璧、黄杰、曹容等人士的捐赠文物目录，以及沈氏研易楼、何应钦、张大千、吉星福张振芳伉俪、谭伯羽与谭季甫、台静农、饭塚一、彭楷栋等人士的捐赠文物特展目录，出版了《故宫受赠文物选萃》（1995年）。

（二）寄存

台北故宫博物院于1969年制订藏品征集办法。其后经过两次修正，办法中除了搜购、捐赠外，第四章为寄存，明订得接受私人庋藏的文物寄存。寄存文物，须经台北故宫博物院评定，如认为无价值者，则部分或全部谢绝。凡寄存的，其所有权仍属于寄存者，但台北故宫博物院可用于展陈，并在说明中注明寄存者的姓名与堂号。寄存时间不得少于5年，期满后，经双方统一可延长，或由寄存者取回。凡寄存的文物，台北故宫博物院在典管维护上视同自藏。

台北故宫博物院接受寄存始于1967年，罗家伦先生将其所藏明末四僧画轴5幅寄存。一些寄存后来改成了捐赠。如罗家伦先生的这些画，在其卒后，由其夫人依其遗愿改为捐赠。

截至2007年底，台北故宫博物院接受的寄存主要有：

1969年，林季丞先生寄存"兰千山馆"珍藏历代法书90件、名画132件、古砚109件，计331件。

1984年，继续典藏管理原国立北平图书馆寄存的善本图书102箱20785册及舆图18箱510件。1933年，故宫博物院文物南迁，国立北平图书馆所藏善本图书亦同时南运上海。抗日战争爆发后，北平图书馆乃选提20785册，分装102箱，分批船运美国，寄存美国国会图书馆。1965年，这批书籍全部运至台湾。"教育部"委托"中央图书馆"代管。当年运台的文物中，有北平图书馆交由中央博物院筹备处迁运的舆图18箱，计261种510件，1954年后亦由"中央图书馆"代管。"中央图书馆"因馆舍狭隘、列架贮存空间不足，遂与台北故宫博物院订立《国立北平图书馆善本图书及舆图集中管理办法》，乃由台北故宫博物院代管。后台北故宫博物院用6年时间把这批善本图书摄制成微缩胶片，移赠"中央图书馆"。

1988年，张群先生寄存张大千《长江万里图》《四天下》，计2种5件。王世杰先生夫人萧德华女士寄存历代书画名迹计77种79件，声明将来回到大陆后，拟捐赠武汉大学。

1992年，接受"溥心畬先生遗物托管小组"委托，董理"寒玉堂"珍藏书画、文珍器物，计543件。

台北故宫博物院出版的寄存目录、图录有《兰千山馆名砚目录》《兰千山馆法书目录》《兰千山馆名画目录》《溥心畬书画文物图录》等。

（三）收购

台北故宫博物院早期并无固定的文物征集预算，凡必须搜购的珍稀文物，悉以专案方式报请拨款。自1984年开始，文物收购经费始成年度预算之一门，以便适时征购，补充阙遗，但收藏对象必须为院藏中所缺少者、属"国宝级"者，或清宫旧藏流失于外者。

台北故宫博物院20多年来，收购了近万件文物，其中不乏重要的"国宝级"或具有历史价值的文物，例如苏东坡的《寒食帖》、子犯编钟等，该院所缺乏的旧石器时代以降的陶铜玉器以及近世的名家书画等，也多有所获。

台北故宫博物院收购珍贵文物，始于1983年，截至2007年底收购的文物主要有：

1983年，购藏前清恭亲王府紫檀家具一套，包括王榻、王座、古董柜、龙首象座灯、桌、几、插屏灯，计33件，为前清内务府造办处制作，雕镂细致。此套家具系大陆流出，为香港胡惠春先生所获，捐赠台湾东吴大学以代建校基金，由端木恺校长议请台北故宫博物院收购。

1986年，购藏明清以至民初名家书画一批，计136件。购藏战国时期编钟1套9钟，配以石磬10件，上有铭文8字。

1987年，购藏宋苏轼《寒食帖》及黄庭坚跋语真迹。《寒食帖》原为清宫旧藏，于咸丰年间英法联军攻入北京之际，流落民间。民国初年为日人购藏，战后为中国人购回。

1988年，购藏新石器时代玉璜、玉璧以及良渚文化玉环、玉笄等各类饰物一批，计16种28件。购藏新石器时代玉璧、玉琮、玉斧、玉锛、玉刀、玉铲，以及东周、汉、唐各代文物一批，计37种98件。

1991年，购藏新石器时代玉斧、玉璧，东周玉璜、玉佩、云纹璜、谷纹璜、直纹带钩等各类文物，计20种53件。

1992年，购藏西周各类玉饰、战国铜器以及明清旧籍一批，计57种211件册。购藏新石器时代红山文化各式玉饰以及春秋战国铜器一批，计15种17件。

1993年，购藏当代工艺家吴卿先生金银雕塑杰作《瓜瓞绵绵》。

1994年，购入春秋晋国子犯编钟1组12件，各有铭文12~22字不等。

1995年，购入旅日华侨彭楷栋先生"新田集藏"属于中土部分的金铜佛造像一批，计32组件，其造像年代上起北魏，下迄明清。

1996年，购入西周、春秋、战国、汉代各类玉佩、玉饰以及商周铜爵、铜壶等文物，计50种54件。

2004年，购藏《山海经图》、《崇祯年间题行稿》、明末十竹斋画谱之翎毛谱（为翻刻本，其中存有不少接近原刻的作品）、宋刊本婺本《点校重言重意互注尚书》十三卷、《佛地经论》第四卷（为北宋所刻的《崇宁万寿大藏经》中所遗留下来的残本，全书共七卷）、光绪岁贡单等172件。

2005年，购藏"东南亚织品"一批共41件、"鄂图曼土耳其及印度苏丹比哈律古兰经"2件、"古印度犍陀罗菩萨立像及克什米尔佛坐像"2件。

2007年，购藏越南青花瓷器一批共91件。

四 文物藏品分类统计

当年运台的故宫博物院文物，分类如下：

古物部分	铜器	61	箱	2382	件	
	瓷器	895	箱	17934	件	
	玉器	103	箱	3894	件	
	书画	94	箱	5760	件	
	漆器	34	箱	318	件	
	珐琅	70	箱	817	件	
	雕刻	8	箱	105	件	
	文具	24	箱	1261	件	
	杂项	145	箱	19958	件	
	合计	1434	箱	52429	件	
图书部分	善本书	83	箱	14348	册	
	善本佛经	13	箱	713	册	
	殿本书	206	箱	36968	册	
	满蒙藏文书	23	箱	2610	册	

续表

图书部分	观海堂藏书	58	箱	15500	册	
	方志	46	箱	14256	册	
	实录库藏书	6	箱	10216	册	又693页
	四库全书	536	箱	36609	册	
	四库全书荟要	145	箱	11169	册	
	图书集成三部	86	箱	15059	册	
	藏经	132	箱	154	册	
	合计	1334	箱	157602	册	又693页
文献部分	宫中档	31	箱			
	军机处档	47	箱			
	实录	2	箱			
	清史馆档	62	箱			
	起居注	50	箱			
	国书	1	箱			
	诏书	1	箱			
	杂档	2	箱			
	本纪	8	箱			
	合计	204	箱			

以上文献部分件数，开始统计为28920件。因为没有标准，或以1捆为1件，或以1箱为1件，起居注、实录等则以1册为1件。后来经重新整理计算，为38万多件[①]。

现在台北故宫博物院所存运台文物，由北平故宫博物院南迁文物与中央博物院筹备处运台文物组成。北平故宫运台文物597423件。中央博物院筹备处运台文物，有器物11047件，书画477件，图书文献38件，共计11562件。两处合计608985件，中央博物院筹备处文物仅占总数1.9%[②]。其实中央博物院筹备处的文物，为当年古物陈列所的南迁文物，而古物陈列所文物，则来自清沈阳故宫及热河避暑山庄，因此也是宫廷文物。

截至2007年8月2日，台北故宫博物院典藏文物数量统计如下：

[①] 以上运台文物，据那志良《故宫四十年》第121—123页统计列表。

[②] 以上统计，引自《国立故宫博物院巡礼》，第16页。

台北故宫博物院典藏文物数量统计表

类别/来源件	故博		中博		两院合计		"中研院"民族所移交	日本归还	"司法行政部"移交	前三项合计		新增				总计	
												捐赠	收购	合计			
	件	百分比	件	百分比	件	百分比	件	件	件	件	百分比	件	件	件	百分比	件	百分比
铜器	2631	43.88%	2715	45.28%	5346	89.16%	15	15		30	0.50%	393	227	620	10.34%	5996	100%
瓷器	18391	72.65%	5561	21.97%	23952	94.61%		630		630	2.49%	547	187	734	2.90%	25316	100%
玉器	9768	80.71%	644	5.32%	10412	86.03%	6	1		7	0.06%	825	859	1684	13.91%	12103	100%
文具	1664	69.95%	418	17.57%	2082	87.52%	168	3		171	7.19%	123	3	126	5.30%	2379	100%
漆器	561	79.35%	133	18.81%	694	98.16%		1		1	0.14%	11	1	12	1.70%	707	100%
珐琅	1030	41.04%	1476	58.80%	2506	99.84%						4		4	0.16%	2510	100%
雕刻	309	47.47%	11	1.69%	320	49.16%		31		31	4.76%	297	3	300	46.08%	651	100%
杂器	10056	81.80%	89	0.72%	10145	82.52%	111	576	73	760	6.18%	194	1195	1389	11.30%	12294	100%
钱币							1	6		7	0.10%	1489	5456	6945	99.90%	6952	100%
丝绣	232	75.82%	31	10.13%	263	85.95%						37	6	43	14.05%	306	100%
折扇	1599	96.85%			1599	96.85%						52		52	3.15%	1651	100%
名画	3888	74.33%	332	6.35%	4220	80.67%		7		7	0.13%	849	155	1004	19.19%	5231	100%
法书	1139	37.50%	74	2.44%	1213	39.94%		5		5	0.16%	823	996	1819	59.89%	3037	100%
碑帖	307	64.77%	40	8.44%	347	73.21%						125	2	127	26.79%	474	100%
拓片												444	451	895	100.00%	895	100%
印拓																	100%
织品													88	88	100.00%	88	100%

续表

类别/来源件	故博 件	故博 百分比	中博 件	中博 百分比	两院合计 件	两院合计 百分比	"中研院"民族所移交 件	日本归还 件	"司法行政部"移交 件	前三项合计 件	前三项合计 百分比	新增 捐赠 件	新增 收购 件	新增 合计 件	新增 合计 百分比	总计 件	总计 百分比
善本书籍	147909	83.67%	38	0.02%	147947	83.69%						25860	2969	28829	16.31%	176776	100%
清宫档案文献 宫中档案奏折	155730	100.00%			155730	100.00%										155730	100%
清宫档案文献 军机处档折件	190837	100.00%			190837	100.00%										190837	100%
清宫档案文献 档册	39873	99.28%			39873	99.28%						243	46	289	0.72%	40162	100%
满蒙藏文献书籍	11499	99.98%			11499	99.98%	2			2	0.02%					11501	100%
合计	597423	91.13%	11562	1.76%	608985	92.89%	303	1275	73	1651	0.25%	32316	12644	44960	6.86%	655596	100%

台北故宫博物院新增文物（捐赠）分类编号统计表

典藏单位	类别	分类号件数	单位件数	总计（件）
器物处	赠文	123	3882	32316
	赠玉	825		
	赠瓷	547		
	赠珐	4		
	赠漆	11		
	赠铜	392		
	赠钱	1489		
	赠雕	297		
	赠杂	194		
书画处	赠画	849	2331	
	赠书	823		
	赠帖	125		
	赠扇	52		
	赠拓	444		
	赠丝	37		
	赠钤	0		
	赠铜	1		
图书文献处	赠善	25860	26103	
	赠图	35		
	赠献	208		

台北故宫博物院新增文物（收购）分类编号统计表

典藏单位	类别	分类号件数	单位件数	总计（件）
器物处	购文	3	8022	12735
	购玉	859		
	购瓷	278		
	购铜	227		
	购钱	5456		
	购雕	3		
	购漆	1		
	购杂	1195		
书画处	购画	155	1698	
	购书	996		
	购帖	2		
	购拓	451		
	购织	88		
	购丝	6		
图书文献处	购善	2969	3015	
	购献	37		
	购图	9		

台北故宫博物院藏品件数统计表

典藏单位	器物处（件）	书画处（件）	图书文献处（件）		总计（件）	登记组基本资料建档完成比例
			图书	文献		
故博	44841	6785	150671	395126	597423	100%
中博（含"中研院"移交）	11350	477	38		11865	100%
日本归还	1268	7			1275	100%
"司法行政部"移交	73				73	100%
捐赠	3882	2331	25860	243	32316	100%
收购	8022	1698	2969	46	12735	100%
典藏单位总数量	69436	11298	179538	395415	655687	100%
			574953			

下编

　　故宫的文物藏品是无价之宝，在国人心目中有着至高无上的「国宝」地位。

　　故宫文物不是孤立存在的，它与故宫古建筑、故宫历史密不可分，正是这一特点决定了故宫文物藏品独有的内涵及其普世价值，而把故宫、故宫文物以及宫廷历史文化作为一个文化整体看待的故宫学，则不断挖掘着蕴藏其中的丰富内涵，加深着人们对故宫的认识。

两个故宫博物院藏品通览

　　我们下面试对两岸故宫博物院的文物藏品做一分类介绍。

　　北京故宫把院藏文物分为25个大类69个小项，台北故宫博物院则分为20类，不同的分法，都是依据自身藏品的数量、质地、形式等具体状况，甚至出于管理上的需要。由于着重点不同，有的文物可以有不同的分类法。例如宫中的金佛塔，从功用上可以划为宗教文物，但从质地上又可分到金银器类。因此一般来说，这种划分是相对的。笔者最后确定从12个大类进行介绍，略做说明如下：

　　（一）法书与绘画都是两岸故宫收藏的大宗，理应分别介绍，但中国书画艺术之间密不可分的联系及长期以来两个博物院书画展览、研究的实际，笔者以为放在一起论述可能效果更好。

　　（二）北京故宫宫廷类文物相当丰富，专设"宫廷部"管理，多是富有特色的收藏，这里列出宫廷类文物，并分为16个小项，其中有的藏品是第一次向外公布。

　　（三）台北故宫博物院藏品中有"珍玩"一科，比较庞杂，如漆器、如意、珐琅器、鼻烟壶、文房用具、竹木牙角器、雕塑、服装饰物、法器等等，遂分别在"其他工艺类文物"和"宫廷类文物"的有关小项中予以介绍；唯"多宝槅"一类，则归入"竹木牙角器"中。

　　（四）北京故宫宫廷部有宗教科，管理故宫佛堂原状陈列，还有部分藏传佛教造像及汉传佛教塑像，由古器物部雕塑组、金石组管理。台北故宫博物院宗教文物虽非集中专项管理，但亦为院藏重要部分。笔者遂专列"宗教文物"一类。但宗教典籍，仍在"古籍特藏"类中着重叙述。由于北京故宫雕塑组的多数藏品已在"宗教文物"类介绍了，而其中的陶俑又数量巨大，遂在"其他工艺类文物"中设"陶俑"小项介绍。

（五）成扇类文物，台北故宫博物院由书画部门管理，北京故宫则分别由古书画部、古器物部、宫廷部管理，现集中介绍；"样式雷"的图样与烫样，北京故宫分藏于图书馆与古建部，现集中在"古建筑文物"中介绍。

（六）本文重点介绍两岸故宫的文物藏品，一般不涉及展览及学术研究状况。

一　古书画

书法艺术是伟大的华夏文化所孕育的一种独特的艺术种类，最典型地体现了东方艺术之美。中国传统的绘画艺术具有悠久的历史和鲜明的民族特色。在中华民族文化中，中国古代书法与绘画如同一对孪生兄弟，有着血肉相关不可分割的联系。这一民族艺术的形成与中国社会历史的发展、传统的美学思想、各种民族艺术间的交融，以及因之形成的某些带有共性的艺术风格、特性和中华民族的欣赏习惯等等，都有着密切的关系。中国书画是中华民族文明史所产生的艺术结晶之一，也是中华民族文明史的一种物化见证，因此它们的全部历史遗存，就成了中华民族珍贵文物的组成部分。

（一）两岸故宫博物院古书画收藏概说

北京故宫与台北故宫博物院法书绘画的收藏，合起来超过15万件（包括碑帖，其中北京故宫约14万件多，台北故宫博物院近1万件），可以说荟萃了中国法书墨迹及绘画作品的精华，有相当多的名迹巨品，完整地反映了中国书法史、绘画史的发展历程，是中国古代书画史不可分割的一个整体。两岸故宫的书画藏品互补性强、对应点多、联系面广，既各有千秋，又不可孤立存在。如台北故宫博物院王羲之《快雪时晴帖》与北京故宫王献之《中秋帖》、王珣《伯远帖》合为乾隆皇帝的"三希"，特别是许多互有关联的书画分藏两岸故宫，甚至台北故宫博物院有些文物如唐代怀素《自叙帖》等精美的原包装盒留在北京故宫，珠椟相分，令人感慨。

两岸故宫所藏的绘画作品以明清宫廷收藏中国古代绘画为主，创作时间上起西晋，下迄清末，跨越17个世纪。亦有少部分中国现代绘画和外国绘画作品入藏。质地以纸绢本水墨、设色画为大宗，其他尚有壁画、油画、版画、玻璃画和唐卡等品种。绘画装裱的形式主要有手卷、立轴、屏条、横披、镜片、贴落、屏风、册页、成扇、扇面、扇页等。较贵重的画作多以绫绢、织锦、缂丝作为裱工材料，再装以硬木、陶瓷、象牙、犀角乃至金玉质的轴头、别子，裹以丝织画套、包袱，袭以杉木、楠木、花梨、紫檀的册页封面或画盒。古画的创作题材十分丰富和齐全，计有山水、人物、风俗、花卉、翎毛、走兽、楼台（界画）等画科，较为系统地覆盖了众多风格流派。

两岸故宫收藏的法书，其创作时间上起西晋，下迄当代。书体则篆、隶、真、行、今草、章草毕具。除一般意义上的书法艺术作品之外，尚有尺牍、写经、稿本、抄本、奏折、公文、题跋等手写文献。装裱形式丰富多样，有立轴、屏条、横披、斗方、贴落、匾额、楹联，也有手卷、册页、成扇、扇面、扇页、扇册等等；质地有纸本、笺本、绢本、绫本之分；墨色有墨笔、朱笔、泥金、泥银之别。

据研究，清宫书画收藏，经过乾隆皇帝60年的搜求，总数在10000件以上，其中唐宋元的书法名画近2000件，明代作品亦存2000件左右，后来散佚甚多。嘉庆时，皇帝喜用宫中所藏法书名画颁赐亲王和大臣。赏赐成亲王永瑆的书画中，就有西晋陆机《平复帖》。道光以后用书画作为赏赐品则有增无已。1860年，英法联军洗劫圆明园，200余件历代书画悉遭厄运。后来内廷太监也趁火打劫，盗窃书画并售与古玩市场。溥仪在退居内廷的13年中，更以"赏赐"名义，将1200余件书画古籍珍品盗运出宫。清室善后委员会曾编印《故宫已佚书籍书画目录四种》，公布了溥仪这一"赏赐"清单。从中可知宫廷所存历代书画至此受到的巨大损失。因为是盗，所以多为手卷，册子较少，挂轴更少，因此文物南迁时五代两宋的挂轴就显得多一些。但元以前书法少有装轴者。这是台北故宫博物院元以前画轴相比北京故宫较多的主要原因。溥仪带出去的这批书画，前已介绍，在1949年以来，约370件（其中元以前的约200件）又回到北京故宫[①]，这也是北京故宫手卷形式的早期书画较多的原因。

北京故宫早期（元代以前）绘画约2/3是清宫旧藏和从清宫散佚出去又重新回宫的古画，其余一些是藏于民间私家的古画。第一批早期绘画的来源是20世纪50年代接收的老故宫旧藏文物。20世纪30年代，黄宾虹在所谓易培基"盗宝案"中鉴定书画时，一些宋画如宋徽宗《听琴图》轴、马远《踏歌图》轴等被误定为明代绘画，留在了故宫；另一些是文物南迁时，因局势紧张、管理混乱，导致古画错置乱放，混在遗留下来的不重要的文物里面；还有一些是清末民初太监企图盗卖出宫，临时藏匿在宫中的古书画，如《法书大观》册，《石渠宝笈》既没有著录，每一件法书上的乾隆玺印、题赞又都被挖掉。此册中有欧阳询《张翰帖》《卜商帖》，填补了两个故宫博物院的欧书空白；此册中还有蔡襄、黄庭坚等重要名家真迹，总计52件。而大批的早期绘画是20世纪五六十年代由国家文物局征收、调拨来的古画，加上一批社会贤达的无私捐赠以及故宫向社会的收购，构成了北京故宫博物院早期绘画的基本收藏。10多年来，北京故宫又通过拍卖渠道，新收了一些早期书画，如隋人书《出师颂》卷、明代沈周《临黄

---

① 参阅《国宝沉浮录》第一、二、三章。

公望富春山居图》卷和清石涛《高呼与可》卷等等。

在学术上，两岸故宫的清宫旧藏书画的共同点是：基本上反映了乾隆皇帝的鉴藏水平。这个历史上空前的宫廷收藏活动基本上定格到乾隆皇帝离世之际。《石渠宝笈》《秘殿珠林》尽管内容记载详尽，具有重要史料价值，但在真伪鉴定方面是不足完全征信的。北京故宫在鉴定上把握得比较严。从20世纪五六十年代，直至80年代，院藏古书画先后经过徐邦达、张珩、启功、谢稚柳、刘九庵、杨仁恺、傅熹年等先生的鉴定，对这些书画的作者、流派、时代、内容等方面给予了客观的基本定位，是集体性的学术成果。对于其中96幅晋、唐、五代、宋传世书画作品，意见不尽统一，这些不同意见都有详细记载，但都认定是宋以前精品。例如晋王献之的《中秋帖》卷，启功、徐邦达、傅熹年先生认为是米芾所临，谢稚柳则认为是宋人书①。有些还在进一步研究。如，阎立本的《步辇图》卷旧作，现经徐邦达先生考订为北宋摹本。当然，现在还有认为是阎立本真迹之说。旧作唐代韩滉的《文苑图》卷，与周文矩的《重屏会棋图》卷（宋摹）的画法同出一辙。《文苑图》卷幅上有南唐"集贤殿御书印"，经徐邦达先生考订，此图系五代周文矩真本。在宋代绘画中，尚有北宋、南宋之争，乃至宋、元之争。但是，相对严格的鉴定工作，使得北京故宫的早期（元代以前）绘画中，很少有明以后的书画混迹其中。

台北故宫博物院在其书画出版物里对古代早期书画的时代、作者和名称基本上沿用清宫《石渠宝笈》《秘殿珠林》等著录书上的结论和民国初年的账目，鉴定上较宽，其间真伪混淆者不少。事实上，近些年，北京故宫的专家学者与台北故宫博物院的专家学者进行学术交流中，得知他们这样做是出于出版物中的文物信息要与账目统一等原因。他们对保管的许多早期的书画藏品是否为摹本或传本，可以说基

---

① 杨仁恺：《中国书画鉴定学稿》，"附1 元以前传世书画作品专家不同意见"，辽海出版社，2000年10月，第418—421页。

本上是清楚的，但不太愿意将他们的鉴定结论显现在出版的文物品名上，而是诉诸在研究论文或文字解说里。

和北京故宫一样，台北故宫博物院也有一些争论比较激烈的书画藏品，如《自叙帖》是否为唐代怀素的真迹？《丹枫呦鹿图》《秋林群鹿图》到底是辽代还是五代，抑或是元代的佚名之作？《免胄图》究竟是不是北宋李公麟的真迹？古代艺术精品并不会因为有争议而损毁它的艺术价值，恰恰相反，正因为在学术界产生争议，客观上增加了它的学术内涵和认识深度。两岸故宫收藏的元明清书画，有争议的藏品渐趋减少，在学术上深化探讨的问题日趋增多，如两岸故宫都藏有元代帝后太子的肖像，都藏有与王振鹏有关龙舟竞渡题材的界画长卷，都藏有元代高克恭的《春云晓霭图》轴，同绘于"庚子（1300年）九月廿日"，画中图像一模一样，孰真孰伪、孰先孰后，有待于进一步定论。值得探讨的同类问题还有许多，随着今后两岸故宫专家学者更多的交流探讨，相信这些艺术史上的谜团会一一解开。

（二）北京故宫博物院的古书画

北京故宫博物院共藏有绘画、壁画、版画、书法、尺牍、碑帖约14万件（准确数字需待库房清理工作结束）。这个收藏量约占世界公立博物馆所藏中国古代书画的1/4，其中约1/3具有很高的艺术价值和史料价值。

北京故宫博物院藏绘画珍品主要有：

东晋：顾恺之的《洛神赋图》（宋摹本）、《列女图》（宋摹本）和传为隋展子虔的《游春图》，分别是我国现存最早的名家人物画和山水画作品，为画史探源的珍贵资料。

唐、五代：唐阎立本《步辇图》（宋摹本）、传为周昉《挥扇仕女图》、韩滉《五牛图》、传为五代黄筌《写生珍禽图》、传为胡瓌《卓歇图》、阮郜《阆苑女仙图》、顾闳中《韩熙载夜宴图》、卫贤《高士图》、周文矩《重屏会棋图》、董源《潇湘图》等。

北宋：郭熙《窠石平远图》、巨然《秋山问道图》、崔白《寒雀图》、赵昌《写生蛱蝶图》、李公麟《临韦偃牧放图》、王诜《渔村小雪图》、宋徽宗赵佶《雪江归棹图》和赵佶所署押的《芙蓉锦鸡图》《听琴图》等，以及王希孟的青绿巨作《千里江山图》、张择端所绘《清明上河图》等。

南宋：画坛4位山水巨匠——刘松年、李唐、马远、夏圭及马远之子马麟的代表作品，北京故宫皆有收藏。同时藏有赵伯驹《江山秋色图》、赵伯骕《万松金阙图》、马和之《后赤壁赋》、米友仁《潇湘奇观图》、杨无咎《四梅图》、赵孟坚《墨兰图》等精品。

元代：画坛以赵孟頫及"元四家"最为著称。北京故宫藏赵氏画作山水、人物、鞍马、竹石、花鸟俱全。而黄公望《天池石壁图》《九峰雪霁图》《丹崖玉树图》，吴镇《渔父图》《古木竹石图》《芦花寒雁图》，倪瓒《古木幽篁图》，王蒙《夏日山居图》《葛稚川移居图》等俱为名作。此外还有钱选《山居图》以及李衎、高克恭、任仁发、王振鹏、朱德润、曹知白、盛懋、王渊、柯九思、赵雍、王冕、方从义等人的画作。

明清：绘画数量大、精品多。具有广泛影响的大画派，诸如明代的"院体""浙派""吴门画派""松江派""武林派""嘉兴派"，以及"青藤白阳""南陈北崔"；清代的"金陵画派""新安画派""四王吴恽""四僧""扬州八怪""海派"等等，均有大批代表作品入藏。还有不少地方画派的中、小名头，冷名头，对于全面系统地研究中国画史也具有十分重要的价值。

北京故宫藏绘画还有一个颇具优势的品类为清代宫廷绘画，作者包括：帝后"御笔"；清廷词臣，如蒋廷锡、张宗苍、董邦达、钱维城、董诰等；外国传教士，如郎世宁、王致诚、艾启蒙、贺清泰、安德义等；内廷供奉和"如意馆"画师，如冷枚、金廷标、丁观鹏、姚文翰、方琮、杨大章等人。

北京故宫收藏大量的法书，拥有一批晋唐宋元大家名作。如西晋陆机《平复帖》是现存最早的名家墨迹法书；王羲之《兰亭序》三种最佳唐摹本皆在北京故宫；王珣《伯远帖》是王氏家族唯一的传世真迹，晋贤仪范，赖之以传。唐代欧阳询行楷《卜商帖》和《张翰帖》也堪称至宝。李白《上阳台帖》、杜牧《张好好诗》等真迹并世无俦。至于颜真卿《竹山堂连句》《湖州帖》，柳公权《蒙诏帖》《兰亭诗》，虽云或出临摹，然风致犹存。五代杨凝式，北宋李建中、范仲淹、文彦博、欧阳修诸人墨迹世所罕见。蔡襄、苏轼、黄庭坚、米芾四家真本，有数十种之多。至于南宋、元代诸贤，更无论矣。如此丰富的藏品，使北京故宫成为中国法书收藏研究的中心之一。

明清法书较为系统全面。帖学、碑学、台阁体、文人字、画家书的各个流派和代表书家皆有收藏。社会影响虽不及晋唐宋元名作，但研究价值不可低估。

1949年以来，北京故宫收进大量尺牍，其中元以前的尺牍已归入法书类。另有明代尺牍1万余件，清代尺牍3万余件，近现代尺牍2550余件，合计42550余件。这些尺牍从装裱形式上看，绝大多数都装裱成册，有蝴蝶装，有经折装，还有裱成手卷形式。从文字内容上看，涉及政治、军事、经济、文化，更多的则是社会生活方面的。有许多为名人收藏，如张珩先生收藏的《明代名人墨迹》就有60册1180件，童绍曾先生收藏的清代《国朝名人书简册》有14册410件和《前明名人手简册》25册348件，以及陈时利收藏的《秋醒楼集前人尺牍》52册2516件等。专题收藏较多也是这批尺牍的特点：有以名人分类收藏的，如《董其昌尺牍册》《吴昌绶尺牍册》等；有以时代分类收藏的，如《乾嘉名人尺牍》《明贤墨迹册》等；有以专业或职业分类收藏的，如《清金石书画家尺牍册》《明书画名家尺牍册》等；有以地区学者分类收藏的，如《常州先哲书翰册》《明姑苏名人尺牍册》《清代北方学者翰札册》等；有以品德分类收藏的，如《忠烈手札册》《明末贰臣尺牍册》等。此外还有一些国外人的尺牍，如《朝鲜名人尺牍册》等。这些尺牍具有文献及书艺的双重价值。

清代宫廷书法收藏独占优势。清代宫廷沿袭明之台阁体，以规范、典雅作为行政、科举书体的基本要求。康熙、雍正、乾隆三帝喜爱书法，推崇赵孟𫖯、董其昌书风，上下翕然宗之。乾隆时期，张照、汪由敦、梁诗正、于敏中等大臣的笔墨端庄流丽、腴润儒雅，受到皇帝激赏，影响及于整个清代。北京故宫所藏大量帝后"御笔"及"臣字款"书法、贴落，是研究这个历史时期庙堂书风的宝贵资料。清后期，碑学大行其道。清亡后，宫廷书法一度评价甚低。近年，随着人们对中国传统文化认识的不断深化，宫廷文化，包括宫廷书画越来越成为关注及研究的热点。

清代帝后书画是北京故宫有特色的一项收藏。据统计，清代帝后书画原有21371件。20世纪70年代初拨交承德避暑山庄和沈阳故宫等博物馆433件。现存20938件。这些清代帝后书画为清宫旧藏，多数是从故宫各个殿堂中收集的，也有从颐和园、承德等行宫墙上揭下来的，分不同时期运抵故宫，一直庋藏在祭神库的黑漆描金龙的长箱内。从顺治皇帝到宣统皇帝，清朝10位皇帝的书法保存非常完整。其中乾隆皇帝的书画作品即达2000余件，另外还有慈禧太后等后妃的作品。这批书画有卷、轴、册、横额等各种装裱形式，最多的则是故宫特有的贴落。在故宫庞大的建筑群中，有很多书法一直张贴在宫殿建筑内，并依旧保持着原初状态下的陈设格局。

北京故宫的古书画收藏有以下特点：

其一，北京故宫绘画藏品的种类较全面，除卷轴画以外，还藏有版画、年画、清宫油画、玻璃画、屏风画、贴落等，这些是台北故宫博物院所缺乏和不足的。明清大幅宫廷书画也是北京故宫特有的庋藏。这些藏品篇幅很大，如明代商喜的《关羽擒将图》大轴和清代西洋传教士画家们的一些皇皇巨制，在文物南迁时具有一定的运输难度。目前，这些文物是海外举办清宫文物展的重点挑选对象。此外，北京故宫还有10件唐宋壁画、7件唐五代敦煌织绢画、1铺元代大幅壁画（兴化寺）等。

其二，弥补了清宫收藏的缺项。由于两岸故宫主要接收的是清宫旧藏历代书画，而清代宫廷在乾隆皇帝去世后，收藏日趋衰落，因此，18世纪、19世纪的"扬州八怪""京江画派""改费派""海派"等许多画派的绘画和书法为清宫所缺。清初属于非正统画派的"金陵八家""四僧""黄山派"等，也是乾隆朝不屑于收藏的艺术品，如今已是艺术珍品了。北京故宫身处大陆，有着广阔的收藏机遇，在20世纪五六十年代，已经将上述几个时期的书画收藏齐备。

其三，在时代方面，北京故宫的早期藏品反映了各个历史时期的绘画原貌，特别是东晋顾恺之的两件北宋摹本《列女图》卷和《洛神赋图》卷，真实地反映了东晋时期的绘画风格；又如隋代展子虔的《游春图》卷，尽管稍有争议，但反映了隋代的山水画的面貌。其存世最早的一批法书名迹，价值和意义更为世所公认。

其四，北京故宫的元代书画，特别是元代法书，在国内外博物馆收藏中名列前茅。以大书画家赵孟頫为例，其书碑墨迹包括曾被人糊过窗户的残本在内，存世只有11件，现美国1件、日本3件、上海博物馆1件、台湾私人收藏家1件及1件下落不明外，北京故宫则有4件。元三大书家其他两家的鲜于枢的唯一楷书《道德经》、邓文原唯一书法长卷章草《急就章》都在北京故宫。而且，除尺牍外其真伪都经过了权威的鉴定。而尚待整理的大批尺牍中已经发现还有元代名臣程巨夫、李槮的尺牍这样的举世孤本。元代绘画仅纸绢类就有130多件，其众多的收藏量和完美的艺术品质，也是惊人的，几乎代表了元代画坛诸画科和各流派的艺术成就。

关于北京故宫古书画藏品的图册，主要有人民美术出版社1978年开始出版的《中国历代绘画：故宫博物院藏画集》8册和1985年开始出版的《故宫博物院藏明清扇面书画集》5集，上海人民美术出版社1993年出版的《故宫博物院藏画》，香港商务印书馆出版的《故宫博物院藏文物珍品全集》60卷中的绘画17卷、法书5卷。此外，文物出版社曾以珂罗版精印《故宫博物院藏历代法书选集》2函40册。1993

年荣宝斋出版《故宫藏明清名人书札墨迹选》（明代）2册。从2008年开始，北京故宫出版《故宫博物院藏品大系》，其中"绘画编"拟出100册左右，已出4册，25册的"法书编"及30册的"尺牍编"也在编辑出版之中。

（三）台北故宫博物院的古书画

台北故宫博物院藏有书画总计为9424件。据介绍，品级列入"国宝"与"重要文物"者，逾2000件①，另据一份资料，运台的故宫书画共5760件，除去墨拓、缂丝及成扇外，总数为4650件。经审查，精品1471件，其中法书237件、名画1234件②。对于书画藏品的构成，台北故宫博物院认为，因其书画源自清廷旧藏，在明末遗民画家、清中叶后的近代名迹，另早期如汉魏六朝的碑碣拓本等方面，均显不足，无法概括艺术发展的各个层面③。

台北故宫博物院藏画珍品琳琅，其代表性作品有：

唐、五代：无名氏《宫乐图》、韩幹《牧马图》、关仝《关山行旅图》、荆浩《匡庐图》、赵幹《江行初雪图》、董源《龙宿郊民图》等。

宋代：北宋范宽《溪山行旅图》、李唐《万壑松风图》、崔白《双喜图》、郭熙《早春图》、文同《墨竹图》、宋徽宗《腊梅山禽图》、黄居寀《山鹧棘雀图》；南宋贾师古《岩关古寺》、萧照《山腰楼观》、夏圭《溪山清远图》、李嵩《市担婴戏》、梁楷《泼墨仙人》、马和之《清泉鸣鹤图》等。

金代：武元直《赤壁图》。

元代：王冕《南枝春早》、王振鹏《龙池竞渡图》、赵孟頫《鹊华秋色图》、高克恭《云横秀岭图》、柯九思《晚香高节图》、黄公

①《导读故宫》，第21页。

②《故宫七十星霜》，第184—185页。

③《国立故宫博物院巡礼》，第26页。

望《富春山居图》、吴镇《渔父图》、倪瓒《容膝斋图》、朱德润《松涧横琴》等。

明代：林良《秋鹰图》、吕纪《秋鹭芙蓉图》、吴伟《寒山积雪》、戴进《春游晚归图》、唐寅《山路松声》、文徵明《古木寒泉》、仇英《汉宫春晓图》、陈洪绶《隐居十六观》等。

清代：王翚《溪山红树》，龚贤《溪山疏树》，恽寿平、王翚《花卉山水合册》，石涛《自写种松图小照》，郎世宁《百骏图》等。

台北故宫博物院的法书珍藏，代表作品有：

晋代：王羲之《快雪时晴帖》。

唐代：褚遂良《倪宽传赞》、陆柬之《陆机文赋》、孙过庭《书谱序》、唐玄宗《鹡鸰颂》、颜真卿《祭侄稿》《刘中使帖》、怀素《自叙帖》等。

宋代：宋四家所遗名迹，如蔡襄尺牍、苏轼《归去来辞》《前赤壁赋》、黄庭坚《自书松风阁诗》《诸上座帖》、米芾《蜀素帖》等，以及薛绍彭《杂书卷》、宋徽宗《诗帖》、宋高宗《赐岳飞手敕》、张即之《李衎墓志》、吴琚《七言绝句》、林逋《手札二帖》、朱熹尺牍等。

元代：赵孟頫《前后赤壁赋》《闲居赋》、鲜于枢《透光古镜歌》、张雨《七言律诗》等。

明代：初期有宋克《公宴诗》、沈度《不自弃说》及隶书《归去来辞》、沈粲《古诗》，中期有祝允明《临黄庭经》《饭苓赋》、王宠《韩愈送李愿归盘谷序》、陈淳《秋兴诗》，晚期有邢侗《草书古诗》、张瑞图《后赤壁赋》及董其昌的众多作品。

清代：存藏多属乾嘉以前供奉内廷宰臣所书，如沈荃、张照、王澍、永瑆等人。其中以张照手迹最多，次即王澍之《积雪岩帖》等。

尺牍方面，多收入《元明书翰》及《明人尺牍书翰》册中。《元明书翰》原为80册，运台76册，共593开，《明人尺牍书翰》共15册，计294开，合计有887开之多，此中除著名书家之外，尽属名贤硕儒手迹。

明清之际若干遗民及嘉道以后重要书家手迹，向为台北故宫博物院收藏的弱项，经多年增购、捐赠与各方寄藏，也有所充实，例如傅山《大字诗》，朱耷《行书》《草书联》，黄道周《孝经》，王铎《行书》，等等。

台北故宫博物院的书画收藏，早期作品（元以前）比北京故宫的多，尤以两宋书画收藏丰富著称。

清代紫禁城中的南薰殿，原庋藏以宋、元、明三个朝代的帝后像为主的图像画，民国初年由古物陈列所保管，后移交中央博物院，现由台北故宫博物院收藏。这些图像画共计152幅，尤以两宋各朝帝后像画得好，有的画人情味表现真切，十分传神。元代三位皇帝的图像画也很出色。这些画对于历史研究，特别是服饰史研究，具有重要作用。清代帝后的图像画，则完全由北京故宫收藏。

台北故宫博物院的藏画，在山水画、人物画、花鸟画方面都具有明显特点：

唐代青绿山水如李思训的《江帆楼阁图》、李昭道《春山行旅图》等是台北故宫博物院最早的山水画藏品，最具有完整性的早期绘画藏品是五代的江南水墨画派至北宋的北方山水画派，有许多都是大幅巨制。属于江南水墨画派的董源《龙宿郊民图》、巨然《秋山问道图》《层岩丛树图》等；五代北方全景式大山大水的精品如五代荆浩的《匡庐图》、关仝的《关山行旅图》等，与江南水墨画派互为掎角，较为完整地反映了五代因地缘文化和地貌环境的不同，在绘画上呈现出的不同面貌。北宋范宽的《溪山行旅图》《临流独坐图》、燕文贵《溪山楼观图》、许道宁《乔木图》、郭熙的《早春图》、李唐的《万壑松风图》《江山小景图》等进一步发展了北方山水画派的雄伟气势和坚实的笔墨。还有一批同属于北方山水画派的宋代佚名的高头大卷如《寒林楼观图》《江帆山市图》等，其中还有被后人鉴定为是十分难得的金代绘画如《岷山晴雪图》《溪山暮雪图》，特别是被考证为是金代文士武元直的《赤壁图》，尤为学界关注。台北故宫博物院没有南宋四大家之一李唐晚年在南宋时期的力作，马远受李唐晚年水墨苍劲一派影响的《雪滩双鹭图》、夏圭《溪山清远图》、刘松年的山水册页等均与北京故宫的"南宋四大家"的藏品互为补充，皆是美术史教科书的重要图例。

台北故宫博物院的人物画略次于其山水画藏品，除了庋藏山水与人物相结合的佳作如唐人《明皇幸蜀图》、南唐赵幹《江行初雪图》等，早期人物画以历史题材为特色，如五代赵嵒《八达游春图》、北宋《文会图》、南宋牟益《捣衣图》、陈居中《文姬归汉图》以及佚名的《折槛图》《却坐图》等，宋元帝后和一些历史名人的肖像画，宗教题材如刘松年《罗汉图》、大理国描工张胜温《梵像图》《法界源流图》以及一批佚名的宗教人物画，均体现了古代人物画最高的写实水平。

再其次是花鸟画。五代黄居寀《山鹧棘雀图》、崔白《双喜图》以及宋徽宗的《池塘秋晚》《腊梅山禽图》等及其相当数量的当朝代笔之作，闪耀着早期花鸟画史的几个最精丽的写实片段。台北故宫博物院一大批南宋花鸟画册页几乎完整地反映了南宋花鸟画小品的每一个发展瞬间，其中包括李迪、李安忠、梁楷、林椿、李嵩、马远等一大批南宋宫廷画家的用意之作。

台北故宫博物院书法藏品的亮点是从唐人摹晋的书迹开始的，更为闪亮的是一批唐宋文臣的真迹。东晋王羲之的墨迹已无真本传世，在台北故宫博物院王羲之的《快雪时晴帖》《平安帖·何如帖·奉橘帖》《远宦帖》等都是唐摹本，它们和其他的一些唐代的勾填本在原迹不存的情况下，无疑是下真迹一等的稀世珍品。在台北故宫博物院，初唐四大家之一褚遂良的黄绢本《兰亭序》虽有争议，仍是相当重要的传本，王羲之笔墨中内含的精气神一一俱生。另一大家欧阳修具有北碑峭拔、瘦长的《集古录跋尾卷》等体现了书家鲜明的风格，标志着楷书艺术进一步成熟。孙过庭《书谱》中的草书将他精到的书法理论和圆熟的笔墨实践融为一体，堪称绝妙双馨。颜真卿的草书

《祭侄稿》是公认的真迹，书者动情的墨笔和泪而下，令观者无不为之动容，书家们以艺术真情催熟了唐代的草书发展。

北宋四大家苏轼《黄州寒食诗帖》《前赤壁赋》、黄庭坚《自书松风阁诗》、米芾《蜀素帖》、蔡襄《脚气帖》和北宋诸多名人的尺牍，北宋中后期草书的个性化，渐渐改变了唐五代深陷"二王"单一格局的艺术面貌，真实地记录了中国书法史的一大巨变。南宋则以吴琚《七言绝句》等最为精绝，证实了南宋畅行着苏、米直抒胸臆一路的书风。

台北故宫博物院的元明书画流派和一流名家的书画作品较唐宋要完整得多，绘画如钱选和赵孟頫家族、李衎父子，元四家及其传派，北宋李、郭山水在元代的传派，高克恭、方从义等米氏云山传派，刘贯道等宫廷画家的佳作以及一批元代佚名的宗教人物画和大幅山水画。但由于乾隆皇帝间接地受到明代董其昌和"四王"中王原祁和王翚审美观念的影响，他十分注重收藏元明名家的书画，忽视收藏元明两朝二、三流书画家和非正统书画家的作品，这方面的缺失被北京故宫在长达50余年的收藏活动中基本弥补了。

台北故宫博物院的古书画藏品，1956年出版《故宫书画录》上下册，为故宫博物院与中央博物院筹备处全部运台法书名画的总目录，1965年出版增订本；1959年以珂罗版精印《故宫名画三百种》2函6册；1963年出版《故宫法书》集刊；1968年出版《故宫藏画集解》；1973年出版《故宫历代法书全集》30卷；1989年开始出版《故宫书画图录》，已出18册；1993年出版《故宫藏画大系》16册。

二　碑帖

碑，指石碑，石上镌刻文字，作为纪念物或标记，也用以刻文告，秦代称刻石，汉以后称碑。"碑"后来也成了古代石刻文字的统称，包括刻在天然石块上的刻石，刻在山崖石壁上的摩崖，形制规整的碑碣，埋于墓圹的墓志和说明释道造像因缘的造像记，等等。由于简牍、缣帛、纸张之类书写载体质欠坚牢，千年以上的手写文献传世极稀，因而古碑刻不仅有着重要的历史价值，也具有重要的艺术价值。唐代之前的书法风貌，主要赖碑刻以传。以独特的传拓工艺将石上的字迹拓于纸上，是为拓片。大约在10世纪前后，人们开始把传世名家法书摹刻于石版，再拓成拓片流传，是为法帖，简称"帖"。汇集多件法书者称"丛帖"，只刻一件作品者称"单刻帖"。碑与帖均为供人们观赏和临摹，被合称"碑帖"。

《石渠宝笈》收录碑帖仅百件左右。在北京故宫收藏的碑帖当中，清宫旧藏只占小部分，大部分是1949年以后陆续收藏的，其中马衡和朱文钧先生贡献最大。马衡先生（1881—1955年）毕生致力于古代石刻研究，成就斐然。他搜集了刻石拓本9000余件，其中以清代与民国年间出土和发现的墓志、碑版、造像、石经为主。1955年先生去世后，家人遵嘱全部捐献北京故宫。朱文钧先生（1882—1937年），号翼盦，生前兼任故宫专门委员会委员，负责鉴定碑帖书画。朱先生收藏碑帖的特点前边已介绍过了。先生逝世后，家人于1953年将所藏汉唐碑帖706种悉数捐献北京故宫[1]，其中以碑拓为主，有宋拓《鲁峻碑》《九成宫醴泉铭》《李思训碑》《天发神谶碑》《皇甫诞碑》《书谱叙帖》等，明拓《石鼓文》《史晨碑》《张迁碑》《孔庙碑》《崔敦礼碑》《卫景武公李靖碑》等赫赫有名的珍本，更有精拓及流传有绪的名人递藏本。

北京故宫1955年建立文物专项库房时也为碑帖建立专库，并设若干专人负责其保管、陈列与研究。此后，张彦生、胡惠春、吴兆璜、蒯若木、宇野雪村（日本）等藏家相继为北京故宫捐赠或售予了大量珍贵碑帖。北京故宫也向社会征集购藏了不少善拓和各个时期有代表

---

[1] 参阅朱家溍：《我家的藏书》，《故宫退食录》上册，北京出版社，1999年，第301页。

性的拓本。碑帖专家马子云的《石刻见闻录》对此多有记载①。

截至2007年底，北京故宫藏碑帖类在册文物计25474件。原刻石的刊刻时间自秦迄于近代，传拓时间自北宋迄于当代。碑和帖之外，尚有少量铜器拓本、古陶砖瓦玉器拓本、画像石拓本、线刻画拓本等杂项。碑帖的形式，有整纸未裱的单张，有整幅立轴、剪裱后装成的册页，还有手卷。

在国务院2008年公布的首批入选《国家珍贵古籍名录》的碑帖部分中，全国共76种，其中北京故宫收藏的就达30种。

北京故宫的一大批碑拓珍品，都是存世稀少、传拓时代极早、拓工精良的原石拓本。例如，西岳华山庙碑建于东汉桓帝延熹八年（165年）四月二十九日，是我国古代山川祭祀的重要文献资料，也是汉代隶书的优秀代表作品，又是现存最早的署有书家姓名的碑刻。清代隶书大家朱彝尊跋此碑云："汉隶凡三种：一种方整，一种流丽，一种奇古。惟《延熹华岳碑》正变乖合，靡所不有。兼三者之长，当为汉隶第一品。"西岳华山庙碑石早已毁于明嘉靖三十四年（1555年）的地震（据明末清初人顾炎武说）。原石拓只有4本。北京故宫藏"华阴本""四明本"两种，其中"华阴本"是4本中拓墨精良且所附考证题跋最丰富的一本，因明万历年间藏于华阴东肇商、东荫商兄弟家而得名，清代曾先后归王弘撰、朱筠、梁章钜、端方等名人，民国以后归吴乃琛，1959年入藏北京故宫。又如《张迁碑》，碑额书"汉故谷城长荡阴令张君表颂"12字篆书，碑文隶书，叙及张迁字公方，陈留己吾（今河南宁陵县境）人，曾任谷城（今河南洛阳市西北）长，后迁荡阴（今河南汤阴县）令。故吏韦萌等追思其德，于东汉灵帝中平三年（186年）二月刊石立表以纪之，即所谓"去思碑"。《张迁碑》出土于明代初年，最早著录见于都穆《金薤琳琅》。清初顾炎武

---

① 马子云：《石刻见闻录》，收录于马子云、施安昌著《碑帖鉴定》一书，广西师范大学出版社，1993年出版。

《金石文字记》疑此碑为后人摹刻，但多数考古学家和金石学家则认为，其书风通篇方笔，古朴拙茂，非汉代人不能为之，碑面剥落的痕迹，也非人为所能做到，因此，当是汉代原碑无疑。此碑书法笔画，多是棱角森挺的方笔，斩钉截铁，爽利痛快，笔法凝练，大小欹正，自然跌宕，结体整严，其妙处在于：乍看若稚拙，细观则极为精巧，章法、行气亦见灵动之气。尤其碑阴，字迹较为完好，笔意酣畅，比碑阳更为灵秀可爱。清代书法家何绍基，晚年得力于汉碑，尤嗜《张迁碑》，共临写了100多通。此《张迁碑》实为汉碑中方整劲挺、斩截爽利的典型作品。历来书评家对其有很高评价。传世墨拓以第八行"东里润色"四字完好者，为明代拓本，亦称"东里润色本"。

北京故宫所藏法帖，著名的有《淳化秘阁法帖》《大观帖》《绛帖》等。《淳化阁帖》（简称《阁帖》）全10卷，北宋淳化三年（992年），宋太宗出内府秘阁所藏历代名人法书，命翰林侍书王著编次、摹勒。每卷末刻篆书款："淳化三年壬辰岁十一月六日奉圣旨摹勒上石。"阁帖刻后不久原板即毁，后人重刻者屡见不鲜，但宋刻宋拓本今存世稀少，北京故宫收藏的是内府旧藏的宋拓全本，钤"乾隆御览之宝"和"懋勤殿鉴定章"，弥足珍贵。《大观帖》全10卷，为北宋大观三年（1109年）宋徽宗因《淳化阁帖》板已断裂，出内府所藏墨迹，命蔡京等稍加厘定，重行摹勒上石。款署"大观三年正月一日奉圣旨摹勒上石"。各帖标题与各卷款识传蔡京书。此帖笔画沉着丰腴，起笔、收笔以及笔画的转折，锋颖毕露，如同手书。北京故宫收藏有《大观帖》原石的宋拓残本2种：一种是临川李氏本，存2、4、5卷，白麻纸，淡墨拓，每册均为红木面刻翁方纲题签，有"华夏""伯雅""孙氏叔夔""翁方纲""宗瀚"等藏印110余方，翁方纲、李宗瀚等跋18段；另一种是聊城杨氏本，存2、4、6、8、10卷，白麻纸，乌墨擦拓，上有"迪志堂印""大雅""范大澈图书印"等藏印100余方，并有崇恩、王拯、孙毓文等跋。由于《大观帖》的原板早毁，传世拓本无全帙。北京故宫藏的拓本虽是残卷，但已稀如晨星。此外，中国国家博物馆还藏有该帖第7卷，南京大学藏有第6卷。

关于北京故宫碑帖收藏和研究的书籍，有马衡著《汉石经集存》（科学图书出版社，1957年）、《凡将斋金石丛稿》（中华书局，1977年），朱翼盦著《欧斋石墨题跋》（书目文献出版社，1990年；紫禁城出版社，2005年），马子云、施安昌著《碑帖鉴定》（紫禁城出版社，1993年），施安昌编著《唐代石刻篆文》（紫禁城出版社，1987年）、《颜真卿书干禄字书》（紫禁城出版社，1990年）、《汉华山碑题跋年表》（文物出版社，1997年）、《善本碑帖论集》（紫禁城出版社，2002年），香港商务印书馆出版《故宫博物院藏文物珍品全集·懋勤殿本淳化阁帖》（尹一梅主编，2005年）、《故宫博物院藏文物珍品大系·名碑十品》（施安昌主编，2006年）、《故宫博物院藏文物珍品大系·名帖善本》（施安昌主编，2008年）、《故宫博物院藏文物珍品大系·名碑善本》（施安昌主编，2008年）等。

台北故宫博物院现藏碑帖474件，基本是南迁的清宫藏品。碑有宋拓《云麾将军碑》《岳麓寺碑》《圣教序碑》《周孝侯庙碑》《多宝塔碑》《夫子庙堂碑》，以及汉《史晨碑》《颜氏家庙碑》等数种。法帖较多，如《定武兰亭》《越州石氏晋唐小楷》《澄清堂帖》《淳化阁帖》《大观帖》《临江帖》《绛帖》《武冈帖》，以及清内府重刻《淳化阁帖》《三希堂法帖》等，其中若干法帖为宋代拓本。

碑中较为精粹者，当推宋拓李邕书《岳麓寺碑》。明代王世懋所藏，清归诸毕氏昆仲，后入内府，当在乾嘉之际。台北故宫博物院于1968年影印出版[①]。

法帖以《定武兰亭序》名著。此帖为宋拓本，传刻石为唐欧阳询临写，原立于学士院。《兰亭序》原为晋王羲之所书，今行世拓本有《神龙本兰亭序》《定武兰亭序》等。《定武兰亭序》是唐太宗

---

① 张光宾：《故宫博物院收藏法书与碑帖》，《故宫季刊》第9卷第3期，第12页。

李世民在世时，曾选临摹最好的欧阳询临本刻石于宫中。至五代石晋乱时，耶律德击败石晋，持此石刻携往北方，弃于杀虎林（真定山中）。宋庆历年间（1041—1048年），李学究获得此石，后归宋祁（景文）所藏，熙宁年间（1068—1077年），薛响（师正）为定武太守时，因求拓者与日俱多，遂另刻一石，又因出定武，故称《定武兰亭》。宋大观年入御府，置于宣和殿，南渡后即下落不明。《定武兰亭》字体结构精巧，章法完美，盖雄秀之气，出于天然，因此，古今学习者，多以兰亭为师法，此帖重刻拓本甚多，有"五字损本"与未损本之别，所损者为"湍、流、暎、带、天"五字，系宋薛绍彭所镌损①。台北故宫博物院所藏此卷元时经赵孟頫、柯九思的鉴定，为传世定武兰亭三本之一②。

三　青铜器

中国是世界上较早进入青铜时代的文明古国之一。大件青铜器在夏代晚期（考古学文化的二里头时期）开始出现。到商代前期（二里岗时期）和商代后期（殷墟文化时期），出现了大量气势恢宏、纹饰繁缛的呈组合的青铜器；西周、东周时期，出现了一批具有长篇铭记历史事件的青铜器。这是中国青铜文化的两个特有现象。多样的青铜文化、发达的青铜工业和奇异的青铜艺术，在中国文明史和世界文明史上占据了重要的地位。青铜器的制造和发展，历代绵延不断，但其对社会生活产生较大影响是在先秦时代。

中国古代青铜器艺术的鲜明民族特色，突出表现在它所具有的意识形态性质上。早期青铜器曾作为王权的象征物而存于世。传说夏

---

① 梁白泉主编：《国宝大观》，上海文化出版社，1990年，第685页。
② 张光宾：《故宫博物院收藏法书与碑帖》，《故宫季刊》第9卷第3期，第13页。

禹铸九鼎，历商至周，以为传国之宝，鼎移则王朝易主。鼎彝或列于宗庙，或随葬于墓室，称为"礼器"，是先秦贵族等级身份的标志。这种制度至西周，臻于完善称为"周礼"。它对我国数千年历史的发展，曾产生过重大影响。自汉代以来，青铜礼乐器时有出土，其上威严的纹饰、雄伟的气度，深得帝王之心，被视为国之祥瑞。于是官民贡献于上，皇室搜求于下，逐渐成为皇家的重要典藏。宋代曾集宫中所藏编成《宣和博古图》，收器凡839件。清代乾隆年间，仿《宣和博古图》，将宫廷收藏的古器先后编纂了《西清古鉴》40卷，《西清续鉴》2卷、《宁寿鉴古》16卷，共收录器物4074件。但到清末，宫中铜器大量流失，珍藏的商周铜器及汉器，已为数不多。故宫博物院成立后，由古物馆从各宫殿所集中的，只有700余件，另外有汉及唐、宋铜镜500多件，汉及汉以后铜印1600多件。

台北故宫博物院所藏铜器现有5615件，包括历代官私铜印1600多件、镀金铜器700余件，先秦有铭文的约500件，除其中抵台后陆续收购的500余件外，其余的4500多件皆为清宫旧物。

台北故宫博物院的青铜器，由故宫博物院南迁文物中的铜器及中央博物院筹备处运台铜器组成。当年抗战南迁时，共装精品铜器50箱，计572件；铜镜5箱，计517件；铜印2箱，1646件。抗战结束后，除部分铜镜没有带去外，余皆转运台湾。民国初年政府开办古物陈列所，运来沈阳故宫及热河行宫的文物，分别陈列于故宫内的文华殿和武英殿。当时该所鉴定委员容庚先生从沈阳故宫788件铜器中，选集92件，于1929年编著为《宝蕴楼彝器图录》。后又于1930年，从热河行宫851件铜器中，选集100件，编著为《武英殿彝器图录》。这些入录的铜器，都在1946年拨归中央博物院。至于中央博物院所收购的刘体智"善斋"108件铜器，皆为《善斋吉金录》入目之件；收购的容庚32件铜器，也是其《颂斋吉金录》入目之件。

因此，台北故宫博物院藏青铜器，入录清晰有序。除嘉庆以后入宫铜器未有收录（如散氏盘）以及来自热河行宫的藏器未入清宫著录外，皆见于乾隆所敕编的《西清古鉴》、《宁寿鉴古》和《西清续鉴》（甲、乙编）。甚至在热河行宫旧器中，有一件商代"父癸鼎"，与宋《宣和博古图》卷一第26页所载之器形制相符，铭文亦合，可以断定是其入目之件，为宋元以来的宫廷旧藏。宋《宣和博古图》所载之器，流传至今仅此1件，弥足珍贵。

台北故宫博物院所藏铜器种类非常丰富，主要有[1]：

食器有鼎、鬲、甗、簋、敦、豆、簠、盨等，此外尚有匕等。食器计426件，其中以鼎为最多，共200件；簋次之，共121件；匕最少，仅1件。

酒器有爵、角、斝、觚、觯、尊、盉、方彝、卣、觥、壶、罍、鐎等。酒器计411件，以壶为最多，共90件；尊次之，共61件；觥及勺最少，各仅1件。

杂器包括水器、照明器、焚香器、化妆器等日常用具。水器有盘、鉴、匜，照明器有灯，香器有炉，化妆器有奁，车器则为车马之饰件。杂器计104件，以匜为最多，共25件；洗次之，共20件。

量器包括量、权、衡等器，两院存台之件，仅有秦汉者，为数亦微。唯秦量、嘉量及新权等，均一时的重器。

乐器，重要者有钟、钲、铃等器。计40件，以钟为最多，共31件，钲次之，共8件。汉铜鼓是边疆少数民族所用，两院所藏也有11件。

兵器，重要的有斧、矛、戟、弩机等。两院所藏兵器类属及数目均寡，每类仅1~2件，故宫博物院藏20件均编列入简目中，以普通器视之。

铜镜，中央博物院所藏战国镜6件，多系收购者。其汉以后各朝之件，亦有收购者，大部为《西清续鉴》（乙编）之物。故宫博物院存台之镜，则为《西清续鉴》（甲编）57件，《宁寿鉴古》100件。

---

[1] 以下引自谭旦冏：《故宫博物院珍藏的商周铜器》，《故宫季刊》第4卷第1期。

　　台北故宫博物院铜器中有一批重器，为世所瞩目，如毛公鼎是西周晚期宣王时（前828—前782年）的一件重器，在西周青铜器中占有重要地位。毛公鼎器型作大口，半球状深腹，圆底，下附三兽蹄形足，口沿上竖立形制高大的双耳，整个造型规正洗练，浑厚而凝重，鼎表面装饰也十分简洁。鼎腹内铸有铭文32行，计500字，为现存铭文最长的一件青铜器。铭文为毛公所作，记载周王对其册命以及赏赐的器，前半叙述周王对被册命的毛公的训语，文辞典雅，前人称其可抵《尚书》中一篇《周书》文字。毛公鼎不仅以铸造精良、铭文具有重要史料价值著称，而且铭文气势宏伟，结体庄重，笔法端严，线条的质感饱满丰腴，圆而厚，是一篇金文书法的典范。该鼎自清道光末年在陕西岐山出土后，历经周折，抗日战争胜利后，收藏者陈泳仁将此献了出来。

　　散氏盘也是以长篇铭文和精美的书法见称于世。铭文350字，记矢国侵占散国土地，散国求诸邻近大国主持正义，矢国割地了事。铭文前半记载了履勘土地的实况，文后有参与履勘的人名，并有矢人誓词。散氏盘铭文的线条雄强苍劲，结构跌宕多姿，同一字写法变幻多端而均极精致，在我国书法艺术史上占有重要地位。

　　水陆攻战纹鉴是1935年在河南汲县山彪镇考古发掘所出土，形似大盆。其器腹部刻画镶嵌一圈精美的人物作战内容的装饰纹样，共分上中下三层，有图像40组，刻画人物292人，表现出格斗、射杀、划船、击鼓、犒赏、送行等种种姿态，情节丰富，人物生动，技艺精湛。

　　另外，可以印证史实的宗周钟、家族器的颂鼎、颂壶、史颂簋和战国标准器的陈侯午簋、陈侯午敦以及新莽嘉量等，也十分有名。

　　近年来台北故宫博物院陆续增加了一些藏品，如从大陆流失过去的具有重要史实价值的子犯编钟等。但总体上看，这一部分在台北故宫博物院青铜器中不占主要地位。

　　北京故宫的青铜藏品也是以清宫旧藏为主，辅以历年收购、私人捐献及考古发掘之器。计藏历代铜器15000余件，其中先秦铜器约10000件左右，有铭文的1600余件，这三个数量均占中外传世与出土中国青铜器数量总和的1/10以上。另外有历代货币10000余枚、印押10000余件，还有一些仿古彝器，是举世皆知的中国古代青铜器藏品最为丰富的博物馆。

北京故宫的青铜藏品，在古物转运台湾之后，之所以仍能以清宫旧藏为主，在于当时故宫文物清理尚不彻底。且南运装箱前，限于当时的认知水平，经审查委员会审查而筛掉的器物中，仍不乏精美重要之器，例如商代后期的兽面纹大瓿、西周早期的伯盂、西周中期的追簋、战国时期的龟鱼纹方盘等都是清宫旧藏，皆被尊为重器，而今也是世人所知的名器。其中商代后期的兽面纹大瓿，通高80.9厘米，重40千克，1989年江西新干大洋洲商代鹿耳四足大瓿（高105厘米）出土之前，此器物曾是世界上最大的青铜瓿；战国时期的龟鱼纹方盘，宫廷旧藏，通体布满了华丽、精细的纹饰，盘外底有四虎足，盘外壁上浮雕怪兽，兽身上有细密的羽毛，盘内壁和内底上浮雕有蛙、龟、鱼和水波纹，也是一件独有的青铜器。

1923年河南新郑李家楼出土了一对莲鹤方壶，一件藏在北京故宫，另一件藏在河南博物馆。壶整体为方形，通高118厘米，重64千克，器身装饰蟠螭纹，颈两侧各有一镂空、回首龙耳，腹部四角各伏一兽，圈足下有二伏虎，虎咋舌，背驮着壶，盖顶上立有一鹤，作展翅欲飞状，周围有双层莲瓣。这件壶一改商周时期庄严神秘的风格，变为华丽轻巧、自由活泼的形式，为前所未有，充满寓动于静的艺术魅力。这对莲鹤方壶被誉为"青铜时代绝唱"。1949年，计38箱共5119件原藏河南省立博物馆的文物欲被运往台湾，其中包括郑公大墓一半的出土文物，这对已打包好的莲鹤方壶还没运上飞机即被拦截下来。

在北京故宫的青铜藏品中，私人捐献、考古发掘及收购也占有一定比例。它们或于铜器本身透露出重要的古代信息，或以造型艺术和工艺角度耀人眼目，另外在时代排列上对旧藏彝器也有补充作用。例如，商代后期的三羊尊，1956年收购，通高52厘米，宽61厘米，重51.3千克，通体布满纹饰，尤其是肩部上的三个羊首，形象非常生动，这是目前为止世界上最大的青铜尊。西周中期的师趛鬲，是1955年从上海收购的，也是一件典型的传世品，通体装饰着夔纹，是目前所知青铜鬲中最大的一件。商代晚期毓祖丁卣，捐自章乃器先生。盖、器对铭各4行25字，商代青铜器中少见长篇铭文，此件非常难得，是研究商代祭祀和称谓制度的重要资料，铭文书法也流畅洒脱，有一定的艺术价值。西周晚期颂簋，捐自冯公度先生。铸造精致，有铭文150字，对研究当时的策命典礼制度有很重要的价值。西周晚期师酉簋，也捐自冯公度先生。器型是西周晚期的流行式样，盖、器分别铸有铭文107字和106字，其内容是研究西周世官世禄的重要资料。近年新出土的青铜器也有收藏，如北京顺义出土的"嵌松石蟠螭纹豆"、湖南出土的"百虫卣"等。

北京故宫青铜藏品的最大特色是时代序列完整和器类齐全。这些藏品多数为传世品，但借助于近代考古学对发掘品研究的经验，故宫先秦青铜器已可分出商代前期、后期，西周早、中、晚期，春秋前期、后期，战国前期、后期等，秦以后铜器可分出秦、汉、魏、晋、南北朝、唐、宋、元、明、清等。

北京故宫藏先秦青铜器包括礼器、乐器、兵器、杂器等。其中礼器包括：

（1）食器：鼎、鬲、甗、簋、簠、盨、敦、豆、铺、鍑、匕、勺等。

（2）酒器：爵、角、斝、盉、尊、卣、壶、罍、兕觥、方彝、罃、瓶、醽、缶、瓿、觯、斗等。

（3）水器：盘、匜、鉴、盂、盆等。

乐器包括：钟、镈、铙、铎、铃、句鑃、錞于、磬等。

兵器包括：戈、戟、矛、剑、钺、匕首、刀、斧、钺、异型兵器、镦、镈、镞、胄等。

杂器包括：炉、铲、虎子、樽、节、镜、阳燧、带钩、车马器、度量衡器等。

北京故宫收藏的秦汉青铜生活用品和唐宋以来的仿先秦青铜礼器，都有一定规模。

数量众多的有铭青铜器也是北京故宫青铜器藏品的又一特点。国内各博物馆现藏先秦有铭文的青铜器，迄今为止共计6900件左右（包括近10年大陆各地出土和各博物馆收集的1000余件，以及台北所藏500件），其中北京故宫一家，现藏已达1600件，数量列各馆之首。这些青铜器的铭文大多已收入《殷周金文集成》一书，但器型的大部分尚未公布。铭文较重要的如：

三件邲其卣，是商代铭文最长的几件器，它记述了帝辛时期的赏赐、祭祀等内容。此外，像小臣鼎、迺簋、处山卣等也是重要的商代铜器。

成周铃是西周早期难得一见的带铭文的乐器，鲁侯爵则是记录周公后裔活动的重要铜器。此期的荣簋、耳尊、作册嬲卣，记载了王与侯对荣、耳、嬲的赏赐；西周中期的师旗鼎记录了一次对违犯军法人员处置的法律程序，同簋、大师虘簋、豆闭簋记录了王对贵族的册命，格伯簋记录了当时的土地交换；西周晚期的扬簋、谏簋、小克鼎、眉敖簋盖、师酉簋、颂鼎、大鼎、师克盨、匍比盨、裹盘、虢叔旅钟、士父钟等多记录王对贵族的赏赐册命仪典，有重要的史料价值。

其中大师虘簋、大鼎、颂鼎、匍比盨、裹盘等5件器的记时词语中有年、月、月相、干支日四项内容，是全部金文仅有的三十几例四要素俱全器中的五例，这是研究金文历谱和王年的珍贵资料。

者瀒钟、余購逨儿钟、徐王子旃钟、其次句鑃等，则是这一时期著名的青铜乐器。春秋战国时期的少虡剑、梁伯戈、秦子戈、大良造鞅镦等也都是有明确时代特征的传世著名兵器①。

北京故宫收藏的铜镜也很有特色。4000余面铜镜，上至战国，下到清代，包括各个历史时期。大量明清时期铜镜，多为宫廷内府所造，具有宫廷特色，社会上流传很少。宫廷内府造镜，铜质非常精细，铸造技术水平很高，其中又以清乾隆时期铸造的铜镜最多、最好。既有仿古镜，也有宫廷特色浓郁的铜镜。仿古镜主要有"乾隆款博局纹镜"、"乾隆款舞凤狻猊纹镜"和"乾隆款瑞兽葡萄纹镜"等。此外，宫中造办处还铸造了一批采用新工艺的铜镜，这些铜镜无论形制、纹饰还是制作工艺都别具一格，如掐丝珐琅缠枝纹镜、乾隆款八卦纹镜等，都是有宫廷特色的作品。

两岸故宫青铜器因为系出一源，故时代序列完整和器类齐全且多传世品是其收藏的共同特色，有不少成组的器物分藏于两岸故宫，如清代晚期山东益都县苏埠屯出土的亚丑组器，台北故宫博物院收藏鼎6件、簋2件、尊5件、角1件、觚2件、觯1件、卣2件、方彝1件，北京故宫则收藏鼎3件、簋1件、尊1件、觚1件、斝1件、卣1件、罍1件。成周王铃是一对仅存的西周早期有铭文的青铜乐器，传世仅2件，一件阳文的藏于北京故宫，另一件阴文的藏于台北故宫博物院。西周中期的追簋两岸合藏其三，西周晚期的长铭颂组器，北京故宫藏颂鼎一、颂簋一、史颂簋一，台北故宫博物院藏颂鼎一、颂壶一、史颂簋一。春秋晚期的能原镈存世两件，两岸故宫各藏其一，这是一组用越国文字记事的青铜乐器。越国文字多将越王名等短铭记于兵器上，释读十分困难，是目前金文研究中尚未取得彻底解决的课题之一。这两件镈铭中台北故宫博物院的一枚存60字，北京故宫的存48字，由于长铭便于从上下文推知文意，故两铭等于为我们提供了可能解读全部越国文字的钥匙。宋徽宗倡新乐，制作大晟编钟，流传至今者成为研究音乐史考察宋代雅乐的珍贵标本，该编钟北京故宫现藏6枚，台北故宫博物院藏2枚。

---

① 刘雨、丁孟：《〈故宫青铜器〉前言》，紫禁城出版社，1999年，第11—12页。

两岸故宫藏品中都有大量记录族名的青铜器，其中有几件族名器被考证为记录重要古国名的铭文，如北京故宫有记录孤竹国和无终国国名的铜器等，台北故宫博物院也存有许多族名铜器。族名金文的释读和研究，是一个十分困难的课题，迄今尚未得到很好的解决，两岸故宫这批资料的充分利用，无疑会促进这一课题的研究。

两岸故宫都有优良的青铜器及其铭文研究的传统，北京故宫原副院长唐兰先生是国内外著名的青铜器、金文专家，先生在1935年发表的《古文字学导论》和1949年出版的《中国文字学》两书，是我国现代意义上的最早、最完整的古文字学理论著作。早在1936年他就写了《周王䧫钟考》，考证宗周钟的作器者"䧫"，就是"周厉王胡"。当时的学者多认为宗周钟是西周早期器，对他的意见并不以为然，可是1978年和1981年陕西扶风县相继出土了䧫簋和五祀䧫钟，器物形制是西周晚期的，证实了40多年前先生的意见是非常有预见性的。1962年先生发表了《西周铜器断代中的"康宫"问题》长文，他发现的"康宫断代原则"后来不断被经考古发掘出土的铜器所证实，现已为学术界普遍接受。这是继郭沫若发现"标准器断代法"之后，金文断代法的又一重大发现。先生重视用金文资料系统地研究古史，1986年由他的后人整理发表的《西周青铜器铭文分代史徵》是一部总结他一生金文研究的力作（惜仅存未完稿），共引用西周金文资料350件，计划以此为基础重写西周史，他的这一研究代表了这一学科20世纪后期的最高水平。先生生前还十分重视金文研究的普及工作，写了多篇金文的"白话翻译"，让艰深的青铜器铭文所记载的3000年前的历史故事，能为一般来故宫的观众看懂。1999年北京故宫重新改陈的青铜器馆，以及同时编写的《故宫青铜器》一书，就是追随唐先生的学术思想而设计的。其中铜器的断代，贯彻了先生的"康宫断代原则"，铭文的释文和白话翻译等，都继承和发扬了先生的学术成果。

两岸故宫都能注意用考古学研究成果重新检讨原藏的大量传世品，得以细化了原有的断代标识。用X射线显像技术研究院藏青铜器，开辟了一个新的研究领域，北京故宫三件郘其卣过去曾有著名学者怀疑其中二祀卣、四祀卣为伪器，经1999年使用X射线检测，肯定了它们的真实性和史料价值。台北故宫博物院的春秋晚期庚壶早在乾隆年间就已著录于《西清续鉴甲编》，但因锈蚀严重，读出不到百字，铭文内容始终未得贯通释读，经使用X射线显像技术检测，可识出172字，其铭文的大意已可以读通。

两岸故宫青铜器藏品丰富并有着优良的学术研究传统，其相关的展览，广为世人瞩目，已在两岸产生了巨大的社会影响。

台北故宫博物院于1959年出版《故宫铜器图录》、1997年出版《故宫铜镜特展图录》。

北京故宫紫禁城出版社曾出版《故宫青铜器》（刘雨、丁孟主编，1999年）、香港商务印书馆出版《故宫博物院藏文物珍品大系·青铜礼乐器》（杜迺松主编，2007年）、《故宫博物院藏文物珍品大系·青铜生活器》（杜迺松主编，2007年）。

四　陶瓷器

瓷器是中国先民发明并贡献给人类的文明成果之一，其生产历史至少已有3000年。从现有的考古学证据看，从商代开始，原始青瓷就被源源不断地输送到中原帝国的宫室，开始和宫廷发生了关系。唐宋时期，巩县窑、邢窑与定窑生产的白瓷器，耀州窑、越窑生产的青瓷器，景德镇窑生产的青白瓷器，等等，其中的精品曾被当作贡品输入宫廷。其中，晚唐时期越窑生产的"秘色瓷器"和邢窑生产的"盈"字款白瓷是专门为皇宫烧制的。从北宋晚期开始，政府开始设立专门的官府窑厂从事生产，北宋汝窑、北宋汴京官窑、南宋修内司官窑和郊坛下官窑就属于这类窑厂。明清两代，在景德镇设立御窑，负责生产御用瓷器。这些努力，为历代皇宫获取大量的精美瓷器提供了可能。

明朝初年以后，瓷器开始被当作皇宫的收藏品①。宣德三年（1428年）在内府的收藏中已经有宋代的柴、官、汝、哥、钧等名窑瓷器，并被选为铸造宣德炉的模型。明朝晚期，永宣时期生产的青花瓷器、成化时期生产的斗彩瓷器也成为宫廷收藏对象。

到了清朝康熙时期，皇室对于瓷器的收藏，在传世宋元瓷器名品外，明代晚期嘉靖、万历时生产的瓷器也成为新的搜集重点。据《万寿盛典初集》记载，康熙皇帝八十大寿时，臣下上寿的瓷器几乎囊括了在当时被视为至宝的宋元明各大名窑瓷器品种。乾隆时期，零星出土的瓷器开始被收集到皇宫，乾隆御制诗文记载②，当年西征新疆的将士带回了吐鲁番出土的一件龙泉窑青瓷盘和在乌鲁木齐出土的一件钧窑碗。据《内务府奏销档》载，乾隆时期内府瓷器库收藏的宋元明三代烧造的旧瓷器各釉色品种俱备，排列数十架③；至于清代康熙、雍正、乾隆时期生产的御窑瓷器更是以万计，"乾隆四十六年闰五月，清查磁库黄册，实存康熙年款圆器十四万九千二百五十一件，琢器五千七百四十七件。雍正年款圆器九万二千一百二十五件，琢器五千三十件。又查清册，实存乾隆年款圆器十五万一百八十二件"④。

正因为有上述历史沉淀与历代皇帝的爱好和努力，最终才形成了清宫藏瓷的特点：即在清代御窑瓷器外，还拥有宋元明不同时期各大名窑的瓷器，从而使得古代陶瓷器和古代书画、青铜器一样，成为清宫廷收藏的三大类别和最重要的支柱之一。而今，清宫收藏的40多万件瓷器虽然分藏在台北故宫博物院和北京故宫两地，但作为明清宫廷

---

① 据《宣德鼎彝谱》卷6，第42页。

② 乾隆御制诗：《咏龙泉盘子》《题均窑碗》诗序。

③ 《清宫述闻》（初、续编合编本）引《春明梦余录》："内务府六库，六库中磁库库内古磁如宋元明旧制者，排列数十架，色色俱备。"紫禁城出版社，1990年，第145页。

④ 《清宫述闻》（初、续编合编本）引《内务府奏销档》，紫禁城出版社，1990年，第141页。

收藏的自然延续，两岸故宫无疑都分别继承了明清宫廷收藏的某些特色，并因新的入藏而各有发展。

台北故宫博物院现收藏瓷器25310件，其中23780件为故宫及原属中央博物院保管的古物陈列所的瓷器，在迁台瓷器中有99%来自清宫旧藏，均属南迁文物中的精品。概括起来，台北故宫博物院所藏瓷器主要有以下三个特点：

第一，台北故宫博物院在瓷器收藏方面以珍稀闻名，尤以汝、官、哥、定、钧宋代五大名窑瓷器为主，其品质与数量堪称世界第一。如宋代汝窑瓷器，台北故宫博物院收藏21件，占已知传世汝窑瓷器总数的1/10以上。宋定窑孩儿枕，台北故宫博物院就有3件。

第二，明清两代御窑瓷器精品荟萃。明代官窑瓷器台北故宫博物院收藏有6788件，著名的成化斗彩鸡缸杯，台北故宫博物院收藏有10件。总的来说，台北故宫博物院在明代官窑瓷器收藏方面，不仅精美而且数量较大。清代康熙、雍正、乾隆时期的御窑精品瓷器，也是台北故宫博物院藏品的特色之一。如著名的康熙、雍正、乾隆时期的珐琅彩瓷器，见于记载清宫旧藏共418件，台北故宫博物院就收藏了300多件。

第三，见于清人图谱的历代名品重器，基本上都收藏在台北故宫博物院。而这些精品很多是当年清宫的日常陈设品，曾见于清宫廷书画中。如台北故宫博物院收藏的汝窑椭圆花盆，就见于清人画《胤禛妃行乐图轴》，北京故宫只收藏有清代乾隆时期御窑厂的仿烧品。又如，乾隆五十二年（1787年）如意馆画成的瓷器、铜器册页共6册（后改装成8册），其中与瓷器相关的《陶瓷谱册》《精陶韫古》《埏埴流光》《燔功彰色》4本图谱及图说的器物今均藏台北故宫博物院。也就是说凡是当年见于清宫所编图谱的著名器物，基本都收藏于台北故宫博物院，这一点和《西清古鉴》《西清续鉴》《宁寿鉴古》等书所录的三代青铜器现今主要藏于台北故宫博物院的情况相同。

但1949年迁台的瓷器，和其他各门类、各种质地的文物一样，主要是以当时学术界的研究和认知水平为依据，挑选北平故宫博物院藏品中有特色及精美者。正如那志良先生所说：台北故宫博物院瓷器"总数有2万余件，不为不多；历代官窑毕备，不为不博。但有瓷而无陶，有官窑而乏民窑，至于清瓷，则嘉道以后，概付阙如"①，此论虽然以陶瓷史为据，但也切中肯綮。

尽管如此，在对北宋汝窑、南宋修内司官窑和郊坛下官窑进行考古发掘以前，台北故宫博物院不仅以收藏的宋代名窑瓷器富甲天下，而且长期在该研究领域具有世界领先地位，20世纪80年代以前该院在中外各博物馆先后推出的以宋、明瓷器为主题的展览，更是让世人大开眼界，同时为学术同人广泛而深入地了解宋代各大名窑和明代御窑瓷器创造了条件。而台北故宫博物院先后出版的多卷本《故宫宋瓷录》（汝窑、官窑、钧窑卷，定窑、定窑型卷，南宋官窑卷，龙泉窑、哥窑及其他各窑卷）、《故宫藏瓷》、《故宫瓷器录》、《故宫清瓷图录》、《国立故宫博物院藏瓷》、《大观：北宋汝窑特展》、《定窑白瓷特展图录》、《明代宣德官窑菁华特展图录》、《清康雍乾名瓷特展》等专题珍品集成图录和特展图录，尤其是对宋代瓷器的集中出版，均成为该领域的阶段性总结之论。随着考古学的发展，大陆的学者虽然在关于汝窑、南宋修内司官窑、郊坛下官窑、钧窑和明代御窑厂及御窑瓷器的研究上因出土资料的优势而近水楼台先得月，但台北故宫博物院的学者也依旧据有相当的话语权。至于对清代珐琅彩瓷器的研究，正如其出版的《清宫珐琅彩瓷特展》《清代画珐琅特展目录》所展示的精品一样，迄今为止台北故宫博物院的学者对珐琅彩器物本身的观察、研究仍然居一流地位。

加强对院藏瓷器的继续深入研究，是台北故宫博物院的学者们长期的努力方向之一，尤其是对清宫旧藏宋元瓷器所产生的文化影响、瓷器和其他质地的艺术品间的关系、瓷器在皇宫收藏中的地位以及乾隆皇帝等人的收藏观方面都做了有益的探讨。同时，近年其研究方向

---

① 《故宫四十年》，第173页。

也开始涉及广泛的陶瓷史课题，基本上和内地陶瓷考古的发展方向保持着同步的势态。如《蒙元宫廷中瓷器使用初探》①一文就是利用近年出土的元代瓷器并结合文献对元代宫廷用瓷进行的有益探讨。

　　北京故宫的收藏不仅是明清宫廷收藏的自然沿袭，而且由于建立在清宫廷的基础上，所以其藏品包括了南迁文物以外的所有明清宫廷旧藏，再加上20世纪50年代以后进行的窑址调查和国家的调拨支持，逐渐形成了既带有宫廷收藏特色又富有新意的自身特点，主要表现为以下6个方面：

　　第一，北京故宫收藏陶瓷器的数量共35万多件（另还有近10万件南迁的瓷器暂存南京），其收藏量居世界博物馆之首。其中明清御窑瓷器超过30万件，明以前的陶瓷器与明清民窑约5万件。藏品囊括的文化内涵广博，从新石器时代的彩陶、黑陶、红陶，到商周的白陶、印纹硬陶、原始青瓷，汉魏六朝的青瓷、黑瓷，唐代南方青瓷、北方白瓷的代表名品，宋代的各大名窑瓷器，元代的枢府釉、蓝釉和青花、釉里红器，明清两代的御窑瓷器，直到民国时期景德镇烧造的居仁堂款的瓷器和湖南醴陵生产的瓷器，举凡代表并贯穿中国古代陶瓷发展历史的各时期、各地区、各窑场的实物，几乎都有所收藏，时间跨度长达6000多年，产地涉及全国20多个省区市，足以具体、系统地反映中国古陶瓷数千年的发展历史。基于藏品特点，对院藏瓷器认知、研究、整理，一直是北京故宫的重点研究内容。近20余年来，北京故宫的研究者陆续出版了大量展示北京故宫院藏瓷器精品的图录，如《故宫博物院藏文物珍品全集》（陶瓷部分11册，其中香港商务印书馆9册，1996年起陆续出版；上海科学技术出版社又增加了《紫砂》与《杂彩》两册，2008年）、《故宫博物院藏清盛世瓷选粹》（冯先铭、耿宝昌主编，紫禁城出版社，1994年）、《故宫博物院藏明初青花瓷》（耿宝昌主编，紫禁城出版社，2002年）、《故宫博物院藏清

————————

① 施静菲：《蒙元宫廷中瓷器使用初探》，《美术史研究集刊》第15期，2003年9月。

代御窑瓷器（卷一·上下）》（耿宝昌主编，紫禁城出版社，2005年）、《清顺治康熙朝青花瓷》（陈润民主编，紫禁城出版社，2005年）、《故宫博物院藏古陶瓷资料选萃（1—2卷）》（王健华主编，紫禁城出版社，2005年）等，已成为研究者认知北京故宫藏瓷必备的参考书籍。

从20世纪60年代孙瀛洲先生在《大公报》连续发表《元代瓷器鉴定》开始，到20世纪八九十年代耿宝昌先生编撰出版《明清瓷器鉴定》（上册"明代部分"，中国文物商店总店，1983年；下册"清代部分"，中国文物商店总店，1985年；紫禁城出版社，1993年）一书，21世纪初李辉柄先生编撰出版《中国瓷器鉴定基础》（紫禁城出版社，2001年），北京故宫几代专家的论著一直代表着中国古代瓷器传统鉴定的最高水平。

第二，晚清御窑瓷器和特殊品类收藏，是北京故宫藏瓷的另一亮点。明清官窑中的大器，由于搬运困难，南迁的甚少，北京故宫藏有各类造型的明清大器1380件，最大的清代粉彩大瓶高达150多厘米。在完全依靠手工拉坯的年代，制作陶瓷大器往往"十不得一"，其珍贵程度可想而知。北京故宫收藏的乾隆御窑各色釉大瓷瓶和"大清乾隆辛巳年制"各色釉汉式密檐佛塔，都是在一件器物上包括了当时御窑厂能烧造的所有釉彩品种，属高温烧成后又多次低温烘彩而成，对研究当时御窑厂乃至整个景德镇的生产工艺具有不可替代的作用。宜兴紫砂器，也是北京故宫收藏的特色之一，仅清宫旧藏就有150多件，以茶器、文玩清供为主。《故宫博物院藏宜兴紫砂》不仅展示了清宫藏紫砂精品，也通过和现代工艺的有机结合揭示了紫砂器的生产流程。由于南迁文物中少选嘉庆以后的瓷器，所以清代中晚期的官窑瓷器大部分都收藏在北京故宫，现存嘉庆至宣统时期的御窑瓷器超过14万件。这无疑是研究乾隆以后御窑生产历史时唯一可以依据的第一手资料。尤其是大量宣统款御窑瓷器，其本身就说明此时的御窑厂虽已变为官督商办的江西瓷业公司，但它仍旧承担了烧造御用瓷器的任务，和皇室的特殊关系不曾改变。

第三，北京故宫还收藏有数量众多的宫廷原状陈设用瓷，除一般陈设用瓷外，还包括宗教造像、祭器、供器等。这些成套的带有浓厚宗教色彩和宫廷仪规的瓷器，真实地反映了清宫生活的历史原状，是体现清代宫廷文化完整性的重要组成部分，对研究宫廷史有重要的作用。如乾隆十四年（1749年）烧造的瓷簠、簋、笾、豆、登、铏、爵类礼器，器型仿三代青铜器，釉色有红、黄、月白、青多种，图像又见于《皇朝礼器图式》，反映了雍正、乾隆之时宫廷祭礼器由铜器而转化为瓷器的变化历史。大量陈设在原状佛堂内的瓷质七珍、八宝、法轮、五供、佛造像、汉式和藏式佛塔等，除其自身的文物价值外，在揭示清宫佛堂的陈设理念和宗教信仰方面均具有重要的意义。

还有反映晚清宫廷生活原状的瓷器，如专为同治、光绪二帝大婚烧造的大婚用瓷，为庆祝慈禧皇太后生日庆典的万寿用瓷及大雅斋款、体和殿款瓷器等，不仅可以从具体实物出发了解发生在清宫内的历史事件，而且可以通过和清宫陈设档的对比，研究晚清宫廷生活、室内陈设、帝后个人审美等。而这些特殊场所使用的瓷器的造型、花纹，也成了内涵丰富的宫廷文化的重要组成部分。

第四，北京故宫收藏有能够反映清代御窑生产过程、窑厂变迁与改革的历史图像学资料、官样及瓷器实物。

北京故宫收藏的雍正时期的制瓷图册页，在八开图画中详细描绘了采料、粉碎瓷石与制泥、制造匣钵、蘸釉、拉坯、修模、绘画纹样、挑选瓷器的不同流程。其内容和乾隆八年（1743年）内府画工绘图、唐英奉旨配文的《陶冶图》相同。

雍正七年（1729年）仿烧的"大清雍正年制"款仿官窑瓶和宋官窑大瓶原物，造办处活计档对这件事的记载是，雍正七年"四月初二日太监刘希文交来大官窑瓶一件。传旨：做木样交年希尧，照样烧造几件。钦此"。属档案、原样和仿品齐全的特例。而100多张道光以后彩绘瓷器官样，主要包括慈禧万寿用瓷、体和殿款瓷器、大雅斋款瓷器和同治大婚用瓷器诸种，其中既有可以和传世实物一一对应的，也有只存官样而无实物的。其有样无物者，既和当时窑厂的生产能力下降有关，也有官样设计不合理的因素。如同治十三年（1874年）传旨烧造的粉彩梅花鹿和仙鹤，由于在设计上有缺陷而没能烧成，同年江西巡抚刘坤一专折奏明原因并获准免烧，至光绪二年（1876年）九江关监督沈保靖又具折把原样上交。如今沈保靖的奏折和内府所发的仙鹤、梅花鹿原样都收藏在北京故宫。这样，通过档案、瓷器实物、官样三者的比较，就可以了解御用瓷器生产全过程及其间内府与窑厂间的交流与互动。《官样御瓷——故宫博物院藏清代制瓷官样与御窑瓷器》（郭兴宽、王光尧主编，紫禁城出版社，2007年）一书介绍的正是这一内容。

光绪二十八年（1902年）御窑厂改为官商合办的江西瓷业公司，这是清代御窑性质的转变和御窑生产历史上的大事。文献记载江西巡抚柯逢时曾于光绪二十九年（1903年）向清宫进呈机器制成的瓷器样品，北京故宫收藏有"臣林世祺进呈"铭记的机器制白釉墨彩松竹纹杯样品。这既是研究清代末年景德镇瓷器生产中引进先进技术的实物证据，也说明清代御窑厂在由官营实体转变为官股商营的经济体后，其生产仍处在皇室的制约下，对研究清代晚期的官营经济极具参考意义。

第五，拥有大量的民窑瓷器，这不仅是北京故宫收藏的特色之一，而且是研究中国古代陶瓷史所不容忽略的部分。在近5万件民窑制品中，除景德镇的产品外，还有大量的瓷器来自德化窑、宜兴窑、漳州窑、潮州窑、石湾窑等。有许多明朝晚期的景德镇民窑瓷器精品，而具有代表性的顺治、康熙青花、五彩瓷器有2500余件。这对研究明代御窑停烧后景德镇地区的制瓷技术尤为重要。

在上述各类瓷器之外，另有残损瓷器9000多件，传世明清官民窑碎片35000多片。利用此优势，北京故宫于2005年建立了两个标本室，供教学观摩之用，使这些标本和资料充分为社会服务。

第六，集中收藏全国各地窑址的考古调查资料和考古发掘品，是北京故宫在传世瓷器收藏外的注意点。从20世纪30年代陈万里先生调查龙泉窑开始，到1949年以后古窑址的科学考古工作在全国许多省市陆续展开，北京故宫不间断地派出专家到全国各省区市的古窑址进行调查，这一工作现仍在继续进行。此举不仅为北京故宫收集了大量瓷器实物资料，而且影响着中国古陶瓷的研究方向。在此基础上，冯先铭先生于20世纪80年代组织编写《中国陶瓷史》（文物出版社，1982年），该书至今仍是关于中国古代陶瓷史最权威的工具书。粗略统计，北京故宫现共收藏有200多个古窑址的36000余件标本，这在中外博物馆都是独有的。在整理研究的基础上已出版了《故宫藏传世瓷器真赝对比历代古窑址标本图录》（紫禁城出版社，1998年）、《故宫博物院藏中国古代窑址标本（卷一·河南卷·上下）》（冯先铭、李辉柄主编，紫禁城出版社，2005年）、《故宫博物院藏中国古代窑址标本（卷二·河北卷）》（冯先铭、李辉柄主编，紫禁城出版社，2007年），已成为研究者认知古代各地窑址产品特征的重要参考文献。

同时，面对学术界日新月异的进步，以及古陶瓷研究中以考古学为主导方向的现状，为了追赶学术的发展潮流并保持北京故宫在古陶瓷研究中的学术地位，北京故宫近几年还加大了参与瓷窑址考古发掘的力度，先后参与了江西景德镇丽阳乡元明瓷窑址和浙江省德清县火烧山原始青瓷窑址的考古发掘工作。这两项发掘都是北京故宫在充分调查、论证后决定进行的，并取得了预期的成果：景德镇丽阳乡元明瓷窑址的发掘，首先丰富了对景德镇地区元明民窑址分布范围的认识，其次是证实在明宣德前后景德镇地区的民窑已成功地仿烧了哥窑和龙泉窑瓷，最后也是最重要的一点是，通过对出土瓷器的排比研究论证了古代瓷窑从事生产时器物的类别造型并不因釉色的不同而不同，这对陶瓷考古研究中的类型学排序尤其具有指示性意义。对德清县火烧山原始青瓷窑址的发掘，既改正了以往对德清窑的片面认识，也为研究烧造瓷质礼器的早期原始青瓷窑场的经济形态提供了新的证据。以上成果见《江西景德镇丽阳碓臼山元代窑址发掘简报》、《江西景德镇丽阳瓷器山明代窑址发掘简报》（《文物》2007年第3期）等简报及《德清火烧山原始青瓷窑址发掘报告》（文物出版社，2008年）。

同时，在中央政府的大力支持下，1949年以来，北京故宫先后从全国各地调拨不同时期、不同质地的考古发掘品以弥补博物院收藏的不足。仅就瓷器而言，最有代表性的就有河北景县封氏墓地出土的北魏青瓷莲花尊、河南濮阳李云墓出土的北齐武平七年（576年）的白釉绿彩四系罐、河北保定出土的元代青花窖藏中的青花釉里红开光镂花大盖罐、南京汪兴祖墓出土的洪武四年（1371年）哥窑盘等，这些资料对研究陶瓷史均极为重要。

总之，台北故宫博物院和北京故宫的藏瓷虽然都继承了明清宫廷的一些特色，并均因新的入藏而有所发展、各有千秋，但就延续宫廷收藏的特点论又都有其不足。北京故宫收藏古陶瓷虽然有数量多、涵盖面广、历史内涵丰富的明显优势，但某些反映宫廷旧陈的瓷器和宫廷的传世收藏已离开了紫禁城的原存地，物去景非，当是其最大的遗憾；而台北故宫博物院所藏瓷器主要来自清宫旧藏，虽然以品质精美见长，但其品种难免欠缺，尤其是缺少晚清御窑瓷器、民窑瓷器和新的考古发掘品，局限性也显而易见。我们期待着通过两岸故宫更大范围的交流，从而使得明清宫廷旧藏瓷器作为一个有机的整体，和新的考古发掘品一起再次焕发出青春的活力，向世人全面展示其富含的历史信息与文物价值。

五 玉器

玉器，指用玉石雕琢成的各种器物，也称"玉雕"，为中国著名的特种工艺之一。新石器时代晚期即有玉制工具，许多玉器是从玉工具发展而来的，至殷商时代已大量制作礼仪用具和各种佩饰。玉器在中国的用途非常广泛，在政治、经济、文化、思想、伦理道德、宗教信仰上都发挥过其他艺术品不能取代的作用。从玉器始创至成熟，其造型、纹饰及内涵无不与神灵和礼仪有关，甚至对玉料本身亦赋予许多人格化了的"德"的观念，要求"君子比德于玉"，规定"君子无故玉不去身"，这也是其长期发展、经久不衰的重要动力。

中国古代玉器经过漫长岁月的发展，形成了独立的用玉体系和传统。明代晚期，随着商品经济的发展，玉器业空前发展，玉器的使用与收藏已相当普遍。清代以后，尤其是乾隆时期，经济文化的发展，皇帝的崇尚，加上乾隆二十四年（1759年）平定了新疆地区的动乱，新疆玉料得以大量进入宫廷，解决了长期阻碍玉器发展的原料问题，宫廷玉器生产出现繁荣局面。乾隆时期宫廷也更重视古玉的收集。这一趋势，一直持续到嘉庆时期。清后期，民间制玉业发展迅猛，玉器生产的重点自宫廷转到民间。

台北故宫博物院现有玉器11763件，其中属于南迁文物中的玉器为3894件，占到33%，其余67%是到台湾后征集的。

多年来，台北故宫博物院重视玉器的征集，特别是充实了一批新石器时代的作品。总的看来，种类比较丰富，各时代也都有一些精品，如史前时期的鹰纹圭、人面纹圭及勾云形佩，商代的鸟纹佩，西周的玉龙凤纹饰件，汉代的玉辟邪，唐玄宗玉册、宋真宗玉册，辽代的玉龙纹盘，元代的玉莲瓣大盘，明代的三连环以及清代的翠玉白菜、乾隆时期的玉鸠杖首等。

明代有褐黄斑的青玉质三连环是一件极富深意的玉器：三环平叠时，形成一件圆璧，内圈雕象征天空的太阳、云彩、星斗，外圈雕象征大地的山岭与海水，中圈则以龙纹代表人间君主。三个圆环也可像浑天仪般地做立体交叉状。这是对天、地、人所谓"三才"者为一体的观念的具象化。

清乾隆年的玉鸠杖首，分为三层，底层为一羊首，中层为一中空之C形，类似《西清古鉴》所载之"舞戚"，上层为一鸠鸟，口中含珠，鸟羽琢碾细腻，纤毫不苟，因此为乾隆皇帝所喜爱。在其"舞戚"部分及所附木座底，均细刻乾隆三十九年（1774年）为之吟咏的御制诗。

翠玉白菜是19世纪用被称为"云南绿玉"的玉料所制，工匠利用玉料原来的色泽分布设计成形。菜叶上一只较大的螽斯与一只较小的蝗虫，都是繁殖力旺盛的昆虫。整体设计蕴含了"清"、"白"、多子多孙的内涵，正是父母对出嫁女儿的期盼。由于它属永和宫中陈设，一般推测当是该宫主人瑾妃的嫁妆。这件作品与肉形石，都是人气很旺的文物。

北京故宫藏有玉器28461件（不包括许多因附于其他器物而作为附件收藏的玉器），是世界上收藏中国古代玉器最精美、最全面的博物馆，包括了中国各主要朝代玉器中的精品。这些玉器来源于清宫遗存及建院后的征集，其中清宫遗存数量最大，占到80%。因此，清代宫廷玉器除台北故宫博物院有一定数量收藏，以及有少量流出宫外，绝大多数宫廷玉器都收藏于北京故宫，论数量之多、种类之全、制作之精、品质之优，在国内外博物馆当为首位。

中国古代玉器发展大致划分为史前时期、商周、春秋至南北朝、唐至明、清等几个阶段，北京故宫收藏有各阶段的作品数量大，品种多，且精品亦多。

目前发现的史前时期玉器，以东北、华东、华南、江汉地区、西部地区的玉器最为著名，北京故宫藏有上述各地区玉器的重要作品。红山文化玉器有宫廷遗藏的玉兽头玦、玉鹰，表明红山文化玉器在清代已被发现、收藏。良渚文化玉器有大小玉琮数十件，还有玉璜、锥形器、兽面嵌饰、珠管等，多数都是宫廷收藏，一些作品带有乾隆题诗。收藏的鹰攫人首佩、飞女佩、兽面纹圭，与台北故宫博物院收藏的人面圭、鹰纹圭都是学术界研究关注的重要玉器。北京故宫还藏有一批西部地区史前时期，包括齐家文化玉器在内的玉琮、圭、刀、璧、璜，应是收藏这类作品最多的博物馆。

1987年安徽省含山县发现的凌家滩遗址是一处新石器时代遗址。其所反映的文化内涵晚于同一地域的河姆渡文化而早于良渚文化。凌家滩遗址出土了197件陶、玉、石器，北京故宫收藏了104件玉、石器，其中玉龟壳为龟背甲、龟腹甲组合，其间夹有饰纹玉板，玉板为长方形，一面刻有图案，图案为圆环，向四面放射箭头，表示的含义非常重要。还有玉匙、玉整体直立人、环套合璧、多孔玉璧、双虎首玉璜等，玉匙与现代汤匙相似，加工精致，均为极其珍贵的文物，引起考古界的高度重视。

北京故宫藏有商代玉器近1000件，多为20世纪五六十年代入藏，主要是殷墟玉器发现后的流散文物，玉戈、动物形佩、柄形器、斧钺，种类样式繁多，包括了这一时期玉器的主要门类。所藏片状玉人，是已知商代玉人中仅有的数件作品之一。中心带有通孔的玉牛、玉龙，属立体造型玉器，这类作品在商代玉器中也是非常少见的。玉刻铭鸟形佩，为传世刻铭精品之一，极为珍贵。其铭"䇂厃"二字，可能是器物主人的名和官职。商代玉器中，此为首次见有刻文字者，所见字体与甲骨文、金文同。

春秋战国玉器把玉器的制造使用及人们的追求推向新的高度，以玉料优良、制造精致著称。北京故宫收藏的这一时期玉器中，有一级文物近200件，这在单一年代玉器收藏中是非常罕见的，其中尤以安徽长丰杨公乡战国墓出土玉器为代表的考古发掘品及清宫旧藏古玉是春秋战国玉器的代表作品。所藏战国玉灯，用上等白玉制成，灯盘饰云纹，灯柱有粗细变化，上端为玉兰花蕾，底足饰柿蒂纹，精致至极，为存世孤品。宽14.2厘米、直径11.5厘米的玉螭凤云纹璧，新疆和田白玉制，璧两面各饰勾云纹六周，勾云略凸起，其上再着阴线成形，璧孔内雕一螭龙，螭龙为兽身、独角，身侧似有翼，尾长且饰绳纹。璧两侧各饰一凤，小头而长身，头顶长翎卷出旋孔，长尾下垂，玉璧之间有镂孔。这件玉璧是目前已知战国玉璧中最为精致的作品。

北京故宫收藏汉代玉器的数量很大，且多有精品。汉代玉酒樽为清宫所存，玉色鲜活，通体文饰，毫无伤残，目前这类作品传世仅少数几件，此即其一。汉魏动物形玉雕，在造型艺术上有巨大成就，作品雄壮、威武，是历代玉器收藏者追逐的对象，但已知存世作品不过30件，北京故宫藏有汉代玉马、玉羊、玉鸠及4件以上玉辟邪，多为清宫遗物。

唐代玉器的主要品种，北京故宫都有收藏。在已发现的唐代玉器中，玉杯的存世量极少，非常珍贵，故宫收藏的唐代白玉人物纹舟形杯，形象生动。收藏的青玉单柄瓜棱杯，造型、花纹、工艺都具唐代玉器特点。收藏的唐代佩玉，以玉梳、玉飞天最为有名。唐代人重视梳具，玉梳便是其中珍品，其薄如纸，极易损坏，传世较难，北京故宫所藏的作品为目前仅见。

宋以后，玉器大规模流行，随葬玉器相对减少，目前考古发掘的宋、辽、金、元玉器数量不大，多数作品流传于世。北京故宫收藏的这一时期玉器，是明清两代皇家数百年的搜集，数量巨大，作品有器皿中的各类杯、盏、托、盘，仿古铜玉器，玉礼器，玉挂坠，玉嵌饰。除玉器库房所藏外，器皿组柄、器物装饰、匣盖、如意、家具镶嵌等大量使用玉器，花样层出不穷。收藏的双鹤衔草玉饰件，是北宋末年玉雕最为精美的作品。收藏的宋代玉云纹兽吞耳簋式炉，样式仿古，花纹时样，内底有乾隆刻诗，极为珍贵，北京故宫是这一时期玉器的最大宝库。

北京故宫所藏明代玉器近5000件，多属清宫所存明代宫廷遗物，应是现存明代玉器最重要的组成部分。主体作品为礼器、日用品、陈设品、仿古玉器。陆子刚是明晚期的治玉名家，形成字号品牌，明、清、民国甚至当代都制造了很多"子刚"款玉器，但子刚真品极难寻觅。北京故宫藏有较多数量的明代及清代所制的"子刚"款玉器。

北京故宫是清代宫廷玉器的主要收藏地，所收藏的宫廷玉器品类齐全，并包括了各品类中的精品，爱好者、研究者要想了解清代宫廷玉器的有关情况，必须了解北京故宫藏玉。

北京故宫所藏清宫玉器主要品种如下[①]：

（1）典章用玉。有玺、册、编磬、特磬、圭、璧、爵、太平有象、香亭、大型用端、嵌玉宝座和屏风。

（2）宗教祭祀用玉。有佛像、观音、罗汉、弥勒、佛钵、铃、杵、五供、七珍和八宝等。

（3）陈设用玉。有大型玉山、大型玉瓮、插屏、山子、大型彝尊、玉瓶、花插、奁盒、瓶盒炉、花薰、辟邪、鼎、炉、如意、悬钟、悬磬、人物雕像和动物雕像。

（4）文具。有笔、砚、墨床、笔架、笔山、笔筒、水丞、砚滴、臂搁、镇尺、印盒、笔洗、书镇、象棋、围棋和押手等。

（5）生活用具。有执壶、杯、盘、碗、托杯、角杯、觥、椎胸、痒挠、杵臼、箸、香插和烟烛台。

（6）佩饰。有仿古鸡心佩、宜子孙佩、夔龙佩、龙凤佩、蚩尤环、鹿卢环、成组挂佩、十二辰佩坠、月令牌组佩、夔龙顶方牌子、斋戒牌、扳指、玉锁、翎管、花囊、香囊、杂佩、发簪、扁方、手镯、带饰、人兽小坠和其他造型独特的佩件。

（7）仿古玉。有方觚、簋、簠、鼎、甗、豆、钫、壶、碧玉大斧、仿新石器时代圭、瑁、仿古玉人、仿虑傂玉尺、仿宋明玉杯、仿古佩玉和仿古玉兽。

（8）仿痕都斯坦玉器皿、刀靶、镜靶。

北京故宫所藏清宫玉器还有以下特点：

（1）北京故宫藏有清代历朝玉器，雍正以后各时期的制造年款玉器。

---

① 张广文主编：《故宫博物院藏文物珍品全集·玉器（下）》，"导言"，香港商务印书馆，1995 年，第 25—26 页。

（2）北京故宫藏有系统的清代玉册及宝玺。清代帝后玺印除个别流失，整体上仍藏于北京故宫。北京故宫藏有玉册数百函，是现存清宫玉册的主体。

（3）清代宫廷的大型用玉，主要藏于北京故宫。有大玉山、玉组磬、大玉瓮、大玉瓶、玉屏风等。有些大型玉器是世所罕见的。大禹治水玉山，立体圆雕，依玉料之形琢制成气势雄伟高大的玉山。据清宫档案记载，此山玉料原重10700斤，是于冬季在道路上泼水结冰，用数百匹马拉、近千人推，经3年时间才从新疆密勒塔山运到北京。画匠设计了正面、两侧三张画样，先做蜡形，因怕熔火又改做木样，一并经水路运往扬州琢制。成器后，又经水路运回紫禁城。造办处玉匠朱永泰等镌字后，置于乐寿堂，前后共用10年时间。这是迄今世界上最大的玉雕艺术品，它凝聚了数千人的血汗和智慧，是一件不朽的杰作。还有南山积翠玉山，也是制成后即安放于外东路乐寿堂内，至今未移动过；另外还有会昌九老、秋山行旅两件玉山，重量亦为数千斤。以上4件大玉山，皆为乾隆时期制造。

北京故宫藏有多组宫廷使用的玉编磬、玉特磬。编磬一组16面，是演奏清宫雅乐的重要乐器；特磬一组12面，按月使用，每月用一面。清代宫廷的玉磬较明代以前的作品体积大，音量充沛。这些特磬和编磬，所用玉料较好，而且较大，不能有柳裂，否则会影响磬的音色。宫廷需要玉磬多，清廷便派专员赴新疆采办。乾隆四十一年（1776年）"太监胡世杰传旨：问邹景德……挑得玉磬料有了无有。钦此。随据邹景德说银库内之玉，足做编磬者有，但颜色玉情不或一，又兼具有柳道石性，俱使不得等语。回奏。奉旨：着传与额附福，将从前跟德魁去过之人派往叶尔羌办玉磬料。钦此"①。由此可见制造的不易。清宫档案多有制造大玉瓮的记载，少量散失，北京故宫尚藏有多个玉瓮，最大者为乐寿堂所摆放云龙瓮。

---

① 引自清宫造办处《各作成做活计清档》。

（4）清代宫廷器皿是宫廷玉器的精品，不少博物馆也有收藏，但北京故宫则不仅精品更多，且种类很广，样式齐全。例如白玉桐阴仕女图就是一件难得的珍品，是用一块玉子，就其天然形体琢成的。底有乾隆御制诗一首并序。序中叙述，这是一块做玉碗取坯后剩下的废材，取其玉质温润，在造办处当差的苏州玉匠利用废材，精心设计制造的一个玉山子。在中间琢成一个洞门，四扇屏门，中间半掩，门外一人拈花，门内一人捧盒，内外相望。用玉子表面赭色的皮部做桐、蕉、山石，用洁白部分做石桌、石凳，是一件巧作的精品①。

台北故宫博物院出版《故宫古玉图录》（1982年）、《新石器时代玉器图录》（1992年）、《故宫环形玉器特展图录》（1995年）、《群玉别藏》（1995年）。

北京故宫出版了《故宫藏玉》（紫禁城出版社，1996年）、《故宫博物院藏文物珍品全集·玉器（上中下）》（上、中，周南泉主编；下，张广文主编，香港商务印书馆，1995年）。

六　铭刻类文物

铭刻类文物包括刻石、画像石与画像砖、墓志、甲骨、玺印封泥等5个方面，台北故宫博物院除过玺印有一定收藏外，其余数种应为北京故宫的特有收藏。

（一）刻石

刻石类文物最重要的是石鼓。石鼓是人所共知的国宝。乾隆皇帝钦定的《日下旧闻考》共160卷，其中有关石鼓的考证附录就占了3卷。石鼓为10块圆柱形巨石，形状若鼓，故名。每石各刻诗一首，诗

---

① 参阅朱家溍主编：《国宝一百件》，生活·读书·新知三联书店，2006年，第218页。

的内容记叙贵族游猎，所以也称"猎碣"。对其制作年代历来说法不一，近代马衡、郭沫若认为是战国时秦国物。石鼓铭文布局讲究，书体圆融浑劲，整肃端庄，不仅有着史料价值，在书法史上尤占有极为重要地位。它的发现与保存历经曲折。唐代发现于今陕西凤翔，其名初不甚著，自韦应物、韩愈作《石鼓歌》以称颂，尔后大显于世。经五代战乱，10面石鼓失散，到宋皇祐四年（1052年）才又收齐，后移到当时京都开封，金人破宋，辇归燕京（今北京），元代移到文庙戟门内，明清两朝相继把石鼓陈列于国子监、文庙大成门内。抗日战争中，这些石鼓也随故宫文物南迁，颠沛流离。现北京故宫专设"石鼓馆"对外陈列展出。

除石鼓外，北京故宫所藏其他刻石类文物553件套，包括我国历史上各时期的碑刻、石经（幢）、塔铭、造像（座）、黄肠石、石棺、井栏、墓镇等石刻题记。有重要价值的刻石不少，其中有些被列为国家一级文物，例如：

清末陕西西安出土的东汉《朝侯小子碑》隶书体碑文，为存世汉碑中的精品。

1934年出土于山东省东阿县西南铁头山的东汉芗他君石柱，立于东汉桓帝永兴二年（154年），刻石文字书法自然，体现了东汉隶书的一种风貌。汉代题刻石柱存世较少，如此件刻石文字内容丰富、画像雕刻精美者，尤为少见。

清道光间被发现的东汉隶书体碑刻《汉池阳令张君碑》，存字宛如新刻，书文刻字极有劲力，是汉碑代表作之一。碑文所载主人为《后汉书·孝桓帝纪》载汉廷诛大将军梁冀后，以功封七亭侯之一的张敬。

道光二十三年（1843年）出土于陕西西安南门外的三国时期魏国的《曹真碑》（当时已残断，只剩下此段中部），碑文内容极为重要，是存世汉碑中的精品，百余年来有10余家考证。

三国时期魏国的遗刻《三体石经》残石，古篆、小篆与隶书三种书体刻同文。三体石经史籍中原称"三字石经",后称"魏石经"或"正始三体石经",是以《尚书》《春秋》《左传》为内容的石刻。北京故宫所藏《三体石经》残部,铭文为《尚书·周书·君奭》内容。三体石经遗存的文字书体,至今仍是研究文字与书法的珍贵实物资料。

旧传河南洛阳出土的西晋时期碑刻《当利里社碑》,则是研究当时里社组织及铭刻的重要碑刻实物。

(二)画像石与画像砖

北京故宫所藏画像石与画像砖共335件。

画像石是一种雕刻有图像的石质建筑材料,这种石材通常用来砌筑墓室,有画像的石材多集中在墓门、横梁等处。画像石雕刻分阴线刻、浮雕、透雕三种。画像石依照出土地点与雕刻风格的不同而划分为山东地区、徐州地区、南阳地区、四川—重庆地区、陕北与晋西南地区五大区域。画像砖与画像石一样,也是墓室建筑的一部分,它以陶土为原料,在制好的模型上压印出图像与图案。河南、四川、重庆等地出土数量最多。

北京故宫所藏画像石、画像砖,涵盖了上述各主要出土地点,特别是陕北与晋西南出土者不仅数量较多,内涵也相当丰富,郭季妃墓与郭仲理墓等,都有明确的墓主人记载。山东出土的二桃杀三士画像石与周公辅成王画像石,历史故事引人入胜,并带有浓郁的地区特色。隋唐时期的人物与动物砖雕,出自湖北武汉等地的科学考古发掘,是当时丧葬习俗的真实反映。宋代的二十四孝砖雕,更重视孝道在意识形态与社会生活中所起的作用。

(三)墓志

墓志类文物为历代墓志铭,包括石刻墓志与高昌砖志两部分。北京故宫所藏此类文物390件(套),其中石刻墓志265件(套),高昌砖志125件(套)。

　　石刻墓志包括西晋、隋、唐、宋、元、明清之物，是研究当时职官、地理、历史事件最直接的材料，为文献研究的重要补充与第一手资料。其中1919年河南洛阳城北马坡村出土的西晋永嘉二年（308年）《晋尚书征虏将军幽州刺史城阳简侯石尠墓志》与《处士石定墓志》同刊同出，殊属难得，为国家一级文物。1919年河南洛阳城北出土的《魏征东大将军大宗正卿洛州刺史乐安王元绪墓志铭》，刊刻内容追叙元绪先人的踪迹及其本人的德行与宦绩，极具史料价值；《魏故卫尉少卿谥镇远将军梁州刺史元演墓志铭》刊载了北魏道武帝拓跋珪的后裔，文成帝拓跋濬之孙，太保冀州刺史齐郡谥顺王拓跋简长子元演的简评，书法价值极高，内容亦为史籍之重要补充。还有北魏孝昌二年（526年）《魏武卫将军征虏将军怀荒镇大将恒州大中正于景墓志铭》等。这些志石皆为北魏皇族显贵墓志中的精品，行文法度及刊刻精良，后世志石罕有其匹。

　　高昌砖志为高昌国至唐、五代时期高昌地区特有砖质墓志。高昌最初为古城名，460年阚伯周始建立高昌国，高昌国历史中统治时期最长的是麹氏家族，自499年麹嘉为王，传9世10王141年，460年为唐朝所灭。20世纪30年代初由黄文弼先生主持，在新疆吐鲁番雅尔湖进行考古发掘，出土了一批高昌文物，其中有一类旧称高昌砖，实际就是陶质的墓志铭，内容时间跨度在6世纪前叶至8世纪初。高昌墓志铭内容简约，多以墨迹朱迹直接书写铭文，也有刻字或刻字后填色。由于该地区特殊的地理条件和气候原因，书文至今仍清晰可辨。高昌墓志不仅是墓志研究的重要内容，同时也是珍贵的书法遗存。

（四）甲骨

　　北京故宫所藏甲骨为殷商占卜记事的有字甲骨，皆是19世纪末以来出自殷墟，即今河南省安阳市西北五里的小屯村。殷墟为殷商时代（前14—前11世纪，从盘庚迁殷至纣灭，共273年，历8世12王）的王都遗址。现在流传于世的殷墟刻辞甲骨，总计100000余片。故宫所藏约4000片，来自加拿大人明义士和马衡、罗振玉、于省吾等的收藏，其中一部分分别著录于《殷虚书契续编》《卜辞通纂》《殷契佚存》《殷契拾掇》《殷契拾掇二编》《甲骨文合集》等书。

北京故宫所藏甲骨，许多铭文内容十分重要。从殷商世系讲，包括了武丁、武乙、文丁、帝乙、帝辛各期；从占卜内容讲，保留了殷王社会活动和日常生活的诸多方面的史实。历史学、经济学、天文学、气象学、历史地理学、语言文字学、古医学、战史学等多种学科都能从中找到宝贵的原始资料。例如：殷王武丁贞卜妇㛋患疾刻辞龟甲，器型、内容皆很完整；而武丁占问攻战刻辞卜骨，反映了准备5000人征战的大规模用兵；殷王武乙、文丁、帝乙连贯世系的占问祭祀先公先王卜骨，反映了重要的世系内容；殷王帝辛（即纣王）刻辞卜骨，则反映了殷商末期刻辞的形式与最后存在的商代占卜行为。

（五）玺印封泥

北京故宫收藏古代玺印数量众多，品类亦较全，官印和私印两大门类均成系列。古玺印发展史上所呈现的战国、秦汉南北朝、隋唐以后三个阶段，北京故宫都有代表作品收藏。尤其是明清两代皇室御用玺印、闲章与文人篆刻流派私印，是占有优势、独具特色的藏品门类，许多作品至今尚未公之于世。

除过明清帝后玺印，北京故宫所藏玺印与封泥文物总计21436件套。其中玺印类文物为自战国至民国各个时代的多种质地与形制的官、私玺印；封泥类文物为两汉时期封缄物，泥质戳记。

北京故宫收藏的玺印，从战国迄于近现代，各个历史时期的印章十分全面，品类之多，内容之富，收藏之全，举世瞩目。能有如此规模，一是清宫旧藏，目前除千余件庋藏台北故宫博物院外，其余仍基本完整地保存于北京故宫；另一个重要原因，则是从社会的征集以及收藏家的热情捐献，数十年来，捐献者凡22人。例如，著名收藏家陈汉第先生，旧藏古印上起战国，下至宋元，尤以两汉和魏晋南北朝官私印章为主流，曾收录于《伏庐藏印》《伏庐藏印续集》。1945年，其藏印500方进入故宫博物院收藏，是故宫接受捐献时间最早、数量最大的一批古代印章。后经鉴定，属于国家珍贵文物的就有11方之多。其中如秦官印"右公田印"，魏晋政权颁予少数民族的"魏率善氐佰长""晋率善羌仟长"驼纽铜印，北朝龟纽铜鎏金"城纪子章""安北将军章"等，都是在多方面具有重要意义的官印遗珍。陈介祺先生是晚清文物收藏大家，其金石文物收藏被海内推为第一，其战国、秦汉玺印，规模空前绝后，自称藏室为"万印楼"，有著名的古印玺巨著《十钟山房印举》传世。陈氏藏印后多转入北京故宫博物院，总计达数千方之巨。1956年，陈介祺五世孙陈元章先生又将陈介祺自用印70方全部捐献。王承诗女士1991年向北京故宫捐献历代印章文物125方，可列入魏晋南北朝官印系列的有"魏率善羌佰长""魏乌丸率善佰长""晋匈奴率善佰长""晋率善胡邑长"驼纽铜印，晋"振武将军章""骑督之印"龟纽铜鎏金印，南北朝"将兵都尉""奉车都尉"龟纽铜印。可列入汉晋私印系列，且印文、铸造皆精者，则有汉代单面印、双面印、套印，魏晋辟邪纽套印、六面印；又有形式多样的元押等。内容之丰富，令人叹为观止。

北京故宫的历代玺印，还包括吴式芬的"双虞壶斋"藏印、陈宝琛的"徵秋馆"藏印，以及徐茂斋、黄浚等人的收藏，还有经国家文物局收购名家藏印入藏故宫者不下数千件之多。遂使北京故宫成为全国古印的渊薮，包括战国时期齐、楚、燕、韩、赵、魏、秦各个国别的官私玺印；秦统一后的官私玺印；西汉、新莽、东汉、魏晋南北朝时期的官私玺印，包括从朝官、地方州县、封爵、将军、武职、特设官职、颁行的少数民族官印；唐、宋、五代官印，辽、金政权官印；元朝官印、私押；明清两代官印（不包括明清帝后玺印）；清代以至民国时期的篆刻流派印与石章；等等。所藏印章的系统性、完整性，为其他博物馆所不及。数十年来，凡有关古玺印研究、介绍与重要出版，皆不能离开北京故宫的收藏。

　　北京故宫的玺印，文物出版社曾出版《故宫博物院藏古玺印选》
（罗福颐主编，1982年），紫禁城出版社出版《凡将斋印存》（马
衡印谱，1990年）、《故宫藏明清流派印选》（2005年）、《金石
千秋——故宫博物院藏二十二家捐献印章》（2007年）、《古玺印考
略》（罗福颐，2008年），香港商务印书馆出版《故宫博物院藏文物
珍品大系·玺印》（郑珉中主编，2008年）。

　　台北故宫博物院所藏历代官私铜印1600多件，主要是《金薤留
珍》所收的一批古铜印。清宫藏古铜印一匣，内贮古印1290余方，
乾隆时将之排比分类，并钤拓成谱，名为《金薤留珍》。1926年，故
宫博物院曾钤拓此印谱24部，限量发行。另有捐赠与寄存的近现代篆
刻作品、竹木牙石角章610多方，以及原中央博物院早期购藏的两方
中国最早的商代铜玺。1998年，台北故宫博物院出版《故宫历代铜印
特展图录》。2007年，台北故宫博物院举办"印象深刻——院藏玺印
展"，亦出版了图录。

　　封泥也称"泥封"。中国古代公私简牍大都写在竹简、木札上，
封发时用绳捆缚，在绳端或交叉处加以检木，封以黏土，上盖印章，作
为信验，以防私拆。封发物件，也常用此法。这种钤有印章的土块称为
"封泥"。主要流行于秦、汉。魏晋以后，纸张盛行，封泥之制渐废。

　　北京故宫藏封泥类文物345件，其中300件属官印，其余属私印。
时代为两汉、魏晋、南北朝时期。在玺印学分期断代方面，这正是一
个相对独立的时期。北京故宫藏封泥类文物，涉及这一时期的王国、
侯国等封爵内容，中央多个机构职官，地方行政州、郡、县、乡职
官，将军名号与武职属官，国家特设官与颁赐少数民族职官，姓名私
印和宗教印，等等。其中尤以较多的地方行政职官内容为特点，地望
涉及国家的广大政区，以较大的郡域划分，就有会稽、丹杨、九江、
豫章、庐江、南郡、汝南、河内、南阳、济南、即墨、东郡、琅邪、
上谷、常山、上党、五原、渔阳、辽东、巴郡、蜀郡、广汉、汉中、
天水、安定、武都、西河、酒泉等等。我国汉代官印收藏，郡太守和

州刺史的实物印章传世并不多，故宫收藏的这批郡太守封泥有30余方，是当时郡太守官印的真实遗存，品相比较完好。我国早期玺印以其多个方面作为文物而存在，尤以实物文献、文字体现其珍贵内容，而当实物在历史上遗失后，封泥就成为极重要的遗蜕实物。北京故宫所藏封泥的原印，多已不存于世，因而这批封泥就相当珍贵。

北京故宫藏封泥的来源，一是国家拨交，二是本院陆续收购，三是个人捐献。1898年吴式芬、陈介祺的《封泥考略》（1904年出版）、1931年吴熊辑《封泥汇编》、1934年北京大学研究院文史部辑《封泥存真》中提及的封泥，其中有相当多现藏北京故宫。

七 其他工艺类文物

所谓其他工艺类文物，是指古书画、碑帖、陶瓷器、青铜器、玉器之外，诸如漆器、珐琅、玻璃、竹木牙角雕刻，以及笔墨纸砚等文物。北京故宫也称这些文物为"杂项"，台北故宫博物院现把"杂项"称为"珍玩"。台北故宫博物院收藏的这类文物25000余件（其中少部分列入"宫廷类文物"及"宗教文物"介绍）。

北京故宫收藏其他工艺类文物（包括陶俑）约13万件。可细分为16种，其中漆器、珐琅器、古代文具、竹木牙角雕刻、如意、成扇、鼻烟壶等7种，北京故宫与台北故宫博物院多有相似之处，但北京故宫所收藏的各个类别的数量以及精品则更多一些。另外石器、陶俑、玻璃器、金器、银器、铜器、锡器、盆景、匏器等9种，则为北京故宫富有特色的收藏，台北故宫博物院即或有个别种类的藏品，但也为数极少。

（一）漆器

漆器是中华民族的发明创造之一，早在7000年前的浙江余姚河姆渡文化时期中国先民就发明并开始使用漆器。在漫长的历史长河中，漆器一直在发展壮大，到明代隆庆年间已有14个大类101个品种，形成千文万华的局面。两岸故宫收藏的漆器均以明清皇宫旧藏为主。

台北故宫博物院所藏漆器共706件，以雕漆为最多，400余件，多为明清两代官方所造。其中明永乐红雕漆四季花卉纹瓶、明宣德红雕漆双凤牡丹八瓣盘、明宣德双狮戏球盒、明隆庆雕漆云龙圆盘等均是具有代表性的作品，也是北京故宫藏品中之空缺。

北京故宫所藏漆器17707件，其中清宫遗存16000余件，其余为建院后的征集。年代上起战国，下至近代。此外还有一些漆器的家具、生活用器、包装箱盒等，根据性质或功用分别保管，没有归列其中。

北京故宫所藏战国、汉代漆器60余件，其中多为20世纪50年代购入。近年从湖北交换而来的16件漆器，由于是考古发掘品，又经专业脱水，因此工艺和学术价值都比较高。

北京故宫是元、明、清三代漆器荟萃之地。明、清两代的漆器以官造为主，民间作品兼而有之。元代及明清官造器物中经典作品较多，一级品多出自其中。

元代漆器共有17件，为雕漆和螺钿漆器工艺，造型以盘、盒为主，还有渣斗、盏托等。其中具有张成款的剔红栀子花圆盘、不具张成款但为张成造的剔犀云纹圆盘、杨茂款的剔红花卉纹尊和剔红观瀑图八方盘，都异常精美，是国家一级文物。张成、杨茂均为元代浙江嘉兴漆艺巨匠，技艺娴熟，工艺精湛，其传世作品凤毛麟角。张敏德款的剔红赏花图圆盒是当今仅存的一件，十分珍贵。剔红水仙花圆盘、嵌螺钿花鸟纹舟式盘等，虽不具款识，但元代特点突出，是学术界研究和关注的重点。

雕漆是明代官造漆器中数量最庞大的品种，最能代表明代漆工艺的卓越成就，此外还有戗金漆、描金漆、填彩漆、螺钿漆等品种。明早期是雕漆工艺发展的鼎盛时期，所取得的成就至今莫能超越。北京故宫藏有明早期作品近百件，是珍贵而重要的传世佳作。其风格古朴浑厚，疏朗大方。特点是漆质精良、色彩柔美、雕刻圆熟、磨工精细。代表作品有永乐剔红孔雀牡丹大圆盘、永乐葡萄纹椭圆盘、永乐剔红携亲访友图圆盒、宣德剔红云龙纹圆盒、宣德剔彩林檎双鹂大捧盒等等。台北故宫博物院收藏的永乐款剔红花卉纹小瓶是永乐时期制作的较少的立体器物。

北京故宫藏明晚期官造作品300件左右。明晚期的特点与早期大不相同，在装饰上崇尚工致华丽、繁缛细巧的风格，并多以吉祥图案和龙凤做装饰，突出反映帝王的审美情趣与思想理念。代表作品有嘉靖剔红松寿云龙纹小箱、嘉靖剔红岁寒三友图圆盒盘、嘉靖剔彩寿春图圆盒、万历剔彩双龙纹长方盒、万历剔红云龙纹圆盒等。

北京故宫藏清代官造漆器逾10000件，不仅数量大，而且品种齐全。主要类别有雕漆、戗金漆、描金漆、彩绘、镶嵌、单色漆、款彩、犀皮漆等，在类别之下又有若干品种，表现了清代漆工艺的异彩纷呈。雕漆工艺仍属重要类别，特点是漆色鲜艳，雕刻精细至极。代表作品有乾隆剔红海兽纹圆盒，上面波浪式的海水纹由细若发丝的线条组成，技艺精妙。乾隆剔彩百子晬盘，盘内雕百子嬉戏，生动活泼，繁而不乱，为工艺精品。档案记载共做两件，如今全珍藏在北京故宫。戗金漆亦为重要类别之一，特点是色彩丰富，金水丰足，具有浓重的宫廷色彩和皇家气息，代表作品有康熙戗金彩漆云龙纹葵瓣式盘，上面龙纹标准，是康熙漆器中的重要作品，还有乾隆的戗金彩漆八仙长盒、寿春图束腰盘等。描金漆也是重要类别，制作量相当大，并以红漆描金和黑漆描金两个品种为主。代表作品有雍正的红地描彩漆云龙纹双圆式盘、黑漆描金袱系纹盒，乾隆的黑漆描金方胜式盘、黑漆描金团龙纹圆盒、红漆描金龙凤纹手炉等。在每一个品种里都有精品。

北京故宫曾编印《故宫博物院藏雕漆》（李久芳主编，文物出版社，1985年）、《故宫博物院藏文物珍品大系·元明漆器》（夏更起主编，香港商务印书馆，2006年）、《故宫博物院藏文物珍品大系·清代漆器》（李久芳主编，香港商务印书馆，2006年）。

台北故宫博物院出版的漆器类图册有《故宫雕漆器选萃》（1971年）、《故宫漆器特展图录》（1981年）、《清宫莳绘：院藏日本漆器特展》（2002年）。

（二）珐琅器

珐琅器是中西文化交流的产物，它虽出现的年代较晚，却一直属于宫廷御用品，民间很少流传。

台北故宫博物院藏珐琅器共2508件，除瓷胎、玻璃胎画珐琅外，金属胎者900余件。两岸故宫的珐琅文物基本相同，只是器型和纹饰略有变化。与北京故宫藏品相比，台北故宫博物院藏品有三个特点：

第一，元明珐琅器数量较少，但被台北故宫博物院认定的明景泰掐丝珐琅盒具有重要的研究价值；

第二，康熙、雍正时期画珐琅器的数量、质量均超过北京故宫；

第三，部分藏品具有重要的研究价值，也是北京故宫藏品之空缺，如康熙款掐丝珐琅冰梅纹五供、雍正款金胎掐丝珐琅豆、乾隆款掐丝珐琅嵌画珐琅多穆壶、乾隆款掐丝珐琅嵌画珐琅仕女图鼻烟壶。

北京故宫珐琅库房所藏金属胎珐琅器6155件（不包括瓷胎、玻璃胎、宜兴胎），其中清宫遗存5700余件，建院后的征集400余件。年代上起元代，下至民国，跨越600余年，几乎贯穿了珐琅工艺在我国的整个发展历程。此外还有佛塔、供器、屏风等，仍保持在历史上的原有方位，作为宫廷原状陈列品进行保管，没有划归到珐琅库房。北京故宫珐琅器总体数量之大、品种之多绝无仅有，而每个时期、每个品种又都有着丰富的精品藏量。

珐琅工艺以掐丝珐琅器和画珐琅器为主要品种，还兼有少量的錾胎珐琅、锤胎珐琅和透明珐琅器等。北京故宫有掐丝珐琅器3000余件，画珐琅器近2000件。其中以官造为主，还兼有一定数量的地方贡品和民间作品。

　　元代掐丝珐琅器的特点是掐丝活泼，釉料莹润，色泽亮丽，其中葡萄紫、墨绿色的釉料似宝石般呈半透明状。装饰花纹几乎都是缠枝莲花，舒展而饱满。造型主要是尊、瓶、炉等。最具代表性的作品有兽耳三环尊、象耳炉、三足炉等。它们工艺精湛，为稀世之珍，也是研究的重点。北京故宫可以说是元代作品的集中收藏地。

　　明代珐琅一般分为早、晚两个重要阶段，风格与特点有所不同。早期胎体厚重，釉色稳重，仍以缠枝花卉为主要装饰花纹。以宣德朝作品为代表，如七狮戏球图长方盘、缠枝莲纹尊。晚期釉色鲜艳，善用折枝小花朵做装饰，出现龙凤、海马、流云、八宝以及寓意吉祥长寿的图案，用掐丝填彩釉的方法做款识。以万历朝作品为代表，如双龙戏珠纹花口盘、万寿如意纹三足炉。这些都是标准器物，是断代的依据，十分重要。

　　清代是掐丝珐琅工艺蓬勃发展的时期，尤以乾隆朝为最，不仅数量庞大，且精品、极品超过任何朝代。北京故宫所藏精品以陈设观赏器为主，造型多仿自商周鼎彝，使具有宝石镶嵌效果的掐丝珐琅器古意盎然。典型的作品有乾隆朝的锦纹扁壶、兽面纹甗、勾云纹牺尊等。最著名的是宝相花纹金佛喇嘛塔。塔通高231厘米，覆钵式，塔身在黄色珐琅地上，饰彩釉的宝相花纹和梵文。塔前设一佛龛，内置金佛。塔刹十三级，顶设华盖、天地盘，上托日、月、宝珠。须弥座上饰狮子流云和十字金刚杵纹。座上横眉做长方框，内蓝地阳文"大清乾隆甲午年造"楷书款。该塔造于乾隆甲午年，即1774年，一批共造6座，尺寸相当，唯塔型、釉色、花纹各有不同，富于变化。完工后陈设于宫中供佛之所梵华楼内，气势宏伟壮观，至今保存完好。8年后，于乾隆壬寅年，即1782年，按六塔规格样式，再次烧造6座，陈设另一处佛堂宝相楼内，也同样保存完好。两批珐琅塔的烧造，充分显示了乾隆时期掐丝珐琅工艺所具有的高超技艺与辉煌成就。

　　画珐琅是在清代创制并得以蓬勃发展的新型工艺品种，康、雍、乾三朝官造器物不仅精致优美，且各具特色。康熙朝釉料细润，画工细腻，装饰花纹多以写实或夸张的手法表现，代表作有康熙桃蝠纹小瓶、莲花式碗、团花纹花口盘。雍正朝善于加用黑色的珐琅釉料做装饰，凝重之气油然而生，呈现出与众不同的时代风格，代表作有雍正花蝶纹冠架、八宝纹筒式炉、莲花纹法轮。乾隆朝釉色鲜艳，描绘精致，花纹图案工整对称，装饰性极强。代表作有乾隆菊花纹执壶、母婴图提梁卣、团花纹六方瓶、牡丹花纹花篮等。

北京故宫编印有《故宫博物院藏文物珍品大系·金属胎珐琅器》（李久芳主编，香港商务印书馆，2003年）。

台北故宫博物院出版有《故宫珐琅器选萃》（1974年）、《清宫画珐琅彩特展图录》（1979年）、《清宫珐琅彩瓷选萃》（1992年）、《明清珐琅器展览图录》（1999年）。

（三）古代文具

笔、墨、纸、砚是中国人民创造的传统的书写工具，在长期的发展过程中，形制与功用性能逐步得到完善，成为具有特定属性的工艺产品。

北京故宫收藏的各类古代文具多达8万余件，包括笔、墨、纸、砚、图章料、文杂6类。除一小部分是通过征集和收藏家捐献的方式入藏外，最主要的还是明清宫廷的遗存。

北京故宫收藏的4000余支毛笔，基本是清宫为使用而储备的遗存，少量为清宫收藏的明代作品。分管笔、斗笔两种造型；可辨认的笔毫毛料有羊毫、兔毫、黄鼬尾毫、鬃毫、貂毫、马鹿毫6类，紫毫（野兔毫）、羊毫为其中主要类别。笔头有长锋、笋尖、兰蕊、葫芦、短锥各式。笔管分为工艺材质与天然材料两类。其中，珐琅、漆艺、瓷艺、玳瑁、象牙等占有一定数量。一批描金彩漆管或描金漆管的毛笔，分别带有"大明宣德年制""大明嘉靖年制""大明万历年制"等制作年款，显得更为珍贵。清代毛笔中，康熙青玉雕龙管珐琅斗提笔、乾隆黑漆描金寿字管缠枝莲纹斗提笔、乾隆青花云纹矾红龙纹提笔等，属于工艺材料管毛笔的代表作品，总体上表现为纹饰工整严谨，设色华丽，工艺精湛，具有宫廷器物的普遍特征；竹木毛笔大多在管上题写铭文作为装饰，见于笔管的铭辞近百种，表现了清代宫廷毛笔独特的艺术风格。

墨是中国独有的文房四宝之一，因文化交流的需要应运而生，在其发展中良工辈出，日趋精良。文人、官府除使用外，还参与古墨设计、制造及收藏，因而其既是文化用品，亦是极为珍贵的文物。北京故宫藏墨多达50000余件，年代上起明宣德下至民国，以清代墨品为主，包括宫廷御墨、文人订制墨、墨肆市售墨等类别；还有朱墨、彩墨之分别。汇集了程君房、方于鲁、曹素功、汪节庵、汪近圣、胡开文等明清著名制墨家的作品。现藏明墨700余件，主要是嘉靖、万历及以后的作品，早中期的仅有供宫廷使用的"龙香御墨"。署有制墨家名款，也是明代嘉靖以前所没有的。明代墨多出自名家之手，如"程君房文犀照水墨""方于鲁文采双鸳鸯墨"，均为明墨精品代表，其重要价值更在于，漆衣、髹彩技术体现了万历时期的工艺创新；又如"罗小华一池春绿墨""孙瑞卿神品墨"等一批作品，见载于不同时期编著的古墨图谱中，为流传有绪的明墨精品。清代墨的收藏超过49000件，包括了各种题材及装饰风格，蔚为大观。特别是当代著名四大收藏家（尹润生、叶恭绰、张子高、张绚伯）所有藏墨的入藏，对丰富故宫墨的收藏有极为重要的意义。张子高先生（1886—1976年）专搜"文人自娱"之墨；张绚伯先生（1885—1969年）则专搜"市斋名世"之墨而兼及其他类的精品；尹润生先生（1908—1982年）见闻最广，赏鉴极精，收墨不拘一格，然非至精之品不留；叶恭绰先生（1881—1968年）收藏精品墨甚多，特别是拥有明代制墨家潘方凯、叶向荣、汪鸿渐等的名品。周绍良先生（1917—2005年）的捐献也非常重要，周先生集中搜罗清代具有年款的墨，并用力旁及其他种类，收藏既富，考证甚勤，有所得往往记以短文，《清墨谈丛》就是他这方面的专著。因此，北京故宫不仅有丰富的宫廷御墨，文人订制墨与市售墨（民间文人使用的墨）的收藏同样有着非同寻常的地位。

北京故宫纸绢收藏数量有10000余件，除宋代藏经纸、明代蜡印故事笺、明代竹纸等外，主要为清代制作的宫廷纸绢。有粉笺、蜡笺、粉蜡笺及明花与暗纹之分，分别以人物故事、云龙花鸟、博古图等装饰纹样。清康熙时曹寅恭进各色粉笺、清乾隆仿明仁殿画金如意纹粉蜡笺、清梅花玉版笺、清乾隆淳化轩刻画宣纸等均系经典作品，代表了清代各类艺术加工纸制作的最高水平。例如，仿明仁殿画金如意云纹粉蜡笺，由数层褙厚，两面加蜡，正面泥金绘如意云纹，右下角钤"乾隆年仿明仁殿纸"隶书朱印，背面洒金。此纸加工精良，装潢富丽，造价昂贵。梅花玉版笺是乾隆年间的名纸，纸面饰金银色冰裂纹并绘梅花，钤"梅花玉版笺"隶书朱印，双面加粉蜡，光滑莹澈，冰清玉洁，别有一番超凡脱俗的气息。

此外，北京故宫文保科技部还有清乾隆时高丽纸6755张，明白鹿纸2900张，原为文物修复材料，现已保护起来。白鹿纸产于元代，最早为江西道士写符箓用纸，后因赵魏公用以写字作画，嫌"箓"不雅、不吉，而看到造纸的抄帘上绣有形态各异的鹿图，纸成后隐约可见鹿纹，所以更名为白鹿纸。纸质属特净皮，洁白而莹润如玉，厚重而有韧性，受墨柔和。但制造工艺要求高，明清时作为一种独特的名贵纸品名扬开来，今已湮没无闻。

北京故宫砚的收藏数量约4000件。最为著名的歙、端砚数量较大，还有部分澄泥、洮河、松花江、菊花石、陶瓷、金属砚。其中，驼基石砚属砚中稀见品类，仅故宫存一方；松花江砚因产自清朝发祥地，故在清康熙年间擢为清宫御用砚材。所收藏砚的年代在汉代至民国之间。汉唐之砚，陶质居多，涵括了三足砚、风字砚、箕形砚、圈足辟雍砚等具有典型时代特征的各式造型。例如，汉三足鸠盖石砚、唐十二峰陶砚、唐二十二足辟雍砚、唐端石箕形砚，皆为精品。其中的唐端石箕形砚，不仅有标准的唐代造型，其名贵的端石砚材也为传世唐砚中所罕见。明清砚的砚材名贵、制作精良，代表了当时制砚工艺的最高水平。除有相当数量的御用、御题砚以外，著名琢砚工匠顾二娘的作品、工艺美术家刘源设计制砚、著名文人的题铭砚，北京故宫均有收藏。

北京故宫还有文杂约1300件。"文杂"是指使用笔、墨、纸、砚过程中所需的辅助品，包括笔架、笔筒、纸镇、水盂、印泥盒、臂搁、仿圈、墨盒等，以及套装形式的组合文具。北京故宫现行的藏品管理体系中，绝大多数上述器物根据工艺材质划入了竹木雕刻、漆器珐琅、瓷器、玉器各个门类。

成套文具清代较盛行，具有完整的组合形式，其中不仅有文房实用器，也常储存其他物品，因组合形式、内容、件数的不同，变化多端。如北京故宫的紫檀木旅行文具箱，长74厘米，宽29厘米，高14厘米，打开可成四足小桌，箱内两个多宝槅中，盛放笔、墨、烛台、绘图仪器、双陆棋、鼻烟壶、微型书画手卷等64件，涵纳了珐琅、漆器、玉器各类艺术精品，为清宫遗存的唯一便于旅行携带的文具箱，也充分地表现了成套文具使用功能外的赏玩特性。

北京故宫图章料收藏数量约为1000件，制作年代在六朝至明清之间，以明清时期的作品为主。章料质地有玉石、象牙、瓷、玻璃、铜、砗磲、蜜蜡多种，砗磲、蜜蜡等是章料中稀有之材。石材类中有珍贵的鸡血石、田黄石章料。同时藏有数方清杨玉璇、周尚均款图章，雕刻生动传神，技艺甚为精湛，体现了清代图章雕刻的工艺水平。

台北故宫博物院所藏文具2389件，其中笔、墨为明清两代遗物，珍品如两支明嘉靖彩漆龙管笔、明"程君房书画舫方墨"、明"罗龙文松华圆墨"、乾隆御咏名华诗十色墨、清嘉庆御题万春集庆五色墨等。有砚400余方，其中95方为《西清砚谱》收录（《西清砚谱》共收录古砚240方），著名的有宋米芾"蠹虫瓜瓞"砚以及清宫制作的松花砚等。这些入藏的名砚，多数装盛于雕饰文雅的盒匣内，盒面通常刊刻御制题铭诗句或廷臣应制唱和的诗文，再附识以黄笺条说，显示着清廷重视古砚如金石宝器的态度。另有笔洗、笔格、书镇、砚滴、印盒及乾隆掐丝珐琅成套文具等。纸、图章料均似阙如。

北京故宫编印有《故宫博物院藏文物珍品大系·文房四宝·纸砚》（张淑芬主编，香港商务印书馆，2005年）、《故宫博物院藏文物珍品大系·文房四宝·笔墨》（张淑芬、杨玲主编，香港商务印书馆，2005年）。另有《叶恭绰 张䌹伯 张子高 尹润生·四家藏墨图录》（上海书店出版社，2006年）、周绍良《清墨谈丛》（紫禁城出版社，2000年）、《尹润生墨苑鉴藏录》（紫禁城出版社，2008年）。

台北故宫博物院出版的文具类目录及图册有《故宫文具选萃》（1971年）、《故宫古砚选萃》（1974年）、《兰千山馆名砚目录》（1987年）、《文房聚英》（1992年）、《品埒端歙——松花石砚特展图录》（1993年）、《西清砚谱古砚特展》（1997年）。

（四）竹、木、牙、角雕刻

竹、木、牙、角器在中国工艺美术史上源远流长，并在长期的生产实践中不断改进和创新制造工艺，逐渐形成多姿多彩且富有民族传统风格的艺术门类。明清两代，竹、木、牙、角雕刻艺术在继承历史传统的基础上又有所飞跃，不仅作品的种类、数量增多，而且出现了众多文人、书画家参与制作的新局面，涌现出一大批著名的雕刻家，形成了不同的风格和流派。

北京故宫庋藏着上万件竹、木、牙、角雕刻品，其来源主要有三方面：一是明清皇家御用作坊征调著名工匠，按照皇室要求制作的御用品；二是各地官员向皇帝进献的贡品，亦多出自名家之手；三是1949年以来征集的流散于民间的雕刻品，其中不乏精品。

竹刻艺术的发展主要在明代中期以后。北京故宫藏各式竹雕工艺品数千件，主要为明清时期名家或无款的优秀作品，品种包括竹茎雕和竹根雕等，雕刻技法有圆雕、镂雕、浮雕、阴刻，还有木胎竹黄包镶等，艺术水平和技术水平也是同类传世器物中比较高的，带有浓厚的宫廷工艺风格。藏品以文具居多，陈设、日用品次之，包括笔筒、臂搁、笔洗、水丞、山子、如意、香筒、冠架、簪钗、扇骨、人物、动物、花果等各种品类。表现多为历史典故、吉祥图纹、山水人物、金石书法等。其代表性作品有朱三松款竹雕白菜笔筒、朱三松款竹雕仕女笔筒、濮仲谦款竹雕松树小壶、竹雕对弈图笔筒、竹雕白菜笔筒、竹根雕带练执壶、文竹蕉石纹长方盒、文竹双莲蓬盒、文竹镂空两层海棠式盒等。当乾隆年间清宫所藏青铜器编成《西清古鉴》《宁寿鉴古》后，造办处创仿青铜器竹雕，毕肖古铜器形制和纹饰，北京故宫藏竹雕提梁卣，即见其巧思。

木雕器物与竹雕有类似之处，木雕工艺在明清时期亦达到鼎盛。北京故宫的此类藏品，也主要是这一时期的传世品。这些木雕制品，可分为大型木雕和小型木雕制品，大型木雕包括家具、隔扇、箱柜等用来陈设、储藏的用具，小型木雕主要是一些文房用品、生活用品、雕刻艺术品等，数量也颇为可观，由古器物部工艺组管理的这类小型制品就有5000余件。除几件为汉代出土外，大都是明清时期传世品，材质和器型品类很多。木质方面，有紫檀木、黄杨木、花梨木、红木、桦木、黄檀木、檀香木、沉香木、乌木、枣木及各种硬杂木等。器型方面，有匣盒、文具箱、书式柜、笔筒、花插、臂搁、杯、盘、碗、杖、人物、动物、模具、版画板等。这些作品在技法上采用了圆雕、镂雕、深浅浮雕、阴刻等，丰富多样。代表作品有吴之璠款黄杨木雕东山报捷笔筒、黄杨木雕葫芦、黄杨木雕卧牛、紫檀木百宝嵌花果长方盒、沉香木雕山水笔筒等。

木雕制品在北京故宫收藏的数量很多，虽然有一部分是作为外包装而制作的，但依然不乏做工十分精美的作品，如宫廷造办处制作的镶嵌盒具，很多都不惜工本，仅材料往往就价值连城。而圆雕作品，无论是创作还是设计，更多精巧且具艺术性之作。即使是地方进献而来的木器，材质和做工也十分考究。

牙、角制器，起源甚早。明清时期，象牙、犀角主要从东南亚和非洲进口。清代的犀角、象牙雕刻，和其他工艺品的发展一样，在乾隆时达到了高峰。牙角雕刻分宫廷、民间两类。明代宫廷牙雕由御用监造办，以盒、笔筒、笏、带饰、圆雕人物等为主。民间牙雕的产地集中在广州、杭州、扬州、苏州、南京等东南地区的大城市。到清代，广州在产量、规模与工艺革新方面已成全国之冠，并且制作了大量外销牙雕。北京故宫所藏象牙制品，仅古器物部工艺组收藏的就有2000件（宫廷部生活科还有象牙生活用具），绝大部分是明清时期的传世作品，主要为清代宫廷所遗留，出自广州、苏州、北京和供职于皇室的著名匠师之手。牙雕品类较为丰富，有广东地区（包括造办处的广东籍工匠）制作的象牙镂雕群仙祝寿塔、象牙雕群仙祝寿龙船、象牙丝编织花鸟扇、象牙丝编织席，多层浮雕花卉镜奁、粉盒等；有江浙一带，特别是苏州地区工匠制作的浅浮雕各种图案的笔筒、插屏等；还有相当一部分是由供职于宫廷造办处的牙匠制作的作品，包括文具、人物、动物、蔬果、插屏、盆景等。其中造办处牙雕，宫廷艺术趣味浓厚，《月曼清游》册、"渔家乐"图笔筒就是杰出的代表。《月曼清游》册是以乾隆年间宫廷画家陈枚的工笔画《月曼清游》图册为蓝本，由造办处牙匠陈祖章等5人共同合作完成的象牙工艺精品。全套分为对开12册，一边按月描绘贵族仕女的日常游乐，一边则为乾隆帝题诗，以象牙表现书、画的韵味，艺术成就颇高。

制造象牙席是明清时期广州的传统工艺。目前象牙劈丝技术已失传200余年，流传下来的作品极少。据清宫造办处活计档记载，象牙席前后共制有5张，至今只留下3张：故宫原有1张，保管人员1977年在清理文物时，在杂堆着的台湾草席中又发现了1张，还有1张在山东烟台博物馆。象牙席流传至今仍洁白、柔润，席面上的象牙劈丝细薄无比，令人惊叹。象牙席由于费工费料，耗资巨大，制作程序复杂，成了宫廷生活精致用具的代表，但其靡费则令雍正皇帝也宣谕不得继续进献。北京故宫至今还保存着43根完整的象牙，应是当时清宫造办处制造牙雕的原料。

犀角在我国向来是比较珍罕的材质，而因其本身的药用价值，所以以其制作的工艺品传世非常稀少。明代的犀角雕刻较前代繁荣，器型以各种样式的杯盏为多，纹饰内容则以花卉为主，山水人物题材构图疏朗，饶有画意，此外仿古风格的蟠螭纹也很醒目。雕刻技法以圆雕、镂雕、浮雕等为主，讲究刀法圆润，琢磨棱角。北京故宫藏有清宫遗留的犀角雕刻工艺品近百件，又接受香港收藏家叶义先生捐献的81件，加上购买等，共200余件，大都为明清时期的精品，即令在世界范围而言，收藏规模也颇为可观。有史可查的著名匠人尤通制作的犀角槎杯及带有鲍天成款识的螭纹执壶、尤侃款识的芙蓉鸳鸯杯等作品，都是弥足珍贵的遗存。而犀角雕刻自明晚期以来，盛行一种既吸收商周青铜器的造型与装饰，又富于时代特色的风格。北京故宫收藏有这样一批典型作品，工艺高超，引人入胜。

北京故宫还收藏一批明清宫廷中的百宝嵌。百宝嵌工艺是以金、银、宝石、翡翠、玛瑙、玉石、青金、松石、珊瑚、蜜蜡、象牙、玳瑁、沉香、螺钿等材料制成各种景物，再将其镶嵌于紫檀、黄花梨、漆器之上，使之构成山水、花鸟、异兽和人物故事等完整图案。作品大者如屏风、书柜，小者如笔筒、盒、匣之类，色彩富丽，做工精妙。这种百宝嵌制品，用料繁多，加工也十分复杂，需多种工艺技巧相互配合[①]。

台北故宫博物院所藏雕刻品为651件，除多宝槅中之外，其单独贮存者，100余件。其中象牙雕刻，大者有雕牙提盒、雕牙九层塔，小者如雕牙小舟、小盒等，均为精品。竹雕亦有明代朱三松制品。雕木以黄杨木为多。珍品主要有明三松款雕竹荷叶水丞、清吴之璠雕竹

[①] 李久芳主编：《故宫博物院藏文物珍品大系·竹木牙角雕刻》，香港商务印书馆，2002年。

牧马图笔筒、清木雕搔背罗汉、明雕犀角山水人物杯、清乾隆封岐雕象牙山水人物小景等。清象牙透雕提食盒，高45.4厘米、横长30.4厘米、纵长21.6厘米，以象牙薄片镶嵌成三层提盒，每片各雕刻山水、楼阁、人物、鸟兽，图案底纹镂空为丝缕般细线，使全器仿佛罩着纤薄的花纱，为玲珑巧雕之作。

明清之际，我国大型雕塑艺术无大发展，小件雕塑品和工艺品的装饰却生气勃勃，富于创造性，橄榄核雕是其中一个颇有特色的品种。有清一代，橄榄核雕艺术长兴不衰。台北故宫博物院收藏的微雕赤壁夜游橄榄核舟即为其中的上乘之作。此舟呈稍深的橘红色，高1.6厘米、长3.4厘米，舟上设备齐全，舱中备有桌椅，并摆着杯盘菜肴，小窗镂空，可开可合。舟上8人，异趣纷呈，为苏东坡泛舟夜游赤壁故事。舟底镌刻着细字《后赤壁赋》全文，下有"乾隆丁巳五月臣陈祖章制"款。此舟为清代雕刻家陈祖章的力作，雕刻技艺精致、细腻，着意创造出一种诗的意境，但在具体人物、物体上又力求写实、准确，且楷体镌文俊朗挺秀，堪称书法佳作，为不可多得的珍品。

台北故宫博物院还收藏有一批清宫的多宝槅。这是一种精心设计的盒匣，里面分成多个格子、夹层、抽屉，以装盛多种文物，供携带赏玩。这样的盒匣，是从古代的笔匣、文具匣及梳具匣、备具匣等演变而来。这些多宝槅或为内务府造办处的工匠承旨之作，或由内务府发交地方制作。台北故宫博物院所保存的清朝宫中档奏折中，就有一件乾隆三十九年（1774年）八月一日两淮盐政李质颖的奏折，折中述说他奉旨承做的多宝槅，已依样制好，专差家人运送至京，并先行将镶嵌式样与雕镂花纹分别绘图贴说，恭呈御览。除了清宫内外制作者外，当时也曾选取前朝遗物改制成多宝槅，例如明嘉靖款剔红云龙福禄康宁小柜，本是明代嘉靖年间（1522—1566年）制作以贮放药材的十屉柜，清朝内廷工匠在这些大小不同的抽屉内加装隔层与夹层，收纳当时制作的玉器与瓷器，以及文臣的山水册页，此外尚有西洋铜胎画珐琅人物方盒，共有108件珍玩。除有国人自制的多宝槅，内廷亦曾在日本金漆盒内加装屉格与夹层，收贮中国历代文物。

这些多宝槅，虽然体积不大，却内贮多种珍玩，别具一格，例如吉范流辉多宝箱，高34厘米，长43.7厘米，宽25.8厘米，盒分两层，盒盖浮饰博古图，两层隔层中各分隔出5小格，共收纳10件小铜器。这些铜器皆经编目，著录尺寸、纹饰等，并为之断代，再配合清朝内廷如意馆画师所绘制的彩色图样，装裱成10开册页，名曰"吉范流辉"，收纳于上层隔层之上的浅屉中。每件铜器各配制精美木座，底座皆阴刻填金"乾隆御鉴甲"款与该器器名和编号，有西周的觯、东周的盘、汉代的灯具，以及后代的仿古铜器。由于台北故宫博物院依循清宫往例保存文物，这些多宝槅中的珍玩仍然原样地收纳在原屉格中①。

北京故宫曾编印《故宫雕刻珍萃》（紫禁城出版社，2002年）、《故宫博物院藏文物珍品大系·竹木牙角雕刻》（李久芳主编，香港商务印书馆，2002年）。由朱家溍、王世襄主编的《中国美术全集·工艺美术编·竹木牙角器》（文物出版社，1988年），共选收包括日本正仓院所藏唐代人物花鸟纹雕竹尺八在内的中国竹、木、牙、角器珍品130件，其中收北京故宫的92件。另有《清代宫廷包装艺术》（紫禁城出版社，2001年），更能使人领略清代皇家雕刻工艺的精美。

台北故宫博物院出版《故宫珍玩选萃》（1971年）、《玉丁宁馆捐赠牙骨竹木雕器特展图录》（1997年）、《明清竹刻艺术》（1999年）。

（五）如意

如意是中国传统工艺中最富特色的品类之一，其发展历史颇为悠久，据说来源于今天仍在使用的"痒痒挠"，最晚在东周时已出现，后逐渐演变成一种吉祥物，且寓意日渐丰富，制作愈发精工。到了清代，由于得到当时的统治者，如清高宗弘历等人的喜爱和大力推广，

---

① 参阅《导读故宫》，第152、154页。

如意被广泛地应用于宫廷生活的多个方面，在日常陈设、赏玩以及进献、赏赐等礼仪中都占有重要的地位。乾隆朝时，如意作为礼物，由皇帝馈赠外国使节。同治皇帝大婚时，如意成为典仪中的瑞器。

北京故宫的如意收藏，承继清宫旧藏，以其丰富的造型、繁复的装饰及精湛的工艺，成为一件件精美绝伦的工艺品。其特点为：一是数量众多。总数在3000柄以上，目前所知，还没有哪个收藏机构有这样丰富的存量。二是品种齐全。各种质地皆备，如金、银、铜、铁、瓷、玉石、珐琅、竹木、珊瑚等，不一而足。形制多样，某些特异的作品突破了常见的结构，如双头、四头如意等。9柄成组如意最具宫廷特色，北京故宫藏有多套，而乾隆帝六十圣寿（1771年）时制作的一套60柄金累丝如意，也完好地保存了下来。三是工艺精湛。在珍贵的材质上还要应用雕镂、镶嵌、点翠、累丝等难度很大的工艺技巧，多能代表相关门类当时的最高水平。

台北故宫博物院的如意收藏与北京故宫来源相似，在性质上亦比较接近，很多作品甚至完全相同，数量仅120余柄。

北京故宫紫禁城出版社曾出版《岁月如意》（2003年）。

台北故宫博物院1971年出版《故宫如意选萃》。

（六）成扇

成扇都是根据宫廷需要，各地按年节进贡的地方物产，大致分团扇、折扇、羽扇、象牙扇、葵扇5种。台北故宫博物院现收藏折扇1641件，扇面都是书画作品，由书画部门管理。北京故宫有团扇、折扇等多达6964件另资料443件，分别由古书画部、古器物部及宫廷部管理。两个故宫的成扇都是清宫旧藏，为明清两代遗存，没有多大差别，只是北京故宫的收藏数量更多，种类也更丰富一些。

从北京故宫的藏品看，团扇的骨架有紫檀木、黄杨木、红木、鸡翅木、象牙骨、黑漆、红漆骨、嵌螺钿骨、棕竹骨等；扇面的质料有绢、绸、纱、竹丝和各种纸面；扇面的工艺有绣花、缂丝、纳纱、编织、堆贴和镶嵌等。折扇骨有竹骨、木骨、牙骨、漆骨等；折扇面有素面、绘山水、花鸟面、写诗赋面，还有绣花面等，其中绣花扇又分苏绣、粤绣、湘绣、京绣等。绘画团扇多是由地方进贡各种骨的素面扇，或由如意馆的画师进行绘制，或由皇后、嫔妃自己绘画。折扇也是如此。北京故宫现尚有一批素面扇，当是供绘制用的。羽扇是用雕翎或鹅羽制作的，有黑、白、灰三种颜色，衬上绿色的孔雀羽翎，美观艳丽。

北京故宫的成扇，由古书画部管理的有1816件另资料443件，都是挑选出的艺术水平高的书画作品，其中列为二级文物的即多达688件，主要作者有丁云鹏、文嘉、文徵明、仇英、永瑆、弘旿、张若霭、董邦达、钱维城等；由古器物部工艺组管理的成扇（包括团扇、折扇、潮州扇与其他扇）为5082件，其中二级文物多达4209件，也有相当多的名人书画及帝后书画；由宫廷部生活文物科管理的成扇66件，未定级，扇骨有象牙、玳瑁、黄杨木、棕竹等，扇面皆为墨纸描金。应该说，以上由三个部门管理的分类不够科学。

北京故宫所藏成扇，珍品相当多，例如制作于乾隆十年至二十一年（1745—1756年）的象牙编织花卉佛手团扇，是广东巡抚、湖广总督周人骥、特成额等人5次进贡的30柄扇中的一柄。纵57.3厘米，横34.1厘米，牙扇呈芭蕉扇形，扇边包镶玳瑁框，嵌金星料藕荷色彩绘花果纹画珐琅柄把。扇面中心装棕竹柄梁，镶有錾龙首纹垂如意形铜镀金护顶。柄梁上、中、下嵌有三片雕夔龙宝相花纹红、紫、黄三色蜜蜡护托。扇面由洁白细润、宽不足1毫米、薄如篾片的牙丝编织而成，孔缝均匀，纹饰精致细密，经片、纬片拼合得天衣无缝。丝面之上运用了线刻、浮雕和拨镂结合的装饰手法，镶有牙刻菊、兰及佛手花卉。又如黑漆柄刺绣花鸟团扇，为清代广州绣坊在端午节前按数向皇宫进献团扇中的一把，通柄长43.3厘米，扇面直径27厘米。镂花的扇骨框以竹做胎，外涂黑漆并描金绘有花鸟、蕃楸草而成纹。扇面的牡丹花鸟纹是广州绣行以多色丝线刺绣出，用的丝线色彩达20余种。

牡丹花色由浅入深，雍容端丽，松树苍绿，孔雀展翅开屏，松下花前翩翩起舞。色彩浓艳，层次严谨，满而不乱。由于花色搭配深浅适宜，使图案显得活泼明快，为绣扇中的精丽之作①。

（七）鼻烟壶

鼻烟壶是随着满族人吸闻鼻烟的习俗应运而生的，是宫廷生活用品，也是玩赏品。清代宫廷造办处制作了大量质地各异、造型奇特的鼻烟壶。鼻烟壶按其质地的不同大致可分为5类，即玻璃鼻烟壶、金属胎珐琅鼻烟壶、玉石鼻烟壶、瓷鼻烟壶、有机材质鼻烟壶。北京故宫收藏有各种质地的鼻烟壶2000余件，台北故宫博物院收藏有1000余件。

玻璃鼻烟壶在清代鼻烟壶中具有制作时间最早，延续时间最长，数量最多，工艺品种最为丰富等特点。北京故宫藏玻璃鼻烟壶900余件，且精品很多，特别是套玻璃、画珐琅玻璃鼻烟壶很多都是珍品杰作，如玻璃胎画珐琅仕女图鼻烟壶、西洋女子图鼻烟壶、螭纹八方鼻烟壶等。台北故宫博物院有一件重要的玻璃鼻烟壶，即雍正款玻璃胎画珐琅竹节式鼻烟壶，此为目前所知最早的也是唯一留存的玻璃胎画珐琅鼻烟壶，并在清宫造办处档案中有明确的记载。北京故宫所藏的马少宣款内画人物玻璃鼻烟壶，一面绘有京剧大师谭鑫培饰演的黄忠形象，另一面有"心一兄大人正"并附诗一首，为光绪二十五年（1899年）作品。这一作品1915年曾在美国旧金山举行的"太平洋万国巴拿马博览会"上展出，并获名誉奖。

金属胎珐琅鼻烟壶主要有画珐琅和掐丝珐琅两大类。北京故宫收藏有两件康熙款铜胎画珐琅鼻烟壶，一件为梅花图，一件为嵌匏片。台北故宫博物院已发表的有一件嵌漆片的鼻烟壶、一件双蝶图鼻烟壶。台北故宫博物院藏有一件掐丝珐琅嵌画珐琅仕女图鼻烟壶，是两种工艺结合之典范，也是鼻烟壶中之孤品。

---

① 《北京志·故宫志》，第576页。

玉石鼻烟壶是鼻烟壶中的重要品种之一。北京故宫保存十分丰富，仅其造型就有玉兰花式、桃式、石榴式、柿子式、茄子式、葡萄式、癞瓜式等瓜果形，以及龟式、鱼式、蝉式、蝙蝠式、老虎式等动物造型，而且采用多种玉石材料，质优色美。台北故宫博物院收藏的玉石类鼻烟壶成套的较多，并保留了鼻烟壶的原包装。

清宫所需瓷鼻烟壶，由景德镇官窑烧造。乾隆年间，命御窑厂每年为皇宫烧造50件鼻烟壶。乾隆朝的御制瓷鼻烟壶，尤其是粉彩鼻烟壶最为精美，北京故宫就收藏有粉彩安居乐业鼻烟壶、粉彩玉堂富贵鼻烟壶、粉彩梅花诗句鼻烟壶等一批具有典型的宫廷风格的作品。台北故宫博物院藏黄釉镂空鼻烟壶和黄釉玉米式鼻烟壶也是别具特色的藏品。

有清一代，使用有机类材料制成的鼻烟壶也颇为丰富，如竹、木、象牙、葫芦、玳瑁、犀角、虬角、琥珀、珊瑚、漆器、核桃等，以其变化无穷的质地、丰富的色彩、精美的加工在鼻烟壶家族中独树一帜。北京故宫收藏这类鼻烟壶也很多，例如制作于乾隆十八年（1753年）的象牙雕鱼鹰鼻烟壶和象牙雕仙鹤鼻烟壶等，以其独特的设计、优美的造型、精细的雕刻惹人喜爱。台北故宫博物院所藏金珀佛手式鼻烟壶、蚌壳寿星鼻烟壶也是这类鼻烟壶的精品。

北京故宫编印有《故宫鼻烟壶选萃》（夏更起、张荣主编，紫禁城出版社，1995年）、《故宫博物院藏文物珍品大系·鼻烟壶》（李久芳主编，香港商务印书馆，2003年）。

台北故宫博物院出版有《故宫鼻烟壶选萃》（1971年）、《故宫鼻烟壶》（张临生主编，1991年）。

（八）石器

北京故宫现藏石器1395件，其时代从新石器时代直至清代末期。其中收购的安徽含山凌家滩出土的十几件石斧、石凿、石环等，以及安徽潜山永岗村出土的三孔、五孔及十一孔石刀等，尤其是十一孔石刀，虽断为两截，但作为早期石器仍十分难得，这些文物均有明确的出土地点和科学的考古发掘记录。

商周石器中，大部分器物因年代久远，呈现鸡骨白状，因此很多器物称为白石兽、白石碗、白石工具等等，还有青石斧、药铲、石钺、石镞、石磬等。其中"石夨余磬""石永余磬""石永启磬"等一组商代石磬，刻有铭文，非常难得。商代的石质器皿非常少见，仅殷墟有个别出土，北京故宫收藏的商代白石刻花碗，高7厘米，口径13厘米，虽有修补的痕迹，但外壁口沿及足上部有数道弦纹，腹部雕刻有几何形的俯仰山形纹饰，碗壁较厚重，呈现出早期石器的庄重厚朴之风格。另一件商代白石卧兽，亦圆雕一卧兽，身体盘旋屈曲，为章乃器先生捐献之物。

战国、汉代、唐宋元明的石器大部分为石猪、石虎、石兔等各类兽形器物，还有一些石璧、石环、佩饰等等。

清代宫廷石器十分丰富，大多数为清宫旧藏，种类亦很多，有寿山石、田黄石、大理石、牛油石、英石、云石、灵璧石、木变石、菊花石、昌化石、硝石、钟乳石、青田石、岫岩石、化石及许多叫不上名字的蓝石、紫石、花石等等，粗略统计有51种之多。其中陈设用品、实用器皿以及赏玩性质的作品多种多样。一批寿山石伏虎罗汉和寿山石东方朔等作品，不仅雕琢得精细，人物的毛发、眉眼、衣纹及神态亦逼真、传神。另有田黄石雕的寿星（其上有周彬款）、田黄石雕伏虎罗汉（其上有玉璇款），不仅田黄石质上佳，雕琢得亦极为精致，此两件是国家一级文物，具有很高的价值。还有一批岫岩石爵杯，包括清代中期乾隆、嘉庆到清代晚期光绪、宣统各个时代的制品，底足均刻有款识。

（九）陶俑

北京故宫所藏陶俑4000余件，主要通过国家文物局拨交、私人收藏家捐献、兄弟博物馆考古发掘品交流等方式聚合而成。其特点如下：

第一，数量多，且贯穿封建社会整个发展历程。4000余件陶俑，在国内博物馆收藏中位居前列，国内综合性或专题性博物馆很少有如此宏富的收藏。有些博物馆，某一个或几个朝代的藏品较为丰富，其他朝代则较少甚至断缺，北京故宫所藏陶俑，始自战国，历经秦、汉、魏晋南北朝、隋、唐、五代、宋、元、明、清，逾2000余年而未间断，构成一部完整的古代陶俑发展史。这其中，汉与唐所占比例较重。

第二，体系完备。陶俑受地域文化与历史传承不同的影响，逐渐形成各自的风貌，如汉代有西安、徐州、洛阳、云贵川等几个陶俑制作中心，隋唐时期西安、河南、太原与长治、扬州与两湖等地陶俑的地域特征也十分鲜明。上述区域的陶俑北京故宫都有庋藏，因而具有广泛的代表性。

第三，题材多样。陶俑虽是埋藏于地下的明器，却是现实社会生活的折射。北京故宫陶俑包括乐舞俑、兵马俑、杂技俑、俳优俑、男女侍俑、劳作俑、鼓吹仪仗俑、狩猎俑、牵马牵驼俑、文官俑、武士俑、天王俑、胡人俑、十二生肖俑等，题材广泛，蔚为大观，是研究中国古代政治、军事、经济、文化、艺术的形象文献。

在北京故宫收藏的众多陶俑中，考古发掘品价值最引人关注。1951年河南辉县百泉发掘的东汉动物俑，形体虽然不大，但塑造准确，生动有趣。如陶狐高仅2.7厘米，但前伸的尖嘴，直立的两耳，躬身前行伺机袭击猎物的姿态，使人一眼便能辨别清楚。将不常见的动物特性塑造得如此准确，显示出汉代工匠的高超技艺。具有典型四川陶俑特征的听琴俑，面带笑意，专心致志地欣赏音乐，听到会心处，情不自禁以手抚耳，弦外之音，令人有绕梁之想。另一件四川彭山出土的持锸男俑，是一个治水人物形象，是蜀地人民重视水利的一种反映。隋唐五代陶俑有明确出土地点或考古发掘的包括洛阳戴令言墓、西安雷府君宋氏墓、江苏江宁李昪钦陵（李昪为五代时南唐建立者）等。戴令言墓葬于唐开元二年（714年），5件陶塑作品，包括文官俑、天王俑、牵驼俑、骆驼俑等，全部为素陶画彩，形体均相当高大。雷府君宋氏墓1955年发掘于西安市东郊韩森寨，出土陶俑包括男俑、女俑、生肖俑、天王俑、镇墓兽等，时间为天宝四年（745年），其中一部分入藏故宫博物院。这些陶俑塑造简洁，注重神情的表现，展现出了盛唐的风神韵骨。南唐李昪钦陵陶俑，制作于南唐升元七年（943年），1950年出土于江苏江宁祖堂山李昪钦陵。男立俑头戴幞头，身着圆领袍，腰中束带，袍左右开衩，双手缩于袖中，抬足扭腰，作表演状，其身份应是宫廷中提供娱乐服务的优伶。女俑则雍容华贵，仪态万方。这些陶俑是当时宫廷生活的真实写照。

除考古发掘品外，传世品也具有相当价值。郑振铎先生捐献的一组乐舞群俑，共8件，2件为舞俑，6件为乐俑，各具神态，栩栩如生。从服饰与舞姿看，属于传统汉族舞蹈。乐俑分别使用琵琶、排箫、笙、钹、腰鼓等。有坐有立，身份仿史籍中所称的立部伎与坐部伎。从乐器组合上，可以判断这是来自异域的龟兹乐。此组乐舞俑的出现，说明在高水平的乐舞表演中，汉族传统舞蹈仍占有相应的位置，且与外来艺术相互融合，相得益彰。立部伎与坐部伎同时出现，在唐代考古中尚未发现，它表明此组乐舞俑，具有相当高的等级。郑振铎先生捐献的另1件昆仑奴俑，特意烧制成黑色，以表示黑人皮肤。唐墓中出土的昆仑奴俑，数量不多，且多穿敢曼（用羊皮或布等围系成的短裤）。此俑却穿右衽衣，右衽衣是华夏传统服饰，这表明其已经接受了唐人的生活方式。这种造型的昆仑奴俑，传世仅存此1件，是唐朝对外文化交流的历史见证。

北京故宫编印有《雕饰如生——故宫藏隋唐陶俑》（紫禁城出版社，2007年）、《捐献大家——郑振铎》（胡国强、冯贺军主编，紫禁城出版社，2005年）、《故宫博物院藏文物珍品大系·铭刻与雕塑》（郑珉中主编，香港商务印书馆，2008年）。

（十）玻璃器

北京故宫藏有玻璃器4010件，其中清宫遗存3400多件，其余为

1949年以来的征集。年代上起战国，下至清代末期。其中绝大部分是清宫玻璃厂烧造的玻璃器，即官造玻璃器，同时还兼有少量民间作品及外国玻璃器。

玻璃工艺的发展虽有2000多年的历史，但在明代以前一直处于缓慢发展阶段，因此传世作品不多也不精。北京故宫藏有战国、汉、唐、宋、明的一些玻璃器，包括蜻蜓眼、珠、管、璧、蝉、盘、碗等，加起来有100余件，都是20世纪五六十年代征集而来的，非考古发掘，是一批具有资料参考性质的文物。

北京故宫所藏清宫官造玻璃器无论数量还是质量，在中外博物馆中都首屈一指。特别是康雍乾三朝的玻璃器，更是精美绝伦，代表着清代玻璃工艺的最高水平，具有非常高的观赏性和研究价值。

清康熙三十五年（1696年）清宫玻璃厂成立，从此开始了清代官造玻璃器的制造，并延续至清末宣统时期，从未间断。康熙朝虽是初创阶段，但玻璃工艺已达到相当高的水平，只是传世作品凤毛麟角。目前已知世界上具有康熙款识的传世作品有4件，北京故宫珍藏的透明玻璃刻面纹水丞是其中之一，不仅珍贵，且研究价值很高。

雍正朝的玻璃制造又有发展，烧炼的颜色达30种之多。北京故宫藏有21件作品，每一件都质地晶莹，色泽纯正。透明玻璃八棱形瓶、鸡油黄色玻璃菊瓣式渣斗、葡萄紫色马蹄形瓶等，都是具有代表性的作品。

乾隆朝是玻璃工艺全面发展阶段，烧造有单色玻璃、套玻璃、搅玻璃、金星玻璃、玻璃胎画珐琅等8个品种的玻璃器。套玻璃是乾隆朝创造的优秀品种，器物造型以各式瓶、缸、盒为主；装饰花纹以写实的、图案化的花卉纹为多；色彩搭配以白套红、白套蓝、黄套红为盛，可谓丰富多彩。北京故宫所藏代表作品有白套红云龙纹大瓶、白套红桃蝠纹瓶、黄套红荷花纹缸、豇豆红套蓝花蝶纹八棱瓶、白套蓝花卉纹碗、白套绿花卉纹瓶等。它们色彩搭配和谐、雕刻精湛，均为工艺极品。金星玻璃是造办处在外国技师指导下烧造的珍贵品种，制作量不是很大。其中的三羊开泰山子和天鸡式水丞，造型生动，惟妙惟肖，艺术性很高，也是存世孤品。玻璃胎画珐琅是玻璃工艺中最为珍贵的品种，由于其制作工艺难度大，不易成功，历史上制作得很少，因此流传下来的就更少。北京故宫拥有开光花卉纹瓶、通景花鸟纹瓶、花蝶纹瓶以及鼻烟壶等10余件作品。其器胎体莹润，珐琅釉料质纯色优，描绘细腻，具有绘画艺术的表现力，堪称杰作。

根据台北故宫博物院已发表的作品，该院收藏的玻璃器仅看到部分玻璃胎画珐琅器和玻璃鼻烟壶两类，其中的玻璃胎画珐琅西洋人物图渣斗、玻璃胎画珐琅婴戏图葫芦瓶和玻璃胎画珐琅福寿方瓶，都是乾隆朝玻璃画珐琅代表作。

北京故宫紫禁城出版社出版《光凝秋水——清宫造办处玻璃器》（张荣主编，2005年）。

（十一）金器

北京故宫藏清代金器约2200件，主要为清宫遗存。分为礼器、祭器、册、宝、生活用具、金币、首饰、宗教用品等，数量多，品种全，是清代金器作品的主要集合地。这些金器，包含了清代制金的各种工艺，主要有铸造、錾花、锤揲、累丝、透空等多种，还有以金为胎，外包珐琅图案的金胎器皿。

礼乐用器，著名的有乾隆"奉天之宝"金印，重6100克；乾隆五十五年（1790年）所制金编钟，共16枚，耗金11459两。

宫廷宗教所用金器主要有金佛像、金七珍、金八宝、金塔、金佛龛、坛城等，保藏金塔20多座，形式多样，其中有不少大金塔和嵌宝石金塔。例如乾隆皇帝为了供奉母亲孝圣宪皇太后生前脱落的头发，特下诏铸造金发塔。当时，广储司所存黄金不敷用，临时熔化了宫中及圆明园等处的金盆、金匙、金箸、金珐琅鼻烟壶等一些金器，共耗金3440两（清制单位），通高147厘米，是现存金塔中最高、最重、做工最精细的一件。八宝又称八吉祥，一套8件，分别为鱼、罐、花、肠、伞、盖、螺、轮，北京故宫藏金八宝约10套；七珍是以象、马、轮、男、女、臣、珠宝组成的成组供器，为少见的金器品种。北京故宫收藏的金累丝錾花嵌松石坛城，高35厘米，重18000克，做工精美，殊为罕见，是清代金累丝、錾花工艺的代表作品。

陈设用器主要有金用端、香亭、炉、金鹤、金天球仪。用端、香亭是用于宝座两旁的陈设，香亭内可以放香料，用端为道光时期制造，高50厘米，重6009克，香亭高112厘米；金炉是室内陈设；金天球仪造型复杂，加工精致，嵌珠点翠，不可多得。

祭器有金盆、金爵杯，数量较多，是用于家庙供奉、皇帝陵墓和祭祀活动的。金盆有嘉庆款、光绪款、无款作品，金爵杯有嘉庆款、道光款、咸丰款、同治款、光绪款、宣统款作品，形成序列，除北京故宫，这种清代序列金器很难见到。

北京故宫收藏了大量的清代金酒具、金餐具，有各式的金酒壶。金龙纹执壶仿中亚地区酒壶风格，高腹、细颈、长流，壶身满饰清代宫廷色彩的龙纹。金贲巴壶则为蒙古草原器具风格。金瓯永固杯和万寿无疆杯是皇帝御用的极品。金瓯永固杯杯形如鼎，满嵌宝石，杯口錾"金瓯永固"；万寿无疆杯的两耳分别透雕"万寿""无疆"篆字，杯下有金盘，盘上錾花、嵌珍珠。

台北故宫博物院除藏有少量金佛像外，尚未看到其他金器的发表。

（十二）银器

北京故宫的银器分为工艺品和生活用具两个部分。工艺部分的银器共有898件，其中清宫遗存819件，占到91%。年代上起元代，下至清末，绝大部分为清代作品，兼有少量的元、明器物以及少数民族和外国的文物。在清代藏品中，又以官造的为主，间有少量民间作品。官造作品主要有执壶、杯、碗盘、暖砚及各式大小不等的盒子。民造的器物以盒为主。

元代作品的数量虽然不多，但十分重要。最著名的是朱碧山银槎杯，该杯是一件富有传统绘画与雕塑特点的工艺品，不仅体现出朱碧山的艺术修养，也标志着元代铸银的高度技艺水平，是工艺美术史上的重要作品之一。台北故宫博物院也珍藏着一件朱碧山的作品，与此件相仿佛，同样珍贵。

北京故宫还藏有17件元代作品，为出土文物，其中代表性的作品是两件镀金錾刻的双凤穿花纹玉壶春瓶，圆形，外撇口，细颈，下垂腹，圈足，器身錾刻镀金的通饰花纹，上有盛开的牡丹、菊花、栀子、茶花、牵牛花，双凤在花丛中起舞飞翔，造型优美，刻纹流畅，为著名的玉壶春造型，带有典型的元代工艺风格。

清代官造作品的数量比较大，多用于观赏和陈设。工艺品种主要有錾刻、累丝、银烧蓝。所造器物主要有各式执壶、香盒、杯盘、瓶等。官造银器的特点是银质精纯，壁厚体重，造型规范，比例适度，刻工精细，一丝不苟，整体制作工艺考究，具有皇家气派。北京故宫所藏的代表作品有錾刻鎏金勾莲纹执壶、贲巴壶、龙柄奶茶壶等；累丝的勾莲纹束颈瓶、云龙纹葵瓣式盒、缠枝花卉纹花篮等；银烧蓝的龙纹暖砚等。银器中，少数带有年款，以乾隆时期的居多，兼有光绪和宣统时期的，雍正时期的只有1件，是扁圆形螭纹提梁壶，它通体光素，只在提梁处有刻纹，器型圆润，表面光洁，简约精致，官造之气十足，目前看来是清代官造银器中年代最早的。

北京故宫所藏的民间作品总体来看不多也不精，但个别的很有特色，工艺水平也很高。如12件一套的方斗形套杯，以阴刻填黑漆的手法做装饰，12件的内壁均饰各异的山水人物图景，图意均为中国历史上著名的文人典故，艺人运刀如笔，将丰富的内容浓缩在盈寸的杯壁之上，犹如一幅幅中国水墨画一般，具有非常高的欣赏和研究价值。

北京故宫所藏生活用具部分的银器共有6427件，均为清宫旧藏。这部分完全是宫廷日常生活中使用的，每一种用品差不多都有大、中、小不同的尺寸，有相当一部分还带有年款，反映的是清宫日常生活的状况和面貌。其中少数是清中期制造品，大多数为清晚期宫廷造办处制作或民间银器作坊制造。有帝后日常或外出用食具、饮具、照明用具、洗浴用具、宫廷宴筵用具，也有为同治十一年（1872年）举行皇帝大婚典礼特制的一批银錾双喜团寿字碗盘，还有清朝廷祭祀活动中用的银器。凡出自清宫造办处的制品，用料上乘，造型规整，做工精细，纹饰寓意吉祥如意，部分器物还施以镶嵌技术。民间制器以小件物居多，用料、做工上不及宫廷，但造型设计不拘一格，纹饰题材多样，在一定程度上反映了清晚期民间制作银器的工艺水平与生活情趣。

（十三）铜器

北京故宫藏有工艺类铜器1172件，年代上起宋元，下至清末，其中又以明清的藏品为主。在这些器物中，官造占1/3，民间制造占2/3。器物主要以各式香炉为主，同时兼有其他功用的器物。香炉的造型相当丰富，有圆形、方形、长方形、菱形等；颜色更是多样，有鳝鱼黄、蟹壳青、枣红、茶色等。其他功用的器物，有面盒、盘、碗、摇铃、尊、瓶、洗、笔架、镇纸、博山炉、各式小兽等。器物所具款识有官款、斋堂款、民间艺人款等，这些铜器大部分以实用为主，有相当一部分还残留着使用过的痕迹，具有较高的工艺价值和研究价值。

铜器中也有一些珍品。例如：元代麟鹤纹大盘，高6.5厘米，径45.5厘米，为菱花式圆形，圈足，盘心随形开光。该盘铸造而成，壁厚体重，纹理清晰，表明元代金属制造工艺的高超水平。又如有晚明著名制铜器艺人胡文明款的錾刻镀金铜炉，仿商周青铜器造型，沉稳端庄，花纹精细，镀金光亮，为其代表性作品。有阳文"大清雍正年制"楷书款的枣皮色光素手炉，结构恰到好处，致密坚实，沉稳凝重，品质卓越，是存留清宫手炉中年代最早的一件。

属于生活用具类的铜器1000余件，主要是陈设与日常用器物。有清宫大殿宝座前的陈设物、宫室内取暖用铜炭盆、清宫大宴摆放的铜镀金松蓬果罩、日常盛放小吃食的铜镀金食盒、佛堂上用的铜镀金五供，以及其他陈设用器物等等。清中期制造铜器，大抵造型美观、装饰华丽、工艺精湛，并镶嵌白玉、墨玉、玛瑙、青金石、绿松石、玻璃料石，纹饰则施以錾刻、凸雕、镂雕多种技法；清晚期铜器，则较少用镀金工艺，花纹多施以錾刻手法，设计缺乏创新。

（十四）锡器

北京故宫的锡器可划分为工艺和生活用具两个部分。

工艺部分的锡器共有208件，除6件为清宫旧藏外，其余均为20世纪50年代征集而来，其中绝大部分是实用的壶。壶的造型非常丰富，有方形、圆形、长方形、竹节形、桥形、葫芦形、菊瓣形、海棠形、六角形、树叶形、桃形等。表面雕刻的花纹一般以写实或折枝的花卉为主，多取中国文人欣赏的梅、兰、竹、菊，以及牡丹、百合、莲花等象征吉祥富贵的花卉题材，并伴有诗词名句。部分还有较复杂的装饰，如在纽、柄和流上嵌有玉石，周身以椰壳包镶等，增添了它们的观赏性和收藏价值。这些壶基本都是清代中、晚期民间艺人的作品，其中比较有名的作者是朱坚、杨鹏年、沈郎亭、沈存周等。藏品中以制锡壶高手沈郎亭制作的桃形倒流壶最为新奇别致，显示了设计者的奇思妙想和身怀的绝技，是艺人们追求的境界，其赏玩性超过了实用性。道光时著名铸锡工艺家朱坚的山水人物锡壶，是其代表性作品。

生活用具部分的锡器共有293件，其中清宫遗存280件，完全是宫廷中日常生活使用的。包括一品锅、香炉、酒壶、执壶、碗、茶桶、荷叶碟等，每类件数多少不等，用途比较多样，反映的是清宫生活中锡器的使用状况。这些器物一般没有华丽的装饰，不追求造型的奇巧，而突出其实用功能，这表明清晚期锡器已属于次要地位，从而导致锡器制作业走向低谷。

（十五）盆景

北京故宫珍藏有1400余件各式珠宝盆景，都是传世作品，大多使用玉石、翡翠、玛瑙、珍珠、象牙、蜜蜡等多种珍贵的材质，仿制出生动自然惟妙惟肖的各种花卉、果实、景观等，再配以珐琅、玉石、陶瓷、漆器等制成的花盆式容器，构成了雍容华美带有吉祥含义的宫廷陈设。它们被放置在各宫室内，有着如天然盆景一般的生机与春意，却永不凋谢，突出反映了宫廷生活追求富丽而高雅的趣味与审美取向，亦代表了当时的高超工艺水平。

这些盆景，有的是地方按照宫廷要求进贡的，有的是王公、大臣买后进献的，也有的是宫廷婚庆、寿诞庆典，由清宫造办处定制的。因制作的地方不同，故也有着不同的地方风格和特点，但是名贵却是其共同特点，往往一盆一景就价值连城。有代表性的如孔雀石嵌珠宝蓬莱仙境盆景，共用珍珠1136颗，红宝石679块，蓝宝石183块，碧玺332颗，珊瑚6枝，用料珍贵，制作考究。又如青玉洗式盆水仙盆景，盆长方形，菊瓣纹，四角雕成双叶菊花形，每花均以12块红宝石为瓣，绿料为芯；盆下腹的叶纹间以10根绿料为脉，8块红宝石为蕾；盆中以青金石制成湖石，周围植有5株水仙，象牙为根，染牙为叶，白玉为花，黄玉为蕊。

盆景造型特殊奇异，枝杈参差，运输携带极不方便。当年文物南迁时运了不少，但迁徙到台湾的则极少。

（十六）匏器

匏器，即葫芦器，是一种人工与天然相结合的工艺品，该工艺由明末宫廷太监梁九公首创。清代在康熙皇帝督促下，遂成为别具一格的工艺新品种。

北京故宫收藏的500余件匏器，大部分是清代皇宫遗留，多有款识，数量以康熙与乾隆朝为多，质量也以这两朝所制为精，此外嘉庆、道光等时期，也有一些佳品留存。匏器的种类则以范制为主，还有轧花、刻花、勒扎、本长等，品类齐全，形式新颖，纹饰丰富。器型有壶、碗、瓶、杯、罐、笔筒、盒、鼻烟壶、畜虫葫芦等，无一不备。每一类别又有所不同。如碗就有直口碗、撇口碗、墩形碗及高桩带托盘碗；瓶则有多瓣的蒜头瓶、菱形瓶、直口的锥形瓶、宝月瓶、扁瓶，还有上圆下方的葫芦形瓶。

匏器珍品不少。如康熙款匏制蒜头瓶，细颈，鼓腹，器型规整饱满，口部膨起如蒜头式，并镶染色牙口，器身分成六瓣，均饰阳文如意云头纹、联弧纹及卷草垂肩，腹部饰独窠莲花纹并卷草袅娜向上，底为六瓣葵花形圈足，内有阳文楷书"康熙赏玩"，形状优美，奇丽精巧，属于康熙立体匏中的精品，是在西苑太液池瀛台西北丰泽园中所制。又如匏制缠枝连纹槌壶，为书斋几案上的工艺陈设品，圆口、短颈、硕腹瓶形，壶饰回纹口沿，肩饰蝉纹，足饰灵芝云纹，硕腹通体模印西蕃缠枝莲纹。此壶为乾隆皇帝所赏识，并于乾隆四十七年（1782年）即兴题诗刻在壶颈之上："幸谢蒸鹅佐脱粟，却成槌纸得全壶。囫囵弗藉范而范，沕穆何妨瓡不瓡。孝士漫嗤书依样，陶人那问铸从模。无烦贮水安铜胆，随意闲花簪几株。乾隆壬寅新正月御题。"①

八　宫廷类文物

宫廷文物品类众多，遗存丰富。在以下15种藏品中，除过织绣书画是台北故宫博物院的长项，其余14种则为北京故宫的优势，多为台北故宫博物院所缺乏或没有。

（一）明清帝后玺印

北京故宫藏有明清帝后玺印近5000件。这些宝玺都是皇帝和后妃的御用之物，制作时多由皇帝下旨，由内府各作御用工匠完成，选料严格，制作精细。印材料主要是贵重的玉石、翡翠、寿山石、青田

---

① 此诗载《清高宗御制诗》四集卷八五，原题作《咏壶卢瓶》。

石、昌化石、檀香木、象牙等；印钮雕镂精致，印文摹刻工整，极具皇家雍容华贵特色。

这些明清帝后玺印内容种类众多，包括代表封建国家与皇权、发布皇帝谕旨所用的"国宝"，皇帝册封后妃时颁发的象征后妃身份等级的"册宝"，皇帝尊崇先帝所遗的太后妃嫔所上的"徽宝"，嗣皇帝为先帝与后妃所上的"谥宝"，用于帝后创作或鉴赏书画及图书所用的"鉴藏印"，帝后怡情悦性抒发情感所制的各类"闲章"，等等，具有极高的历史价值与艺术价值，大到明清重要历史典制，小到帝后的一言一行，皆可在方寸之间获得一定的答案。

其中最重要的是代表皇权的清帝"二十五宝"。清代以前，代表皇权的皇帝御宝基本不存，而清帝"二十五宝"却如数完好地保存至今。它们每一方都有其特定的用途，涉及皇权正统延续、皇位继承、神灵祭祀、报本尊亲、任命官员、民族事务处理、藩属及邦交、军事征伐、文教兴化等，共分解为25方御宝之中：白玉"大清受命之宝"，以章皇序；碧玉"皇帝奉天之宝"，以章奉若；金"大清嗣天子宝"，以章继绳；青玉"皇帝之宝"，以布诏敕；栴檀香木"皇帝之宝"，以肃法驾；白玉"天子之宝"，以祀百神；白玉"皇帝尊亲之宝"，以荐徽号；白玉"皇帝亲亲之宝"，以展宗盟；碧玉"皇帝行宝"，以颁赏赉；白玉"皇帝信宝"，以征戎伍；碧玉"天子行宝"，以册外蛮；青玉"天子信宝"，以命殊方；白玉"敬天勤民之宝"，以饬觐吏；青玉"制诰之宝"，以谕臣僚；碧玉"敕命之宝"，以钤诰敕；碧玉"垂训之宝"，以扬国宪；青玉"命德之宝"，以奖忠良；墨玉"钦文之玺"，以重文教；碧玉"表章经史之宝"，以崇古训；青玉"巡狩天下之宝"，以从省方；青玉"讨罪安民之宝"，以张征伐；墨玉"制驭六师之宝"，以整戎行；青玉"敕正万邦之宝"，以诰外国；青玉"敕正万民之宝"，以诰四方；墨玉"广运之宝"，以谨封识。

清代皇帝依靠这些御宝，得以发布各种文告，指令王朝的各个机构有效地运转，维系封建国家的延续。清代作为中国封建社会最后一个王朝，在各种制度方面都有集大成的特点，而历代王朝御宝只见诸记载而不见实物，因而，完整的清代御宝实物形式，是我们认识整个封建社会皇权运行的重要标尺之一。

北京故宫紫禁城出版社出版有《明清帝后宝玺》（徐启宪主编，1996年）、《故宫博物院藏清代帝后玺印谱》（13册，2005年）。

（二）卤簿仪仗

卤簿仪仗是封建社会体现皇权尊威无比的最外在的体现和象征。卤簿制度最早见于汉代典籍记载，以后历代各有增损，到清代根据不同的场合而确定为不同的大驾卤簿、法驾卤簿、銮驾卤簿、骑驾卤簿4个等级，同时对后妃也规定了不同等级相应的仪仗、采仗。北京故宫现存卤簿仪仗文物1000余件，有陈于太和殿檐下的完整成套的金八件（金提炉二件、金盆、金瓶、金盒二件、金唾壶、金交椅）；有设于太和殿前御道两侧，用于整肃大典秩序的静鞭等；有从太和殿丹陛上下一直排列到午门以外的各种伞、盖、扇、旗、节、旌、鼓等，以表现盛大仪式的场面和肃穆庄严的景象。

当时，皇帝的卤簿分为不同等级，根据不同的典礼场合进行组合，而非并列的4套。尽管现存这批仪仗并不能组成特别完整的一套，但皇帝、后妃的卤簿均有相当数量的遗存，且根据北京故宫收藏绘画中的《卤簿图卷》、《皇朝礼器图式册》以及《皇帝南巡图卷》、《万寿图卷》等，可以把文献记载的卤簿完全有序排比，通过实物感受皇权的尊威。

（三）清代宫廷服饰

服饰制度是历代礼仪制度的重要组成内容之一，服饰的色彩、纹样、款式、质地无不反映用者的身份等级和社会地位。清代服饰制度比中国历史上任何一代都更为繁缛严格，而宫廷服饰又是其中等级制度最为复杂严密的。清代服饰等级的区分，首先是颜色，其次是纹样，再次是质地。清代宫廷服饰所用的衣料大多由江南三织造即江宁织造局、苏州织造局和杭州织造局生产，极少部分由京内织染局织造。

北京故宫藏清代宫廷服饰类文物62000余件，包括成衣16000余件、冠履近3000件、佩饰6000件、"活计"27000余件；此外还有清代织绣材料类文物60000余件，包括匹料30000余件、衣料10000余件和绦带20000余件。

成衣中，绝大部分是清代皇帝和后妃穿用的服装，另有极少量官员穿用的服装。按清代服饰典制，帝后服装有礼服、吉服、行服、常服和雨服等。北京故宫成衣藏品涵盖了这几类典制类服装的全部，所属年代跨越整个清代。服装质料绫、罗、绸、缎、纱、缂丝、兽皮等一应俱全，式样丰富多样，花纹装饰精美繁复，制作工艺高超精湛，为清代服饰制度的研究，提供了大量翔实的实物资料。

成衣中还有少量是1949年以后北京故宫收购、接受拨交和捐赠所得，共计134件。其中有1975年发掘的福州南宋黄升墓、1975年发掘的山东邹县元代李裕庵夫妇墓和1961年发掘的北京南苑苇子坑明代墓等墓葬出土的衣物，它们对于研究宋代至明代的服饰史和丝绸史具有重要价值。

冠帽中，以清代皇帝和后妃的冠帽占绝大多数。皇帝的冠帽分为朝冠、吉服冠、常服冠、行服冠和雨冠5类，每一类中又有冬冠和夏冠之分，其形制、材质和装饰各不相同，北京故宫藏品中较齐全地保存了这几类冠帽。另有少量官员的冠帽，主要是亲王和三品、五品、六品、七品等官员的吉服冠。清代官员的帽顶须饰顶子，以所饰顶子的材质作为区别等级的重要标志。此外还藏有官员的冠饰花翎，借此可区分官阶等级，这也是清代服饰中富于特色的饰物之一。藏品中后妃所用冠帽主要有朝冠和钿子，这些后妃的冠帽以顶子、凤翅、垂珠和绦带等材质、颜色的不同及数量的多少区分等级。以清代皇后冬朝冠为例，冠顶正中饰三层金镶桦树皮凤顶，每层间饰以一等大东珠1颗，金凤的头部、翅膀各饰二等东珠3颗、三等东珠1颗，金凤的尾部各饰小珍珠16颗，背部各嵌1块猫眼石。三只金凤各口衔三等东珠1颗。朝冠的檐部缀7只金凤，每只金凤饰二等东珠9颗、小珍珠21颗、猫眼石1块；冠后部饰金翟1只、猫眼石1块、小珍珠16颗；翟尾垂珠穗五行二就，嵌302颗四等东珠，中间的金累丝圆形结中嵌青金石，下垂珍珠6个，珊瑚坠角5个。

佩饰中有头花、簪子、头面、大拉翅、盖头、扁方、耳坠、耳环、领约、手镯、手串、戒指、扳指、指甲套、朝珠、念珠、怀挡、腰带（包括朝服带、吉服带和行服带）等。质地有铜、银、金、玉、珊瑚、牛角、珍珠、香木、蜜蜡、玛瑙、水晶、玳瑁、琥珀、红蓝宝石、青金石和绿松石等。

活计中，清代成套的活计包括荷包、表套、扇套、靴掖、眼镜套、镜盒、镜子、粉盒、槟榔袋、扳指套、褡裢、明信片盒等，一般以取其中的4~8件组成一套，但每套中一般都有荷包。

总之，北京故宫所藏清代宫廷服饰数量多，规格高，保存完好，在国内及世界博物馆同类藏品中首屈一指，对于研究清代服饰制度、清代丝织品织造技术水平、丝织业发展状况，以及清代的历史文化、宫廷生活、艺术审美和思想观念等都具有极为重要的价值。

此外，北京故宫又藏有丰富的明清织物，即材料类的文物。明清时期的丝织品生产集古代织造技术之大成，品类丰富，质地优良，且明清两代各有所长，都代表着中国织造业的最高水平。北京故宫藏明清织物主要有缂丝、起绒织物、双层织物、锦、缎、绫、罗、绸、纱等，藏品年代以清代中晚期占绝大多数，几乎全部来源于江南三处官营织造局。具体来说，锦类有4个品种计864件；绫1603件；罗618件；绸类有江绸、妆花绸、织金绸等14个品种计4498件；缎类有妆花缎、织金缎、暗花缎、闪缎、蟒缎等12个品种计10528件；绒类有漳绒、丝绒和灯芯绒3个品种计762件；纱类有实地纱、直经纱、芝麻纱等10个品种计7223件。杂项有土绢、棉布、印花布等13个品种计2561件；少数民族织物约20个品种计1912件；经书封皮874件；等等。以上许多织物除北京故宫外很少有收藏。因此，北京故宫这批藏品是研究明清织物最为丰富、完整、宝贵的实物资料。

在台北故宫博物院几乎没有清代宫廷帝后服装，仅有极少量的冠帽和一些佩饰，如冠带、袍服、簪笄、钗环、耳坠、手镯、扳指、带钩以及朝珠、香囊、荷包、烟嘴等，计11000多件。其中清高宗御用的皇帝大阅胄，为运台文物中之仅有者。台北故宫博物院个别文物如冠帽的顶子、腰带带板等藏品的数量较多，其中如清代皇帝朝冠顶、皇帝夏朝冠金佛、金累丝嵌东珠镂空云龙舍林和嫔朝冠顶等，均十分精美完整。

台北故宫博物院出版了《清代服饰展览图录》（1986年）。

北京故宫编印了《故宫博物院藏文物珍品大系·清代宫廷服饰》（张琼主编，香港商务印书馆，2005年）、《故宫博物院藏文物珍品大系·明清织绣》（宗凤英主编，香港商务印书馆，2005年）。

（四）清代以前乐器及清宫典制乐器

故宫收藏的乐器可以分为两类，一类是清代宫廷和皇帝以及北京故宫建立以来搜集、珍藏的前代乐器珍品；一类是在清代宫廷朝政和生活中频繁使用的典制乐器、民族乐器和戏曲乐器等。

故宫收藏的明代以前的乐器即多达328件，其中不少都是珍品。有150余件先秦"钟磬之乐"时代的青铜钟、铜铙、玉磬等，如早至商代的青铜编铙一组3枚、玉编磬一组3枚，至今发音清润。故宫珍藏的唐代大忽雷、小忽雷，为传世的孤品，其历史和艺术价值难以估量。再如北京故宫存有北宋宫廷的典制重器——徽宗时所制的7枚"大晟钟"，其发音与今律近乎吻合；明代宫廷的嘉靖款云龙纹玉编磬一套12枚，形制承前启后。北京故宫珍藏的古琴多达40多张，自唐代以迄清代，传承有序，形制齐全，尤显弥足珍贵。其中的一些珍品更是举世闻名的瑰宝，如可视为唐琴标准器的"大圣遗音"，唐琴还有"九霄环佩"琴、"飞泉"琴、"玉玲珑"琴,数量为世界博物馆之最;此外宋琴有"万壑松"琴、"玲珑玉"琴、"玉壶冰"琴、"海月清辉"琴等,元琴有"朱致远制"琴等,明琴有"奔雷"琴、"蕉林听雨"琴、"天风环佩"琴等,时代最晚的是谭嗣同的"残雷"琴。另外还有供观赏用的铁琴、铜琴、石琴,以及康熙时期精致的制琴模型。

清代宫廷乐器遗存有2300余件,其中以坛庙祭祀和殿陛朝会使用的典制乐器规格最高、数量最大,代表了先秦以来中国历代王朝宫廷雅乐所用乐器的种类和形制。如祭祀和朝会中所用的"中和韶乐",依"八音克谐"的传统,有镈钟、特磬、编钟、编磬、建鼓、琴、瑟、箫、笛、排箫、篪、埙、笙、搏拊、柷、敔等16种乐器;"丹陛大乐"有戏竹、大鼓、方响、云锣、杖鼓、拍板、管、笙、笛、箫等。其中如镈钟、编钟、建鼓、方响、柷、敔等,后世已十分罕见。皇帝四种卤簿所用的"卤簿乐"乐器也为数可观,有大铜角、小铜角、金口角、金锣、铜鼓、花腔鼓、得胜鼓、铙、小钹、海笛等。另外还有一些民族特色的乐器,如萨满教祭祀用的"嚓啦器"、"太平鼓"、腰鼓及柳条编簸箕形节等满族特色乐器,绷制三弦、胡琴、马头琴等蒙古族乐器,乾隆时期安南国进贡的"铜万象钲""铜万象镯"等。清代宫中演戏盛行,因此也就留下了不少戏曲伴奏乐器,有单皮、拍板、堂鼓、各种锣、镲、三弦、琵琶、什不闲等。

清代宫廷乐器,有年款的早自顺治元年(1644年),下至宣统二年(1910年),绝大部分是康熙、乾隆两朝所制,其中康熙时期的金编钟、乾隆时期的金镈钟和全套的和田碧玉描金云龙纹特磬,无不弥足珍贵。此外,还有一批晚清时期的军乐器,如大小铜鼓、长号、黑管等,为反映中国近代音乐史上西方音乐传播的重要实物。

台北故宫博物院没有宫廷乐器的收藏,有南迁时的宫廷古琴3张,加上近年征集的1张,古琴收藏应不少于4张。

北京故宫编印有《故宫古琴》(郑珉中主编,紫禁城出版社,

2006年）。

（五）其他清宫典制文物

除了以上典制文物外，北京故宫还收藏有一些其他的典制文物，如品级山，红、绿头签，选秀女头签，腰牌，等等。

清朝在太和殿举行典礼（即每逢皇帝登极、大婚或每年元旦、冬至、万寿三大节）时，为文武官员站列有序，于乾隆二十四年（1759年）始设站位标志红漆木牌，乾隆五十四年（1789年）改制为品级山（由铜铸成，内腔空，因像山形而名），一直延续至清末。品级山自正、从一品至正、从九品，总共72座，北京故宫成套保存完整。

北京故宫收藏有千余件红、绿头签。官员要求觐见皇帝，必须呈递写有官员姓名、官衔的竹制红、绿头签。宗室、王公用红头签，其他大臣用绿头签。其中重要的人物如时任太子少保北洋大臣直隶总督袁世凯的绿头签、御前大臣领侍卫内大臣右宗正步军统领和硕肃亲王耆善的红头签等还保存完好。

选秀女头签是清代皇帝选秀女制度的遗存，北京故宫尚存有千件。当时满蒙汉八旗的适龄女子都要经过宫廷为皇帝选择后妃的"普选"程序，为了辨别众多的女子出身与身体状况，女子须在参选时胸前佩挂竹制的"名牌"。大名鼎鼎的慈禧太后也是经过这一程序入宫的。

腰牌是宫廷警卫制度的直接体现，北京故宫也存有上千件。当时凡是来宫内服役的人员，均由内务府颁发木制的腰牌，作为出入宫禁的凭证，以加强宫廷的禁卫。

以上各类典制文物，对于今人研究清代的典章制度，唤起往昔的历史记忆，是最为直接的形象材料。

（六）武备器具

北京故宫珍藏的武备类文物，主要是明清宫廷保存下来的遗产，多为皇帝御用之物。由于清朝以骑射立国，因而十分重视武备，并专由清宫内务府管辖的武备院管理。北京故宫所藏的武备兵器大致可分为冷兵器和火器两大类，共计15000余件。

北京故宫所藏冷兵器主要包括以下几大类别：防护装具中有太祖努尔哈赤、太宗皇太极以及顺治、康熙、雍正、乾隆、咸丰等皇帝御用的成套盔甲和清代八旗盔甲8000多件；远射兵器中有弓、箭、囊鞬（又称撒袋）等，清箭种类繁多，形制各异，清宫中贮有清代皇帝御用礼仪用箭、军事用箭、行围狩猎用箭等；护体兵器中有清代皇帝御用腰刀、宝剑和匕首等；杂兵器、格斗兵器中有玉嵌石柄花漆鞘刺、长剑、青龙偃月刀、锐、阿虎枪、片刀、戟、骁骑长枪、铜吞龙钺、矛、长枪、长柄斧、铁鞭、杵式铁鞭等；马装具中有清代皇帝御用马鞍与御用马鞭等。这些皇帝御用装备，其上或拴以皮签或以黄条记录，或镌刻有明确的款识。当然有的非实用器物，而是艺术品。

火器主要包括火铳、火炮和空心铁弹以及皇帝御用的各式火枪等。火铳、火炮既有明代遗存，也有清代皇帝命名的"神威将军炮""威远将军炮""神捷将军炮"等，在清代著名的战事中曾大显威力。外国枪支有荷兰改鞘枪、马戛尔尼进献自来火枪、火绳燧发双用枪、西洋气枪、双用气火枪、双筒火枪、四筒火枪、燧发枪、燧发手枪、扣刨击发枪、自来火手枪等。

北京故宫编印了《故宫博物院藏文物珍品大系·清宫武备》（徐启宪主编，香港商务印书馆，2008年）。

（七）明清宫廷家具

北京故宫现存明清家具5300余件，是目前国内外收藏中国古典家具最多、质量等级最高的博物馆。其年代最早的为明代宣德年（1426—1435年），最晚为清末民国时期。以高档硬木家具为主，主要有紫檀木、花梨木、黄花梨木、酸枝木、铁力木、乌木、鸡翅木及桦木、榆木等。另有一定数量的漆木家具。其风格特点可分为明式家具、清式家具和清末民国家具。

　　清康熙年间（1662—1722年）以前制作的家具大体保留着明式风格，被视为明式家具，绝大多数用黄花梨木制成。清雍正至乾隆晚期，经济高度发展和繁荣，生产的家具艺术水平较高，被誉为清式家具的代表，材质以紫檀木为主。道光年间（1821—1850年）以后，内忧外患，家具艺术逐渐没落，绝大多数家具用酸枝木制成，制作比较粗糙。

　　明清家具的总体特点是结构合理，技术精湛，注重实用与审美的和谐统一，强调选用质地优良的硬木。具体来说，明式家具以朴素大方、优美舒适为标准，清式家具则以厚重繁华、富丽堂皇为特征，论风格，明式以苏作为主，其次有京作和晋作。清式家具以广作、苏作和京作为主，其次有扬州的雕漆、福建的描金漆等。

　　明清宫廷家具来自民间又高于民间。除过北京和宫廷御用作坊制作的精美家具外，各地也争相把材质优良、做工精细的高档家具进献皇宫。因此明清两代的宫廷家具，囊括了全国各地的家具精品。

　　北京故宫收藏明清家具种类丰富，数量巨大，主要有以下6类：

　　其一是床榻类。这类家具包括相当数量的宝座，计约150件，可分为架子床和罗汉床两大类。架子床因床上有顶架而得名，一般四角安立柱，床面两侧和后面装有围栏。罗汉床是专指左右及后面装有围栏的一种床。清宫中宝座数量较多，一般在皇帝和后妃寝宫的正殿明间都陈设一组宝座，宝座周围常有屏风、宫扇、香筒、甪端、香几和太平有象等配合。故宫太和殿中的金漆龙纹宝座，是最典型的代表。

　　其二是椅、凳、墩类。这类家具约1100件。按中国传统等级观念划分，有宝座、交椅、圈椅、四出头官帽椅、南官帽椅、靠背椅、杌凳、墩子等品种。椅凳类还有三件特异的家具：一是只有座台、下无腿足的靠背，在南宋李嵩的《听阮图》中虽画有此物，晚期实物恐只有清代宫中才有；一是三面低矮却又等高的扶手椅；一是以鹿角做成后背和腿足的大椅，也都是清代宫中家具的特殊制品①。

其三是桌、案、几类。此类约1600件。案子、几子、桌子品类中又有方桌、长桌、圆桌、炕桌、炕几和香几。桌类家具中又分两种造型，一种有束腰，一种无束腰。有束腰桌子即在面下装饰一圈缩进桌面的线条，束腰下再安牙条。无束腰桌子的面下不用束腰，而是腿子上端做榫，直接承托桌面。

其四是橱、柜、箱类。此类泛指各种存贮用具，分橱、橱柜、柜、柜格、书格、箱子等，约450件。收藏的柜子大小不一，大者有坤宁宫和宁寿宫炕上陈设的两对大立柜，形体宽大，且有三层顶柜，最高层紧贴天花板，总高度达5.185米。其次是太和殿陈设的一对大立柜，柜身高3.7米。

其五是屏风类。约1750件，以清代为主，包括各式座屏、插屏、挂屏、围屏等，种类齐全。围屏在清宫中占很大比重，一般用于临时陈设，或做娱乐活动。例如有一套黑漆款彩围屏，共24扇，12扇为一组，正面雕通景花鸟图，背面雕通景山水风景图，至今保存完好，仍绚丽多彩，是目前国内传世清式家具中极为罕见的品种。

其六是其他类。包括镜台、衣架、盆架、灯架和护树围子等，均为清代作品。

北京故宫收藏的明清家具中，一批有具体年款的家具有着重要的价值。这批家具的年代有明宣德款、万历款、崇祯款；清康熙款、乾隆款。质地有雕漆、填漆戗金、描金漆、罩金漆、推光漆，嵌螺钿、洒螺钿等。形式有桌、案、椅、榻、橱柜、书架、箱匣等，造型纹饰和制作均优美精致，这对于研究明清家具的造型、工艺及时代特征是不可多得的实物资料。

北京故宫收藏的一些家具与皇帝的爱好、信仰和使用有密切联

---

① 参阅王世襄、朱家溍：《明清家具》，《中国美术全集·工艺美术编·竹木牙角器》，文物出版社，1987年12月。

系。如清初康熙御用楠木银面算术桌，桌面三块银板当中的一块呈正方形，左右两边的长方形银板上，刻着各种表格和图形。其中一块刻有"开平方比例尺"及"求圆半径"比例尺表等；另一块刻有用10条横线和斜线组成的精确到千分之一的分厘尺，上方刻5条射线，分别标有一、五、十……千、万、十万直至千万万的数字，射线两侧分别有"开立方""求球半径""测米堆"的比例尺。下面两侧有"开立方体表"和"相比例体表"。总之，在两块宽不过17厘米的银板上共刻有十几个数学、物理用表，使用时，利用中间制图或计算，在两侧查表，极为方便。这张精巧的楠木银面算术桌，专为康熙帝制作，是康熙皇帝经常使用的家具。

北京故宫收藏的这些家具，有的是陈于庙堂之上的宝座，是君临天下的工具，而大多则是用来陈设在皇家宫殿、园林、行宫等地，供皇帝后妃们实际使用以及赏玩。由于使用者的尊贵身份，在其制作时觅寻巧匠，优选良材，因而不仅是高档实用品，而且是巧夺天工的艺术品，代表着中国古典家具的最高成就。

北京故宫收藏的明清宫廷家具，朱家溍、王世襄主编的《中国美术全集·工艺美术编·竹木牙角器》（文物出版社，1987年），共介绍明清家具82件，其中70件选自北京故宫；另有《故宫博物院藏文物珍品大系·明清家具》（上、下）（朱家溍主编，香港商务印书馆，2002年）以及《故宫博物院藏明清宫廷家具大观》（胡德生著，紫禁城出版社，2006年）。

台北故宫博物院现有明清家具不足50件，都是近20年来从香港收购所得。最有代表性的是原北京恭亲王府旧藏的一套家具，计30余件，时代应为乾隆晚期，估计为和珅时旧物。

（八）戏衣道具

戏剧是我国传统文化的重要组成部分，戏曲表演艺术有着雅俗共赏、能为各种层次观众接受的特性。清统治者入关后很快和戏曲艺术结下不解之缘。将戏曲演出列入朝廷仪典始于清代，新年、除夕、万寿节及各个节令，每月的初一、十五都有较为固定的戏曲演出活动，内廷喜庆事如皇子出生、册封嫔妃，也都要唱戏以示庆贺。

清代宫廷重视戏曲活动，对京剧的形成起了推波助澜的作用。特别是乾隆时期的四大徽班进京，直接引导了京剧的诞生，晚清时期再掀京剧演出高潮。现在清宫戏曲文物遗存相当丰富，大致包括戏衣、盔头、道具、戏本、戏曲演出人物画、老唱片和不可移动的戏台等几大类。

清代宫中特设演戏机构，并有专供演出所需戏具的制造机构，因此，故宫得以遗存大量清代戏装道具。这些戏具在外出演戏和平常存放时，都置于箱内。按戏班装箱分类习惯，大致分为衣、靠、盔、杂等4类。衣箱多放各色蟒、官衣、褶子等文官服饰和仙怪用衣，靠箱多放各色靠、甲、铠、箭衣等扮武的服饰，盔箱专放各类帽子，以上三箱统称"行头"。杂箱则放什件，如大帐、桌围椅披、各类旗帜、道具和刀枪把子等，统称"切末"。行头、切末均设专人管理并使用，遂形成一种服务于舞台的管理制度，这种制度即称为"衣箱制"。

北京故宫现收藏有戏衣类文物近8000件。戏衣种类繁多，有各类蟒、靠、铠甲、箭衣、帔、褶子、开氅、官衣、花神衣、仙衣、英雄衣、打衣、战裙、宫衣、裙子、袈裟、道姑衣、马褂、坎肩、达婆衣、罪衣、刽子手衣、茶衣、侉衣、旗衣、回回衣、像生衣等，可以满足戏台各类角色扮演的需求。质地有纱、绸、绫、缎、棉、呢、洋布、倭绒及云锦、妆花类、缂丝、漳绒等贵重织品，装饰技法有平金绣、彩绣、妆花、纳纱、彩绘等，颜色也极其丰富多彩。除仅存的8件明代戏衣外，余皆为清朝制造，早至康熙，历各代至光绪、宣统，尤以乾隆、光绪两朝为多，为研究昆曲、弋剧的演出及京剧戏衣的渊源流变提供了极其难得的实物。

盔头类文物333件，此外还有不少资料。根据剧中角色扮相的需要而制作，主要有各类巾、帽、冠、盔类文物。制作精美，用料讲究，如硬质盔头外用沥粉方法勾画纹样，并贴以翠羽，钉缀珠花、绒球和各色丝穗。此外，还有少量各种头面，虾水形脸子、水兽头形、王八头水形等，和少量发式、头饰、髯口等。

道具类文物4300余件，可分为刀枪把子、桌围椅披和帐幕台衣三类。刀枪把子类以各种刀、枪、剑、狼牙棒、流星锤等各类武器为大宗，还有反映社会各阶层人物和社会生活的各种道具。软片类道具，有椅披、椅垫、桌围、轿围、琴套、门帐，伞、各式旗、幌子、汗巾、进香袋和城幕等各种戏台底幕，用以形成舞台空间、塑造戏曲角色和渲染戏曲氛围。尤其值得提及的是三套台衣，各由六七百件各式条块组成，可完全把畅音阁大戏台包裹起来，以适合皇帝万寿等特定演戏场合的需要。

清代宫廷戏台，遍布后廷和各处苑囿，形式多样，结构精巧，装饰奢华，已成为宫殿建筑的重要组成部分。故宫现仍保存畅音阁大戏台，漱芳斋大、小戏台以及倦勤斋小戏台等4个戏台。这些戏台对于研究传统戏场戏曲演出的舞台空间结构、舞台背景与声响试验等，都是宝贵的实物。

北京故宫编印了《故宫博物院藏文物珍品大系·清宫戏曲文物》（张淑贤主编，香港商务印书馆，2008年）。

（九）钟表

北京故宫收藏中外钟表1500多件，制作年代从18世纪至20世纪初。外国钟表包括了英国、法国、瑞士等国所产，国产钟表则有清宫内务府做钟处所造的各式钟表及广州钟表、苏州钟表等，在世界钟表收藏中占有极其重要的地位。

这些钟表是中西文化交流的产物。清初，来自西方的传教士为了传教目的，仍把进献钟表等奇器作为亲近中国皇帝的重要手段。于是大量的钟表进入宫中。康熙皇帝尚能通过这些奇器看到西方科学的先进性，而他的子孙却只把这些奇器当作玩物。这些反映中西文化交流历史的中外钟表给我们今天以很多的启示。

清宫钟表的来源有两个方面。一部分是舶来品，或为传教士进献，或由清政府直接从国外购进，或是地方官员从洋商手中购买再进贡宫中，或根据帝后喜好专门定做。另一部分是中国制造。宫廷造办处设有做钟处，在传教士的指导参与下制造与修理钟表，最盛时多达上百人。当时全国唯一对外通商口岸的广州以及手工业相当发达的长江中下游地区也趁势而起，钟表生产很快形成一定的规模。

做钟处所造御制钟多以木结构为主体，给人以庄重肃穆之感。其所制作的大自鸣钟体量极大，最大的紫檀木雕花楼式自鸣钟，高达585厘米，底座边长260厘米。其所用木料主要有紫檀木，兼有高丽木、花梨木、杉木等。紫檀木上或雕花，或镶嵌铜条，或光素。此外，还有在黑漆地上描金的洋漆钟架。钟的造型为亭、台、楼、阁。有的钟外形简直就是宫殿建筑的具体而微，连栏杆、柱头，乃至屋脊上的吻兽也悉数做出。

广州钟表则具有非常浓郁的民族和地方特色。其整体外形多为房屋、亭、台、楼、阁等建筑造型，或者做成葫芦、盆、瓶等具有吉祥含义的器物形状，以象征"天下太平"。内部机械结构也相当复杂，除了通常欧洲钟表所具备的走时、报时、奏乐系统外，还有各种变幻多样的"玩意"装置。这些玩意或者以文字对联形式表达祝愿，由人持握展开，如"福寿齐天""万寿无疆""时和世泰""人寿年丰"等；或者以特定的景物搭配，使其具有吉祥祝福的意义。如以三羊寓意"三阳开泰"，以灵芝、仙鹤、鹿、佛手寓意"福禄长寿"等，这些都为中国所特有。广州钟表还有一个突出特点即其表面多是色彩鲜艳的各色珐琅。这种珐琅又称广珐琅，透明，有黄、绿、蓝等颜色。珐琅上的装饰花纹细密繁缛，很有规律。

清宫所藏外国钟表，包括了英国、法国、瑞士以及美国、日本等国所产，制作年代从18世纪至20世纪初，不仅反映了这200年间世界钟表发展的历史，也体现了当时钟表制造业的最高水平。外国钟表中以英国18世纪的产品为最多。18世纪英国的科学技术处于世界领先地位，其钟表也以优美的造型、华丽的装饰、巧妙的机械传动装置成为当时世界上最先进的钟表，同时又涌现出一大批著名的钟表大师，如詹姆斯·考克斯、威廉森等，他们的作品在清宫中都有不少收藏。来自法国的钟表多为19世纪末至20世纪初的产品，它们在技术与造型艺术上集中了当时科学技术的最新成果，构思奇妙，设计新颖，反映了法国匠师的创新精神，同时也是法国钟表制作水平的标志。瑞士的铜镀金变魔术钟、铜镀金四明钟、铜镀金珐琅围屏式钟等，都做工讲究、精湛无比。西方各国制造的各式形体小巧的袖珍表，造型丰富，材质珍贵，也纷纷进入中国，受到帝后及显贵的喜爱。这些藏品，都是各国当时最有代表性的产品，尤为可贵的是，多数至今仍能正常使用。当然，这还得感谢故宫博物院认真钻研并勤奋敬业的几代钟表维修人员。

北京故宫收藏的一座座钟表，不只是计时工具，而且是一件件精美绝伦的工艺美术品。英、法、瑞士等国制造的钟表，采用了齿轮联动的机械构造，在钟的外表装饰了人、禽、兽及面具等，能够定时表演，出现耍杂技、演魔术、写字、转花、鸟鸣、水流等景观，动作复杂，形态逼真，配上悦耳的音乐，令人惊叹不已。又由于文艺复兴运动的沾溉和影响，这些钟表不可避免地反映了文艺复兴之后欧洲在造型艺术、装饰艺术等方面的特点。中国皇家制造的钟表，为了突出皇家的权威，多用紫檀木、红木为外壳，以亭台楼阁的传统建筑形式为造型，上嵌珐琅或描以金漆等，烘托出古朴与威严。这些钟表以乾隆时期制造的居多，如用5年时间制作的"黑漆彩绘楼阁群仙祝寿钟"，设计复杂，做工精细，把中国传统文化的多个方面巧妙地体现在一座钟表上，具有极高的艺术价值，每每令参观者流连驻足。

尽管各自的文化背景决定了它们以不同造型出现，但装饰华贵、制作精美、功能复杂，均代表了当时钟表制造的最高水准，具有极高的机械科技价值、工艺美术价值和社会文化价值。

北京故宫编印有《清宫钟表珍藏》（陆燕贞主编，香港麒麟书业有限公司，1995年）、《故宫钟表》（紫禁城出版社，2004年）。

（十）天文地理仪器

北京故宫收藏清代宫廷遗存的天文地理仪器760件，其中一级品即达109件。这些仪器中，天文仪器有日月星晷、天体仪、浑仪、星盘等；地学仪器有地球仪、象限仪、测角器、铜版地图、指南针等；算学仪器有算尺、比例尺、分离尺、角尺、矩尺、比例规、算筹、手摇计算机、几何体模型等；测量仪器有象限仪、全圆仪、测角仪器；绘图仪器有套式绘图仪等；光学类仪器有折射望远镜、反射望远镜等。

清宫遗存各类仪器之多之精，与当时的科技活动紧密相连，也与皇帝个人喜好有关。康熙初年，清钦天监内爆发了一场因奉行不同天文理论而产生的"历法之争"，康熙皇帝看到西洋科技准确的预测功能，遂起用比利时传教士南怀仁为钦天监监正。康熙朝前期许多仪器都是在南怀仁指导下制成的。他返钦天监后为皇帝制造的第一架天文仪至今仍完好地保存着。康熙皇帝倾心于自然科学，向南怀仁学习天文历法、星象学、地学等，特别是康熙四十七年至五十七年（1708—1718年），历经10年进行的大地测量活动，从客观上促使宫廷内的科技仪器激增。清中期，一度兴起复古之风，受其影响，乾隆皇帝也旨令宫廷造办处制造了一定数量的仪器。这些仪器与清初不同的是，更多用于宫室内陈设。清晚期，随着宫廷科技活动衰退，科技仪器数量也有减无增。

清宫廷不同背景下的科技仪器，来源于三个渠道。一是进贡品。由传教士携入宫廷，遇有机会进呈当朝皇帝，如1541年由德国科隆制造的铜镀金星晷即为其一；再如18世纪马戛尔尼使团来华，向乾隆皇帝进献的太阳系仪、赫歇尔天文望远镜等；还有外国人或中国地方官所进贡物。二是由宫廷造办处通过仿制、研制的形式制造。其中，富有名望的传教士，为朝廷设计制作具有一定水平的仪器，诸如德国汤若望制作的新法地平日晷、比利时南怀仁等制作的银镀金浑天仪、德国戴进贤等参与制作的铜镀金三辰仪等。三是有一定数量的仪器通过对外贸易购得，以满足宫廷活动之需。

汇集于清宫的仪器，真实地反映了清代科技理论的变化与发展。清代，科技仪器制作一改传统度量单位，全面引用西法，如分圆周360°，分一日为96刻的度量单位，从而拉近了中国与西洋历法、地理测量等学科的距离。清中期，西方制造的用于宣传哥白尼"日新说"的仪器，为18世纪先进的科技仪器，这对于中国摒弃落后的"地心说"起了积极的作用。

代表清宫科技仪器制作水平的是出自清宫的制作品，它通过改制、研制，为宫内增添了新型仪器。最为典型的是，清初宫廷制造的手摇计算机，在借鉴西方相关制作理论上进行研制，机芯内设置的齿轮系统，使计算机具备了加减乘除的使用功能，比之同期清宫内西方制造的滚筒式计算机，在设计与使用功能上，都略胜一筹。又如清康熙朝历时10年进行的大地测量活动，所用仪器中不乏清宫廷制作物，测量后绘制的《皇舆全览图》，采用经纬图法，梯形投影，比例为1:1400000。它是我国第一次经过大规模实测，用科学方法制出的地图，虽然还有不准确之处，毕竟"是亚洲当时所有地图中最好的一份。而且比当时的所有欧洲地图都更好、更准确"（李约瑟语）。当时清宫廷制作相关仪器中的科技含量，可见一斑。

清宫所造仪器用料上乘，精于设计，做工精湛。如算学仪器材质中有象牙、虬角算筹、象牙尺、玉尺；浑仪中银镀金的环架，配以紫檀木或黄花梨木的支架，再施以镂雕技术精雕花纹，为仪器增加了艺术气息；有的则是通体镀金，金光灿烂而华美异常。为方便皇帝外出应用，宫廷还特别设计了便于携带的袖珍成套仪器，或可折叠的小型仪器。其中"银镀金简平地平合璧仪"，整体似一小方盒，开启后正反面是不同用途的仪器，即用于测日月星的三辰晷、测方位角的罗盘仪、测水平角的象限仪、测星象求得时刻等功能的演示性的简平仪，以及时刻度分盘,将泛着金光熠熠的6种使用功能的仪器集于一体,可谓精制至极。

清宫当年的各类科技仪器,在中国古代重理轻技的大学术环境下,不仅在宫廷史领域,而且在中国古代科技发展史上,亦具有重要意义。

北京故宫编印有《故宫博物院藏文物珍品大系·清宫西洋仪器》(刘潞主编,香港商务印书馆,1998年)。

(十一)织绣书画

织绣书画多以书画、诗文作品为蓝本,运用织和绣的多种工艺技法加以艺术再现,既追摹原作笔墨之神韵,又有笔墨所不及的光泽、质感和立体感等效果,是别具特色的艺术门类。织绣书画表现的题材内容有花鸟草虫、山水风景、人物故事、吉祥图案、诗文法书、佛像梵经等,装帧形式有轴、卷、册页、条屏、屏风、扇面、镜心等,多用作宫中陈设和观赏。

织绣书画所用工艺以缂丝和刺绣为主,另有织锦、堆绫、刮绒等工艺。其中缂丝艺术在南宋已达到一个高峰,沈子蕃、朱克柔等缂丝艺术大师取得了缂丝艺术无人企及的杰出成就,即令后世千年间的缂丝作品,也难见出其右者。北京故宫藏织绣书画1600余件,绝大部分是清代藏品,另有少量宋至明代藏品。所藏宋代沈子蕃《缂丝青碧山水图》《缂丝梅花寒鹊图》等作品技艺精湛,享誉国内藏界。元明缂丝精品多件,其中明代《缂丝瑶池集庆图》是我国现存明代缂丝作品中最大的一幅。清代缂丝书画以乾隆时期为代表,大量缂丝作品为御制诗文书画、佛像梵经等,以题材丰富、巨制宏幅、缂织精巧而蔚为大观。刺绣以明代顾绣为杰出代表,它以劈丝纤细,针法丰富,配色考究,绣画结合等特点,在中国古代刺绣艺术中占有重要的一席之地,故宫藏明代《顾绣宋元名迹册》是顾绣的代表作,亦堪称中国古代刺绣艺术的巅峰之作。入清后,全国刺绣形成各自具有独特技法与艺术风格的苏绣、湘绣、粤绣和蜀绣四大名绣。北京故宫藏品除蜀绣外均有收藏，其中以苏绣藏品最为丰富精美，以御制宗教题材类刺绣作品的艺术水平最为上乘。

台北故宫博物院织绣收藏，为刺绣与缂丝两种。刺绣作品共179件，其中时代最早者为五代绣三星图，又有宋代34件、元代1件。缂丝175件，其中宋代70件，包括宋代著名缂丝专家沈子蕃署名作品3件，朱克柔署名作品4件；元代3件。台北故宫博物院织绣书画藏品总量不如北京故宫，但质量精美，尤其是缂丝，几乎件件是精品。宋至明的缂丝藏品在数量上超过北京故宫，且艺术水平也在北京故宫藏品之上。其中著名的有宋代沈子蕃《缂丝山水》与《缂丝秋山诗意》、朱克柔《缂丝鹡鸰红蓼》，元代有《缂丝崔白杏林春燕》，明代有吴圻《缂丝沈周蟠桃图》，等等。许多缂丝作品都经过《石渠宝笈》著录，缂丝艺术水平极高。例如，宋《绣梅竹山禽》轴，设色线绣。老梅、翠竹苍劲挺拔，上下山禽三对，各具形态。绣者对禽鸟观察入微，用色线短针捻线，层层绣出羽毛的生长状态，传神生动。元《缂丝崔白杏林春燕》轴，设色织，石旁杏树一株，枝上花朵累累，双燕相互关注，上下飞翔。此幅设色明丽，表示春的气息。通幅缂织细巧，以蓝线设色，朴实稳厚。明吴圻《缂丝沈周蟠桃图》轴，为明代有名织工吴圻所作，颇得原画精神，人物神韵眉睫传神，缂织上方的诗文，笔法遒劲，气势雄壮，墨色浑厚。清孔宪培妻于氏《恭绣御制乐寿堂诗意》轴，五彩色线绣宫中楼阁庭院，用粗松线，以长短交错平针绣出，设色鲜亮华丽，绣技精工，为清乾隆时代精品[①]。

北京故宫编印有《经纶无尽——故宫藏织绣书画》（紫禁城出版社，2006年）、《故宫博物院藏文物珍品大系·织绣书画》（单国强主编，香港商务印书馆，2005年）。

台北故宫博物院出版了《故宫织绣选萃》（1971年）、《缂丝特

---

① 《导读故宫》，第114—117页。

展图录》（1989年）、《刺绣特展图录》（1992年）。

（十二）地毯类文物

中国地毯织造历史悠久，至明清时得到进一步发展。北京故宫保存着当时皇宫实际使用的各种毛（丝）毯1000余块。依其用途，分地毯、地平（宝座下面台面）毯、炕毯、壁毯、窗户毯、桌毯、宝座毯、靠背毯、脚踏毯、楼梯毯、戏台毯、轿毯、马鞍毯等，达10余种之多。其工艺有栽绒毛毯、栽绒丝毯、栽绒盘金银线丝毯、平纹毛毯、斜纹毛毯、缂毛毯、漳绒毯、毛毡毯等手工织造与西方传来的机织毯。这些毛毯，既有宫廷内府机构直接织造，也有通过贸易在国外订购或西方访华使团进献的礼品及藩属国进贡物，而最主要的则是北京、新疆、内蒙古、宁夏、甘肃、西藏等地的贡品。

这批清代宫廷用毯，根据不同的使用功能，装饰有不同内涵的纹饰：祥龙瑞凤纹饰的，多铺设在典礼大殿中；名花蕙草与亭台楼阁等纹饰的，则铺设在具有宁静温馨格调的生活建筑之内。它们多随建筑内空间格局，依形成幅，铺设吻合，使得地面、墙面的绚丽毯面与天花浑然一体，营造出富丽堂皇的皇家气派。

现藏手工栽绒地毯，有10件左右当是明代中期的编织物，其余都是清代（直至清末）的地毯。这些地毯早的已有500余年历史，最晚的也有100余年。其中明中期的龙戏珠、双鸾凤纹以及锦纹大地毯，尽管有的残损，但作为中国皇家用毯，在世界地毯史上仍有其独特的地位和价值。

清代初期，由工部为皇宫织造的栽绒大地毯，至今有40件左右，其中部分品相较好或完好。这批地毯的拴扣（地毯打结）均采用西藏、青海地区特有的连环扣（也叫手捧缠），具有操作简单、编织效率高、节省用料的特点。这是中国各地手工地毯打结中最为特殊的编织法。这批栽绒地毯专为宫廷殿宇地平或地面而织作，面积较大，小的有40平方米，大的则达70多平方米。体积也厚重，一般300余斤，最重者有700多斤。大毯中的经纬线，常选用价格高于棉线的纯丝线，从而打破国内地毯研究中"经纬线用料三阶段之说"——毛经毛纬、麻经麻纬，以及棉经棉纬，从而填补了明清时期，继麻经麻纬之后，还曾有过丝经丝纬的阶段。由于地毯选用植物染色，历经300余年，色泽仍鲜艳，显示了中国传统植物染色的魅力。

清代中期，回疆（今新疆南部）地区编织的盘金银栽绒丝毯，在宫内数量增多，故宫藏品中至今仍有30余件，其中大多数品相完好。整个地毯艳丽的花纹绽放在金银线的衬托中，华美异常。这种用料昂贵、工艺复杂的盘金银栽绒丝毯，是清代特有的地毯品种，在中国地毯发展史上占有重要位置。

此外，通过进贡或其他形式汇集于宫廷的栽绒地毯，由新疆、宁夏、内蒙古、北京、甘肃、西藏、青海及北京宫廷织造，编织中的边经、过纬线、起绒高度等，多以各地区传统手法完成。唯出自清初工部的织造品，表现出综合的制作技术。可以说宫廷栽绒毯比较全面地反映了清代传统工艺的特性。

北京故宫还收藏50余件大小西洋毯，绝大多数为19至20世纪的机织地毯。这些洋地毯带着异国的艺术风情，如五彩花环纹西洋毯，为法国流行一时的古典式样。由于拿破仑执政时期（1799—1814年），要求法国人以古典主义作为美的规范，所以装饰图案中大量运用希腊—罗马艺术中象征胜利、成就、荣誉的形象，诸如月桂、橄榄枝、花环等，再以古典风格的直线几何形将它们组合起来。西洋地毯的装饰，对清代地毯也产生了一定影响。最为典型的是清代壁毯毯边成功运用了西方大相框的图案，使壁毯装饰中西融合，别具一格。

地毯作为清代宫廷实用品，长期以来未能引起人们的足够重视，今天其价值已被认识，其价值不仅在于织造艺术方面，还有其中宫廷典章制度沿革以及宗教信仰、民俗风情与文化交流等历史文化蕴含。

（十三）寝居类铺垫帷幔文物

北京故宫收藏的铺垫帷幔类文物，主要是清代皇帝后妃日常起居所使用的床上用品及相关的家居铺垫用品，共计7844件。种类涵盖幔帐、炕单、被褥、枕头、宝座靠背与坐褥及迎手，凳垫、椅垫、椅披、桌围、桌套、桌布、镜套、镜帘、门帘、窗帘等，其质地有绸、缎、纱、缂丝、锦、呢、毡、漳绒、皮毛等。

由于幔帐、炕单、被褥等床上用品在当时的使用频率较高，作为实用品的淘汰率自然也大，所以遗存至今的不是很多，但其中也不乏用工极为精美者，如企望皇家子嗣繁盛而刺绣百子图案的被褥，其上各种孩童千姿百态，刺绣极其工致；在晚清皇帝大婚时直接使用的"龙凤同合"纹饰的幔帐、被褥也都保存完好。

此类文物中，宝座靠背与坐褥及迎手所占比例较大，计有2000余件，其中多为清宫旧藏，有些带有千字文编号，有的还留有当时所用的建筑名称记录，既有紫禁城的，也有古物陈列所从承德避暑山庄运来的。这些不仅对宫廷史研究具有意义，而且对恢复宫廷原状也具有实际意义。同时，由于其时代跨越较大，几乎包括清代各个朝代的成品，对研究织物组织、织造技术、刺绣技法、时代特点亦有借鉴作用。

（十四）医药类文物

北京故宫现存医药文物3000余件，可以分为医药和药具两大类。其中医药又包括药材、中成药、西洋药品几类。药具按材质划分主要有石质、银质、铜质、瓷质、木质、砂质、玻璃等；按用途划分，有制药用具、盛药用具、诊疗用具、教学用具等。例如，有当年御药房配制丸散膏丹的银质器皿和模具，有设计精巧、携带方便的药袋、药柜；有当年备用的牛宝、马宝、猴宝、狗宝、蜘蛛宝等罕见的名贵药材；还有西洋传教士进贡的西药和葡萄酒；太医院购置的西洋人体解剖模型、化验用的显微镜、消毒用的蒸汽发生器、比较准确的天平等等。

这批文物是研究清代宫廷医学的重要资料。征收各省药材、官员进贡、外买药材和成药、外国使节馈赠、宫中自制药品是清宫医药来源的5个主要途径。宫中御药房和造办处对进入宫廷的药材进行加工炮制，制备成型，最大限度地满足了宫廷用药的需求。而外国药品的流入无疑极大地丰富了清宫医药的品种，是对中成药的补充。

清宫药具中银器和瓷器占有较大的比例。这是因为银器和瓷器都具有化学成分稳定、不容易和药物成分发生化学反应的特性。此外，清宫大量使用银质药具还有一个重要原因，就是沿用传统的看法，认为银器可以试毒。药具是清宫诸多生活用具中的一种，这就决定了其不可能像其他陈设工艺品那样光鲜夺目，即便如此，还是可以从用料、纹饰、造型等方面体现出宫廷特色。巡幸各地是清帝经常性行为，皇帝出巡时，御药房派官员、制药医生携药随行，这就出现了一些方便使用的药具，如银背壶等。康熙和光绪时期出现了西洋医学传入的两次高潮，反映到清宫药具上就是出现了一些西洋药具和诊疗用具。

清代宫廷医学是中国医药史的组成部分，它在一定程度上代表着当时中国医学发展的最高水平。北京故宫现存医学文物在研究宫廷医学方面具有不可替代的作用，在某些方面甚至可以弥补文献、档案记载之不足，从这个角度上讲，其价值弥足珍贵。

（十五）清宫日常生活用品文物

北京故宫所藏清宫生活文物，主要是当时实际使用的日常物件，遗存到今天而成为文物，数量多达几万件，包括餐饮炊具、烟酒茶及其器具、沐浴盥洗化妆器具、取暖纳凉器具、照明器具等。前边介绍的银器、铜器、锡器，都有一部分是生活用品，已特地说明。这些文物真切地反映了当时帝后的生活实态。餐饮炊具既有汉民族长期使用的器具形式，也有满族餐饮生活特殊的器具，比如喝奶茶用的奶茶壶、吃涮羊肉的火锅等。当时帝后实际吸食的水烟、洋烟以及鼻烟等，都有大量遗存；尚有未开封的晚清皇帝举行大婚所用的成罐喜酒；当时全国各地进贡的名茶无所不具，现在尚存有400件左右，其茶具亦十分精美。沐浴盥洗化妆器具可谓类别、形制五花八门，仅梳妆用具即达3000余件，且还存有从国外进口的香水。取暖纳凉器具中，手炉、熏炉、火炉、炭盆等取暖用具存量丰富；纳凉除了传统的手扇外，还遗存有机械的风扇，通过特殊的家具构造而能隔热盛冰的"冰箱"。另有玩具近700件，火镰藏品1500余件，鞘刀约2000件，香约200件，蜡烛1600余件，等等。

（十六）外国文物

北京故宫除收藏大量外国钟表、天文地理仪器外，还存有各类外国文物1000多件，一部分为国家间的礼品，例如收藏的日本文物，就是明清时期中日皇室间的互赠品或商行之间的贸易品；一部分是从西洋采买；一部分为当时藩属国的贡品，例如琉球王国进贡的东洋漆盔甲等，同样反映了当时的中外关系。

在英国文物中当数英使马戛尔尼向乾隆皇帝进献的火枪与腰刀历史价值最为重要，是中英两国第一次正式接触的直接物证。马戛尔尼进献火枪，长159.5厘米，内径16毫米。枪管铁质，带准星、望山。枪口底部附捅杖一根。枪床木质髹漆。枪整体金、银嵌丝西洋花卉、卷草、蕉叶、花篮、星、月、刀、枪、剑、弓、箭、斧、钺、盾、炮、盔、甲、武士、旗、号等纹饰。枪上所嵌的各种纹饰，按类集成，特别是武器部分集西方当时兵器之大成，镶嵌的各种器械及图案，金碧辉煌，制作精美，立体观赏效果极强。枪管镀金处镌西文："HWMORTIMLONDN MAKER TO HIS MAJESTY"。枪附皮条满、蒙、藏、汉文："乾隆五十八年八月……进自来火鸟枪一杆。"

北京故宫收藏日本文物较多，有绘画、陶瓷、雕塑、织物、漆器、家具、书籍等。2002年，北京故宫从院藏的大量日本文物中精选154件套，在日本举办"故宫藏日本文物展览"，展品多为日本江户至明治时期（17—19世纪）的各类艺术品。其中，绘画包括了轴、册、扇等各种装裱形式，以及山水、花鸟、人物、佛像等多种创作题材，且有日本江户时期以来画坛上的主要画家雪舟等杨、雪村周继、丰原国周等人的《山水》《鹰图》等优秀作品。并出版《故宫藏日本文物展览图录》（紫禁城出版社，2002年）。

琉球在明清时期一直是中国的藩属国，国王由中央册封，每年向中央朝贡，因而中国与琉球关系极为密切。2003年以来，北京故宫与日本冲绳县教育委员会合作，共同调查北京故宫所藏琉球文物。通过互访、实地调查、文物拍照、查询信息资料等工作，已初步确定院藏琉球时期相关文物110余种700余件。主要为"红型"（琉球布料）和漆器，武备器具及书画等，主要为琉球王朝时期进献的文物。2004年曾在日本冲绳县举办过展览，出版了《中国·北京故宫博物院藏琉球王朝的珍宝》展览图录。应冲绳县要求，于2008年11月在冲绳县新建博物馆举办琉球文物展。

另外，还有奥地利、俄罗斯、越南等国少量文物，其详细情况仍在整理之中。

有关宫廷类文物，北京故宫还编印过《清代宫廷生活》（万依等主编，香港商务印书馆，1985年）、《清代帝后万寿庆典文物展览》（香港中艺有限公司，1983年）、《清宫宴乐藏珍》（北京出版社，2002年）、《清代后妃首饰》（紫禁城出版社，1992年）、《故宫珍宝》（紫禁城出版社，2004年）、《故宫博物院藏文物珍品大系·宫廷珍宝》（徐启宪主编，香港商务印书馆，2004年）。

台北故宫博物院出版了《故宫历代香具图录》（1994年）。

九　宗教文物

北京故宫宗教文物十分丰富，可分佛教、道教、萨满教文物三大类。

道教文物500多件，存于钦安殿、天（玄）穹宝殿两处殿堂，包括供奉道教的神像、供器、法器、经书。钦安殿主供三尊高大的玄天上帝鎏金铜像，八尊一人高的铜侍从神像，以及明代铜钟、大鼓等，北墙则绘道教诸神五彩描金壁画，东西壁的南北两端还有四时值神壁画。天（玄）穹宝殿供铜鎏金昊天至尊玉皇大帝、三官大帝、文昌帝君铜像，侍从神铜像，各种供器、神牌等。道教文物中有部分明代文物，大部分为清代文物，种类齐全，保存完好，是研究明清两代宫廷道教文化的重要实物。

萨满教文物存于坤宁宫西暖阁，有萨满祭祀仪式所用布偶像、七仙女神像、五仙神像、铁箍台鼓、拍板、腰铃、铁神刀、三弦、琵琶等几十件，是清宫萨满教祭祀活动的珍贵遗物，对研究满族萨满教信仰以及礼仪实践意义很大。

北京故宫宗教文物中主要是佛教文物，又以藏传佛教文物为主，占宗教文物总数的90％以上，原存于清宫多处藏传佛教佛堂。现存比较完好的原状佛堂有雨花阁、宝华殿、宝相楼、吉云楼、佛日楼、梵华楼等20多处，不仅建筑完整，而且室内保留着清代的原貌，匾联、供案、神佛造像、佛塔、供器、法器、唐卡、壁画等皆维持原样，甚至摆放位置都未改变，真实地反映了清代藏传佛教在宫廷内的深刻影响。与道教、萨满教不同，这些藏传佛教文物大部分为清代蒙藏地区的民族宗教领袖进献皇帝的珍贵礼物，以及内地宫廷所造的佛教艺术精品，汇聚了蒙藏地区以及内地的藏传佛教文物珍品，并收藏了不少域外佛教艺术的精品，如古代印度、尼泊尔地区的古代佛像等。其中，藏传佛教造像2万多尊，有金铜、石、木、泥等各种质地，而以金铜造像时代最早，最有代表性。这些藏传佛像的可贵之处还在于保留了清代喇嘛高僧的鉴定记录，通过保留至今的佛像上的黄条和佛龛题记，可知佛像的名称与分类，至今仍具有重要的研究参考价值。

北京故宫藏有唐卡1000余幅，汇聚了17至18世纪西藏与内地艺术家创作的一大批珍贵画作，包括彩绘唐卡与织绣唐卡两大类，是这一时期唐卡艺术的精华，表现了藏传佛教丰富的尊神形象以及坛城世界。北京故宫唐卡大部分是收藏在箱柜中的画像，所以至今大多品相完好，色泽如新。如佛日楼佛堂供案前至今完好保存的两个箱子，就是专供存放唐卡的。而长期挂在佛堂中的唐卡，至今仍保持着原初的状态，对了解清代宫廷藏传佛堂内佛像的组合配置，是重要的实物资料。清宫唐卡亦经高僧大德鉴定加持，基本上每幅背后都有一方白绫，上书汉、满、蒙、藏4种文字的题记，说明唐卡进宫的时间、来源、名称、鉴定人、挂供方位等，这不但在当时就具有宗教与图像学两方面的权威性，也为今天的研究提供了可靠的依据与线索。

北京故宫所藏供器与法器、法衣计7000多件，品类相当丰富，不仅有藏传佛教寺庙中常用的各种器物，许多在一般寺庙中难以见到的珍贵法器，也深藏在宫廷佛堂中。供器有五供、七珍、八宝、海灯、巴令供盘、满达、佛钵、佛塔等。法器有金刚铃、金刚杵、金刚橛、喀章嘎、嘎巴拉碗、嘎巴拉鼓、镶翅海螺、骨笛、钺刀、大号、鼓等，这些器具有来自西藏地方进献皇帝的礼物，多为历代达赖、班禅进贡，大部分法器为清宫廷制作，有纯金银制品，也采用铜鎏金，掐丝珐琅等各种工艺技法，用料考究，工艺精湛，如雨花阁内三大珐琅坛城，梵华楼、宝相楼内6座珐琅大塔，都是清代的珐琅工艺珍品。法衣有佛衣、佛僧帽、佛冠、佛玉带、佛玉圭等。佛衣是清代藏传佛教大喇嘛举行重大法事活动时穿用的法服，由发冠、五佛冠、云肩、两袖和下裳5部分组成，制作十分精美繁复，衣上满缀骨料、角料、砗磲或象牙等材料制成的璎珞，式样独具特色。这批佛衣对研究清代藏传佛教及清廷与西藏的关系提供了宝贵的实物资料。

北京故宫现存一些历世达赖喇嘛进献的文物。如明永乐款铜铃杵，为明初宫廷制造，上镌款"大明永乐年施"，所附黄签写"达赖喇嘛恭进大利益铜铃杵"，原为明朝皇帝赐赠给西藏高僧，后达赖喇嘛又进献给清朝皇帝；木制佛舍利盒，乾隆三十八年（1773年）和四十年（1775年），八世达赖喇嘛进献的两颗燃灯佛舍利和两颗迦叶佛舍利就存放在此盒内；清红铜镀金弥勒佛像，高84.5厘米，为菩萨装弥勒像，头戴五叶冠，左右手结说法印，各持一莲枝，身上系有清宫黄签"达赖喇嘛又呈进利玛佛一尊连衣"；清银间镀金坛城，是达赖喇嘛为皇帝寿辰而进献的礼物。

乾隆四十五年（1780年），六世班禅参加乾隆皇帝七旬万寿庆典，敬献了大量寿礼，相当部分仍保存在北京故宫，如：以藏、汉、满三种文字写成的奏书，赞颂文殊菩萨化身的乾隆帝，并附有礼单；进献的《白伞盖经注》、象征"福吉祥瑞"的右旋螺；七月二十六日，在承德进献的铁金马鞍，后来嘉庆帝曾乘坐过；八月七日，作为寿礼进献的《无量寿佛像》唐卡、《白文殊菩萨像》唐卡、《白救度佛母像》唐卡、《威罗瓦像》唐卡、《六臂积光佛母》唐卡；八月十八日，为祝寿念经进献的《上乐金刚坛城》唐卡；八月二十四日，乾隆帝到须弥福寿庙看望班禅时，班禅进献的明铜镀金释迦牟尼佛像等等，这些至今仍完好保存。

为纪念六世班禅，乾隆帝将宫内雨花阁西配楼布置为六世班禅影堂，供奉六世班禅银造像、画像、《班禅源流像》等。《六世班禅僧装像》为大幅唐卡。画幅正中六世班禅分别穿僧服和清朝官服，结跏趺端坐在雕龙扶手椅上，面容安详慈善。像背后白绫用汉满蒙藏四体文字书写题记："乾隆四十五年七月二十一日，圣僧班禅额尔德尼自后藏来觐，上命画院供奉绘像留，永崇信奉，以证真如。"为画这两幅像，乾隆帝从七月就命画画人陆灿进京，十月三十日，陆灿至西黄寺为班禅画像。两天后，六世班禅就圆寂了。①

北京故宫所藏各类汉地佛教造像约3500件。从质地上划分为石、铜、铁、陶、瓷、琉璃、木等，时间上起自佛教艺术初传华夏的2至3世纪，止于清末。题材丰富，时代齐备。金铜佛像中时代最早的是一尊带有犍陀罗风格的持净瓶菩萨立像，被定为2至3世纪制作，是一件

---

① 参阅《清宫中的部分藏传佛教文物》，《中国文物报》，2008年4月30日。

国内难得发现的较早的佛教造像。另外一件陈万里先生捐献的青瓷禅定佛坐像，制作年代大约在西晋时期，也是目前能够见到的较早佛造像。北魏时期的释迦多宝佛像，唐朝卢舍那佛像、地藏菩萨像，辽代的释迦牟尼像、观音像，明代的文殊菩萨像等皆为上品。

石质佛像以河北曲阳县白石佛造像最具代表性。这批造像1953至1954年在其县城西南修德寺旧址埋葬坑内出土，较完整者在600件以上，其中有明确纪年者271件，始自北魏晚期，止于盛唐天宝年间。曲阳白石佛像数量多，持续时间长，纪年发愿文排列有序，题材丰富，材质温润洁白，雕刻精美。排列有序的纪年造像为造像研究提供了断代依据；丰富的内容，对研究造像题材发展演变规律，提供了可能；高超的技艺，特别是镂空雕刻的广泛使用，在中国佛造像中独占鳌头。这批造像精品现都由北京故宫收藏。

北京故宫所藏唐朝泥质造像，俗称"善业泥"，因背面印有"大唐善业泥，压得真如妙色身"而得名。是玄奘从印度归国后，仿效印度做法，以为唐太宗与长孙皇后祈福之机，在都城长安印造的一种佛像。这种佛像与唐朝政府佛教政策有密切的联系，也是对外文化交流的产物，为研究中印艺术的相互融合以及"长安模式"构成要素与艺术特征，提供了重要依据。

北京故宫所藏木质造像，以广东韶关南华寺木雕罗汉像的历史内涵尤为丰富。罗汉像最初为500尊，现存360尊，北京故宫收藏50尊。它雕造于北宋庆历五年至八年（1045—1048年），所用木材多数为柏木，少数为楠木、樟木、檀香木。像座有束腰须弥座、长方形透雕镂空花石形空心座、半圆形透雕空心座等多种。像身以现实人物为参照对象，形态各异。所刻发愿文内容丰富，是研究世俗信仰的重要资料。南华寺是慧能传法之地，禅宗从始祖达摩直至六祖慧能，佛教才完成了真正意义上的中国化，木雕罗汉像则是形象上对此理论进行的诠释。

明清时期，工匠的创作更多受到文人士大夫审美情趣的影响，德化窑瓷塑艺人何朝宗等创作的瓷塑佛像堪称翘楚，他烧造的观音像和达摩渡海像，胎质细腻，线条流畅，釉面光滑温润，人物神形兼备，栩栩如生，独步天下，后世视为上善之作。

北京故宫现藏佛、道经籍计有2000余种6400余部54000余册。包括历代写本、刻本、墨拓、朱拓本。汉文之外，还有满文、藏文等文字的写经。宋以前写经近百件，纪年题记最早的是北魏宣武帝元恪永平四年（511年），最晚的是北宋雍熙二年（985年）。元、明、清三代写本、刻本数量最多，尤以清内府写、刻经卷最具特色。除了汉文，还有满文、藏文等文字选入《中国古籍善本书目》者计有160余种。藏文写本《甘珠尔》、《清文翻译全藏经》以及《嘉兴藏》三部重要佛经，将在后面"古籍善本"中介绍。

应该看到，北京故宫的佛教及道教、萨满教文物，大多一直在原来的存放地，文物与古建筑未脱离，保存了大量的原始信息，具有比一般传世文物更高的历史文化价值。

北京故宫紫禁城出版社出版了《图像与风格——故宫藏传佛教造像》（2002年）、《藏传佛教众神——乾隆满文大藏经绘画》（2003年）、《故宫博物院藏品大系·雕塑编·曲阳白石佛教造像》（2008年），香港商务印书馆出版了《故宫博物院藏文物珍品大系·藏传佛教唐卡》（王家鹏主编，2003年）、《故宫博物院藏文物珍品大系·藏传佛教造像》（王家鹏主编，2003年），还有展览图录《妙谛心传》（澳门艺术博物馆，2003年）。

台北故宫博物院收藏的宗教文物以佛教为主，并包含印度教、耆那教等。佛教文物以汉传和藏传两大系统为主，就性质可分为三类：经典、造像和法器。台北故宫博物院藏佛教经典不含清刻满藏文《大藏经》有300余部，根据经典制作的方式有写本、缂绣和雕版三种，其中明以前的经卷达50余种，大都是清宫旧藏，著名的有宋代张即之、明代董其昌等的写本佛经。其中明代内府写经用金汁抄写，且有精美的彩绘插图，既是内廷供养的佛教法物，更是完美的工艺品，其内容以藏传佛教经典为主，而且有准确的抄写年代，是研究明代宫廷藏传佛教真实面貌的珍贵材料。

台北故宫博物院佛教造像主要有北魏太和元年（477年）铭释迦牟尼佛金铜坐像，8世纪韩国统一新罗时期的立佛，宋代大理国梵像卷、千手千眼观世音菩萨等，以及德化白瓷观音像、清金漆夹纻观音大士像。东南亚的佛教造像，有印尼中爪哇夏连特拉王朝的立佛，柬埔寨吉蔑王朝的造像以及13世纪泰国佛陀造像。

台北故宫博物院有藏传佛教法器200余件，原贮存于紫禁城中之慈宁宫花园，包括法衣、法器等。其中不论材质和金工均为上乘制作的金嵌珊瑚松石坛城，是顺治九年（1652年）五世达赖喇嘛入京朝觐顺治皇帝时所献，清帝给达赖颁发了金册金印，封五世达赖为"西天大善自在佛所领天下释教普通瓦赤喇怛喇达赖喇嘛"，由此确立了达赖喇嘛的西藏佛教领袖地位。五世达赖朝觐，是清代西藏佛教领袖人物第一次到北京朝拜皇帝，得到朝廷的册封，标志黄教取得在西藏宗教中的统治地位，五世达赖此行为加强西藏地方与清中央政府的关系起到了积极作用。这件文物便成为见证这一历史事件的绝佳资料。

此外，台北故宫博物院近年来还征集到两件16世纪的《古兰经》：伊朗《古兰经》1册，印度比哈律体《古兰经》文法注解1册。另有抄于1926年的贝叶经。

台北故宫博物院出版的法器及金铜佛图录有《故宫法器选萃》（1971年）、《金铜佛造像特展图录》（1987年）、《金铜佛教供具特展》（1995年）、《历代金铜佛造像特展图录》（1996年）、《皇权与佛法：藏传佛教法器特展图录》（1999年）、《观音特展》（2000年）。

十　文献档案

台北故宫博物院藏清宫档案约39.5万件册，大致分以下5项：

其一是宫中档案。其中满、汉文奏折158535件。除奏折外，还有谕旨、御制诗文、各类档册及奏折的附单、片等。较重要的有康熙十七年（1678年）三月十六日颁给抚蛮灭寇将军广西巡抚傅弘烈的特谕，各大臣的贡单。康熙帝亲征准噶尔期间，厄鲁特一些头目如扎木素、达喇什、博洛特宰桑和硕齐、多尔济、察罕代、吴巴什、臧卜格隆、达什等人的供词。雍正时的寄信谕旨、晴雨录、官员履历单、各省的雨水粮价单等，都是很珍贵的史料。

其二是军机处档案。军机处档案分月折包和档册两大类，其中奏折录副档共有190837件、军机处档册6218件册，其名目与数量依性质分为目录、谕旨、专案、奏事、记事、电报等类。月折包中有许多档案具有很高的史料价值，例如有一些重要的外交文书，如照会、国书、条约、地图等，包括乾隆时福康安致阮光平的照会、暹罗国统摄主事郑昭的禀文、法国镌工柯升为雕刻铜版得胜图事的来函，清晚期总理各国事务衙门与各国公使的来往照会，中法战争期间李鸿章《与美使杨约翰问答节略》等，同治年间俄罗斯与总理衙门的照会、中俄界约等，都是极为珍贵的中外交涉材料。

其三是内阁档案，现藏2027册，包括内阁承宣的文书（诏书、敕书、诰命等）；帝王言动的记载；官修的实录、圣训及清代会典；内阁日行公事档册；旧满洲档。其中旧满洲档共40册，太祖朝20册，太宗朝20册，是满洲入关以前用无圈点老满文及有圈点新满文记录史事的档册，是研究清入关以前历史和满洲文字发展变化的极珍贵的原始材料。

其四是史馆档案，现藏22970册、包。这些档案，一是清朝国史馆为修国史所形成的档册稿本，一是民国初年清史馆因修清史所形成的档稿。国史馆与清史馆所修史书，都沿用传统的体例，分纪、志、表、传等类。

其五是舆图。台北故宫博物院还藏有舆图273种800余件，为原国立北平图书馆旧藏。这批古地图大多是清内阁大库红本中拾出的明、清旧图，小部分为后来搜购，多属于官绘本或进呈本，因此品相甚佳。内容上，除一般行政区域图外，沿海、边防、水道、河工、城市、宫殿、道里、驿铺等专题地图亦多。此外还有受赠舆图，刘铮云《地图小世界　世界大地图——本院新近受赠古地图简介》、卢雪燕《漫步古地图——从饭塚一教授捐赠古地图谈起》专门做了介绍。

台北故宫博物院已出版了《国立故宫博物院清代文献档案总目》和《国立故宫博物院藏清代文献传包传稿人名索引》，文献馆同人对于所存的清代档案，基本整理就绪，编有目录卡片及各种索引以供学者检索。从1973年至1982年间，编辑出版了《宫中档光绪朝奏折》26册、《宫中档康熙朝奏折》9册、《宫中档雍正朝奏折》32册、《宫中档乾隆朝奏折》68册等。还有《袁世凯奏折专辑》《年羹尧奏折》3册等。台北故宫博物院所存清代起居注册，由台北联合报文化基金会国学文献馆先后影印出版了《清道光朝起居注册》100册、《清咸丰朝起居注册》57册、《清同治朝起居注册》43册、《清光绪朝起居注册》80册。1969年影印出版《旧满洲档》10册，2005年又以《满文原档》为名出版了整理本。还有《先正曾国藩文献汇编》（全8册）、《曾文正公国藩文献特展目录》、《清宫宫中档奏折台湾史料》、《清宫月折档台湾史料》（1至3册）、《清宫谕旨档台湾史料》等专题。

如前所述，由于业务及机构的调整，北京故宫明清档案部1980年划归国家档案局，改称中国第一历史档案馆，收藏的明清档案按当时统计即有800万件，后经深入整理和陆续征集，中国第一历史档案馆明清档案目前的统计数字已达1000余万件，占到海内外所有存世明清档案的一半。从1971年至1979年，北京故宫明清档案部整理出版了《第二次鸦片战争》（7册，上海人民出版社出版）、《关于江宁织造曹家档案史料》（中华书局出版）、《李煦奏折》（中华书局出版）。

北京故宫现在文献类收藏可分6个部分：

其一，舆图收藏。大部分舆图存于中国第一历史档案馆，北京故宫现有300余册（幅、件）。以康、乾时期绘制的最为精致。如康熙年绘制的《皇舆全览图》；雍正朝绘制的《皇舆十排全图》，不仅有木刻本，还有两种不同的色绘纸本；乾隆朝绘制的舆图较多，尤以《皇舆全图》之铜版初印本最为罕见。全图共104块，图幅范围基本上和雍正图相似，北尽北冰洋，南抵印度洋，西至波罗的海、地中海和红海，不仅为我国最完整的实测地图，也是当时世界上最早的、最完整的亚洲大陆全图。为了宣扬这一成就，乾隆皇帝命内府造办处镌刻铜版104块并刷印纸图104张。在河图方面，有乾隆三十三年（1768年）方观承、黄立隆测制的《濡源征绘》和《畿辅河淀四图》最具参考价值。这些舆图内容极其丰富，有的色绘精细，犹如青绿山水画卷，对于考察了解各处的历史变迁等，具有重要的资料价值。

其二，部分《清内务府陈设档》。这是清宫内务府每年对其所辖各处殿堂陈设物品清点的清册。中国第一历史档案馆现存雍正八年（1730年）至民国十一年（1922年）陈设档1万余册，大多为圆明园、静宜园、静明园、景山、避暑山庄等皇家园囿的陈设清册；而北京故宫所藏康熙三十三年（1694年）至民国十一年陈设档682册。陈设档的种类，就其形式而言，有原始档、复核档和日记档之分。

北京故宫所藏陈设档，以乾隆年以后者居多，主要有清宫内廷各殿陈设档、景山各殿陈设档、雍和宫陈设档、圆明园陈设档及一些没有殿名的陈设档。每页中缝处均钤"广储司"之印。据此可知，陈设档由广储司专管。现藏陈设档中年代最早的一份为康熙三十三年所立《陈设账》。该档在许多陈设物品名称下粘贴浮签，浮签上以墨笔注明康熙至乾隆年间这些陈设物品的动态信息。例如《钦安殿佛像供器档》，清宣统年内务府抄本，签题"清宣统二年八月立"。每半页9行，每行登录陈设物品1种，包括名称、件数、现状、随饰物件、陈设立位等。其中值得注意的是，档册中载有"光绪五年五月二十五日，连英传旨，慈禧皇太后祈雨灵验特供御用龙袍一件"字样，对于研究清宫神事活动具有参考价值。总之，陈设档真实地反映了清代宫殿陈设的特点与变迁情况，对研究清代宫廷陈设规律、帝后生活以及恢复宫廷原状陈列等具有重要价值。

其三，"样式雷"建筑图档。"样式雷"为我国清代著名的建筑世家，祖籍江西。从第一代样式雷——雷发达在康熙年间由江宁来到北京，到第七代样式雷——雷廷昌在光绪末年逝世，雷氏有7代长达200多年为皇家进行宫殿、园囿、陵寝以及衙署、庙宇等设计和修建工程。因为雷家几代都是清代样式房的掌案头目人，遂被世人称为"样式雷"。从康熙至清末，雷氏一家完成了大量建筑设计，制作了大量画样、烫样及工程做法等图籍。北京故宫现藏样式房和工部绘制的建筑图样有2000余幅，时间跨度近180年。其图样内容广泛，有宫殿、皇城、行宫苑囿、陵寝、衙署、王府、庙宇、营房、桥梁、河道、内外檐装修以及在庆典中临时支搭的楼阁戏台等工程项目。最多者为陵寝类（788幅）及园林类（532幅）。种类也很丰富，有为平面图的地盘样，有相当于立面、轴侧图或透视图的立样，有展示结构的大木立样等图样。按设计阶段分为糙样、糙底样、底样、细底样、进呈图样等。图样大小不一，大者盈丈，小者数寸。绘制色彩上有墨绘、朱墨绘、彩绘、描金彩绘。绘图纸张，除个别用绢，大部分用中国手工纸，也有少量为机制纸。集中反映了清代国家建筑工程设计程序及雷式画样的图学成就，同时也是清代皇宫建筑设计及营建活动的真实记录，极具文物及史料价值。例如清内府彩色绘纸本轴装《西陵全图》，四边黄绫装裱，共四轴，四轴相等，每轴纵191厘米，横96厘米。黄浮签注释，极为详细。其四扇屏相接成为一幅巨画。所绘除西陵的群山、松林、山石等外，尚有清雍正帝陵、嘉庆帝陵、道光帝陵三座，皇后陵三座，妃园寝二座，以及公主墓、王父墓、衙署、寺庙、行宫等等，宛如一幅优美的山水画，实为清西陵形势立样图。此图展示了百年前清西陵的全貌，为今人研究西陵提供了形象资料。

其四，清代中晚期的帝后服饰和器物小样。各类服饰图样有370余种3400余幅（件），系定制实物之前，由内府画师绘出纸样，局部施以彩色，以供内府按样制作。这些图样可供了解清代帝后及其家族们穿戴服饰的生产过程和当时工匠们的高超技艺及纺织业的发展水平。

服饰图样种类繁多，大致可分帝后朝袍、龙袍、朝裙、龙褂、马褂、紧身衣褂、坎肩、被褥、靠垫、迎手、香囊、荷包等等。以其绘制方法可分为按身材原大裁剪的尺寸纸样和色绘各式花纹的小样两种，墨绘、色绘和朱墨二绘皆有。其绘制时间，据署款、奏折可知，大多是清道光以后和同治、光绪时期。有的画样上署有画工姓名，有的还以楷书注明"照此样做各色面料若干等"。据活计单所列目录及其编号可知，正项目录共列1~96个号，末附"另"字目录号为1~50号，二者共为146种。其中1~10号为明黄、石青缎五彩金龙朝袍、朝褂、披肩、龙袍等共10种，分别依此样织造缂丝、绣江、绣实地纱、绣芝麻地纱、纳纱直经地纱等面料各若干件，总计为80种。自11~18号为各色花纹衣面料18种，每种要求织造若干件，共计32件。自93~96号所列为马褂、紧身、褂面样计4种14件。活计单中还列有织造"绣石青缎五彩金龙女领袖""石青五彩绀丝金龙女领袖"各"三十份"；织造各色缎共60连，各色纺丝、绸共1800件。经过核对，图书馆现存衣饰图样上的号码、名称，与活计单所著，除个别缺失外，大都相等。

其五，清宫照片。清代后期，西洋摄影技术传入中国，后传入宫中，因得到慈禧太后的认同，一度宫中拍摄照片盛行。这些照片，自溥仪出宫后由故宫博物院收藏至今。北京故宫现收藏宫中遗存照片有1800余张，其中主要是人物照，1000多张，另外还有建筑、场景、动物、风景、书影照等题材。这些照片极少数拍摄于1898年戊戌政变以前，如光绪帝珍妃的照片等，其余都是1900年以后所拍，包括慈禧、溥仪后妃及太监、宫女等在宫中居住期间的生活照和戏剧人物照，还有溥仪居住天津时所拍的一批照片，以及八国联军侵占北京、晚清新式军队、清末某地水灾灾民照片，民国时期部分人物和故宫博物院建院初期的一些照片等等。建筑照有故宫文渊阁、御花园等。场景照有"京张铁路""户部造币总厂"等。书影照有《唐音统签》、清后期铜版剿匪战图等。在清代晚期人物照中，以慈禧太后为最多。这些照片，大都摄于慈禧70岁前后，形象大同小异，但其服饰、头饰、陈设等都不尽相同。1924年印度诗人泰戈尔来华时，曾到故宫会见溥仪，并在御花园四神祠前合影留念，其后在景山庄士敦家中与诗人林徽因、徐志摩及当时的民国政府总理颜惠庆等12人合影的照片，以及张学良、于凤至与美国人端讷等参观故宫乾清宫的照片等，也是难得的历史镜头。

1995年，北京故宫紫禁城出版社出版了《帝京旧影》（朱家溍主编）、《故宫珍藏人物照片荟萃》（刘北汜、徐启宪主编），披露了大量清宫照片，并开启了日后"老照片热"的先河。2007年，北京故宫完成了国家清史编纂委员会委托的《故宫博物院图书馆藏清代图像整理》子项目，对馆藏图像资料，包括清宫旧藏照片、古籍插图、善本书影、清代图样，以及西文和日文图书插图等进行扫描、分类，共15000幅，编目著录数据15000条。

其六，书版。我国自有雕版印刷以来，书版便成为印刷典籍传播文化的重要工具。清宫在遗存大量古籍的同时，亦遗存了大量的书版。北京故宫现收藏清宫书版约20万块，其中有乾隆年镌刻的满文《大藏经》48211块、康熙年刊刻的蒙文《甘珠尔》约18000块，雍正年刊刻的《律历渊源》《朱批谕旨》，乾隆年刊刻的《十三经注疏》《钦定二十四史》等，大多保存完好，十分珍贵。其中还有近200块佛像画经版，多为《大藏经》中的佛像插图，雕刻刀法娴熟，线条细腻流畅，人物逼真，堪称版画佳品。1980年以后，由中国书店利用其中的书版，补刊重印过《西域同文志》《平定两金川方略》等书。

十一　古籍善本

清宫旧藏是两岸故宫藏书的主要内容和共同特点。但由于台北故宫博物院藏书是从南迁典籍中挑选的，因此少而精，体现在版本早（宋、元、明版多）、卷帙完整、品相好者居多等方面。台北故宫博物院藏宋版书约200部，计2452册；元版书304部3667册。台北故宫博物院藏书，其中不乏独有的巨帙或孤善之品，相当珍贵。

其一，文渊阁《四库全书》。乾隆时期敕编的《四库全书》，基本聚集和保存了18世纪以前中国古籍的精品，是中国文化史上的一件大事。乾隆四十一年（1776年）在紫禁城文华殿后建成文渊阁，乾隆四十七年（1782年）春抄成第一部《四库全书》即贮藏在这里。文渊阁《四库全书》在7部书中最先抄成，誊录、校勘、装潢也最为精善，共收录文籍3461种79309卷，装订为36381册。1986年台北商务印书馆影印文渊阁《四库全书》，16开精装本1500册。

其二，摛藻堂《四库全书荟要》。该丛书是根据乾隆皇帝的谕旨，从《四库全书》中选择精华编成的，篇章格式一如《四库全书》的体例。《四库全书》的特点在博，《荟要》的特点在精，且能互相辅助。《四库全书荟要》共抄成2部，一部存放在宫内御花园的摛藻堂，另一部存放在圆明园长春园内的味腴书屋。咸丰十年（1860年），英法联军火烧圆明园，味腴书屋《荟要》化为灰烬。《荟要》收书458种20828卷11145册2000函，另有《分架图》2册1函，《简明目录》6册1函。从总数言，约为《四库全书》的1/7，依册数而论，则占《四库全书》的1/3。1985年台北商务印书馆将其影印出版。

其三，《宛委别藏》。清阮元任浙江巡抚时，发现有许多为《四库全书》没有收录的珍本，便萌发了搜辑四库阙书的愿望，遂广泛收集和购买宋、元以来的各种刻本、抄本，历时10余年之久，并分三次进呈，嘉庆皇帝令将这批书贮于养心殿，赐名为《宛委别藏》。传说夏禹登宛委山，得金简玉字之书，此即取书之珍贵罕得之义。该丛书都是罕传本或据珍稀旧本影抄的，对各书的内容又无增、删和更改的弊病，保持了原书的完整性，用以考订史实更为可信，后世给予极高的评价。《宛委别藏》有正、续、三编之分，收书160种，共780

册103函。1935年，故宫博物院曾选该丛书40种由商务印书馆出版。1981年，台北商务印书馆将全书影印出版。

其四，"天禄琳琅"藏书。在清宫丰富的藏书中，以"天禄琳琅"善本最具价值，不但孤本秘籍为世重宝，而且各书校勘精审、刻印精良、装潢讲究，流传有绪。"天禄琳琅"藏书内有宋、辽、金、元、明五朝善本650余部。1925年清室善后委员会点查故宫物品时，发现约有300部被溥仪赏与其弟溥杰，仅剩下311部，现均在台北故宫博物院，有宋版34种，影宋抄本3种，辽刻、辽抄本各1种，元版62种，明版203种，明抄本7种。如南宋初年国子监刊本《尔雅》，南宋两浙东路茶盐司刊本《周礼》《论语》《孟子》，宋乾道年间高邮军学刊本《淮海集》及韩仲通泉州刻本《孔氏六帖》，元刻本《大元圣政国朝典章》都是寰宇仅存的孤本。其他如宋刊本《春秋集注》《龙龛手鉴》《宣和奉使高丽图经》《郡斋读书志》《四朝名臣言行录》《刘宾客集》，元刻本《宣和书谱》《韩诗外传》《元丰类稿》《佩韦斋集》等都是世所罕见的版本。

其五，内阁大库藏书。内阁大库是清代存储档案册籍的处所，同时还藏有为数不少的宋、元、明、清旧刻书，其来源有官修书籍及其底稿，为修书征集的参考史籍及明文渊阁遗书。内阁大库的大部分图籍于清末拨交京师图书馆，剩余的一小部分图书，今存台北故宫博物院，包括宋、元、明、清刊本、抄本，共计208种2024册。明清内府原抄本如《大明会典》《大明律历集解》《大清会典》等都有相当高的价值。另外还有《黑龙江公报》《交通官报》《学部官报》《商务官报》及清末各种统计表，为研究清末历史的重要资料。

其六，杨守敬"观海堂"藏书。杨守敬为清末驻日公使随员，在日4年，大量访求流散在海外的古籍，载运回国，储观海堂书楼藏之，谓之"观海堂藏书"。民国四年（1915年）守敬逝世，观海堂藏书的大部分被政府收购，藏于政世堂。民国七年（1918年）冬，政府收购之书，徐世昌以一部分拨交松坡图书馆，约十之五六，所余者储于集灵囿，民国十五年（1926年）1月始将储于集灵囿的15000多册书籍拨交故宫博物院保存，1933年随故宫文物南迁，其大部分现收藏台北故宫博物院，其遗存的一小部分，现仍庋藏于北京故宫。杨氏这批藏书归故宫博物院后，故宫博物院图书馆曾为之编辑过两本书目：一本是《大高殿藏观海堂书目》，不分卷，1926年油印本；另一本为1929年观海堂藏书移至寿安宫专室庋藏后，由故宫博物院图书馆馆员何澄一编撰《故宫所藏观海堂书目》4卷，共收书3020种，1932年9月故宫博物院铅印本。现存台北故宫博物院的观海堂藏书，共计1666种15000余册，是迁台图书中唯一不属于清宫原藏的图书。其中宋刊本13种，元刊本56种，明刊本358种，清刊本450种，抄本24种，日本刊本330种，日本抄本407种，韩国刊本28种，其中有不少稀世善本，后人给予极高的评价。包括408种医书，多半是日本汉医学家小岛学古旧藏，多罕见秘本，而且书本复加朱批墨校，尤显珍贵。

另外，接收的原国立北平图书馆的一批善本书也很重要。清末推行新政，筹建京师图书馆，文津阁《四库全书》、翰林院所存八国联军之役劫余的《永乐大典》和内阁大库的宋、元、明旧刻的大部分图籍，一并拨交京师图书馆即后来的国立北平图书馆储藏。民国年间，国立北平图书馆将该馆所有的书籍分为甲乙两库庋藏，甲库所存善本于抗日战争期间，为避日本战火运往美国，1965年11月运返台北，庋藏于台北故宫博物院，其中有宋刻本81种、元刻本133种、金刻本4种，不乏孤本秘籍，非常珍贵。

台北故宫博物院多年来接受各界捐赠图书中，有一些也相当珍贵，例如徐庭瑶先生捐赠明清刻本旧籍326种2390册。其中有一部1926年掖县张氏皕忍堂模刻的唐开成石经本《九经三传》附贾刻《孟子》，刻工、印刷、纸墨均属上品，是民国以来的雕版印书中的绝佳珍本。沈仲涛先生捐赠的研易楼藏书，共90种1169册，其中有宋元版本51种、明本31种、清本3种、旧抄本3种、手稿本2种，数量虽不算多，但多属精品，已收录在《国立故宫博物院藏沈氏研易楼善本图录》中。

为广流传，台北故宫博物院影印出版了多部单行的宋元善本，宋版有《刘宾客文集》《尔雅》《周礼注疏》《南轩先生文集》《晦庵先生义集》《昌黎先生文集》《新刊校定集注杜诗》《孟子注疏解经》《春秋公羊经传解诂》《音点大字荀子句解》《古史》《仪礼要义》《纂图互注毛诗》等，元版有《论语集解》《孟子赵注》《宣和画谱》《大元圣政国朝典章》《宣和奉使高丽图经》《四书集义精要》《元丰类稿》等。

台北故宫博物院编有《国立故宫博物院普通旧籍目录》、《国立故宫博物院善本旧籍目录》（上、下册）、《国立故宫博物院所藏族谱简目》等馆藏目录，编纂了《国立故宫博物院宋本图录》、《故宫图书文献选萃》（《故宫文物选萃》系列之一）等善本图录。

北京故宫古籍特藏亦相当丰富，有33万余册，不仅数量庞大，而且品类丰富。其中善本古籍约20万册，收入《中国古籍善本书目》者有2600多种10余万册。其中有一批古籍分别编入《全国满文图书资料联合目录》《全国蒙文联合目录》《中国医书联合目录》《中国地方志联合目录》《中国丛书综录》等。2008年3月，国务院公布了首批51家"全国古籍重点保护单位"，在5家博物馆中，北京故宫名列前茅。同时，国务院公布的首批进入《国家珍贵古籍名录》的古籍共有2392种，其中北京故宫列入名录的有61种（包括碑帖），各个时代、各类版本兼有，具有一定的代表性。

北京故宫藏有丰富的清内府刻本图书，且大部分是初刻初印本，纸墨、刊印都很精良。还有670余种4000余册的方志收藏，绝大多数是清国史馆和内阁大库的旧藏，尤以顺治、康熙、乾隆年间所修志书为多，约占馆藏总数的94%以上，其中清刻本最多，清抄本、旧抄本和清内府抄本、稿本次之。这些方志几乎遍布全国30个省市以下府、州、县。台北故宫博物院在清内府刻本及方志收藏方面也占有优势。溥仪、溥杰带出宫的"天禄琳琅"藏书，后收回239部2868册，由北京故宫收藏，1959年划拨北京图书馆（今中国国家图书馆），前文已介绍过。现北京故宫图书馆尚存有元至正二十三年（1363年）吴郡庠刻本《通鉴总类》，为宋人沈枢所辑，原属清前期内大臣揆叙家藏，康熙年进献宫中，后被选入"天禄琳琅"储于昭仁殿。另存藏乾隆四十年（1775年）内府朱格抄本《天禄琳琅书目后编》5部及嘉庆年间绘制的《天禄琳琅排架图》，亦弥足珍贵，为今人研究"天禄琳琅"藏书原状、藏书目录及收藏印记等提供了翔实可信的实物资料。

北京故宫典籍贮藏有以下特点：

第一，明、清内府写本书及原宫中遗存的抄本书。

北京故宫所藏明朝内府抄本书，数量不多，却很精好，如《大明太宗皇帝御制集》、《圣政杂录》和《太乙集成》等，字体、笔法、开本、纸墨等方面都体现了明宫特有的风格。现藏清内府写本、抄本书，数量多，抄写精，装帧美，包括清初以迄宣统末年的经史子集各类，多为北京故宫特藏，外间并不多见。

其一为内府从不发刻之书。清内府编纂的某些书从不发刻，只准抄录若干部存于宫禁。如清历朝皇帝起居注、本纪、玉牒、实录等。仅实录一种，自太祖至穆宗十朝，共有4400余卷。北京故宫现藏汉文一套即为原贮乾清宫的小红绫本。此外还有《石渠宝笈》《秘殿珠林》《国朝宫史》等，也是不准发刻的书，特命词臣抄录数部供大内陈设备览。

其二为呈请皇帝御览之书。为了皇帝阅览、携带方便，特命善书词臣精写成大中小号字，或端楷细书，或仿宋方字，或行、草、篆、隶，或汉、满、蒙、藏诸文合璧，或图文并茂。有朱、墨二色，亦有三色、四色兼用。字有大如钱，亦有蝇头细书。书册首末钤印皇帝宝玺、闲章，冠御制序文或御笔题识，绘上御容肖像，或命大臣注释、题跋于卷末。装帧极为考究，纸墨精良，典雅端庄。

其三为皇帝御笔和臣工奉敕精写的各种释道经文、疏论、著述等。康熙初年定制，每月朔、望两日，皇帝要熏沐恭书《心经》一部。每遇皇帝、太后万寿节等，皇帝要御笔写经恭祝太后，臣工奉敕敬书《华严经》《宝积经》等进献。因此宫中收藏各种写经颇多，仅御笔《心经》一种就有1100余部，其中乾隆皇帝写经多达600余部。这些写经都选用上好的金粟藏经纸、磁青纸、黑漆蜡笺、洒金笺、菩提叶等，纸质坚厚光洁，并用上等泥金、徽墨精写，绘佛像、韦驮等。有不少是极为罕见的绝妙精品。此外，还有于敏中、陈邦彦、刘统勋、和珅等大臣奉敕写进的各种经卷，也有不少佳作传世。这些经卷大都钤印皇帝宝玺、藏章，装帧豪华，具有很高的工艺水准和观赏价值，有的还著录于《秘殿珠林》。

其四为修书各馆在编书过程中形成的稿本、修改本、清本、呈览本和付刻底本等。如《康熙字典》《渊鉴类函》《佩文韵府》《选择历书》等。所藏各种稿本书内，大都贴有修改意见的黄、红、白浮签和皇帝、总裁、总纂各官的朱批和墨笔勾改涂抹的笔迹。

其五是升平署剧本。台北故宫博物院藏有升平署戏曲抄本807种，北京故宫则有南府时期和升平署时期各类戏曲抄本11000余册。这些戏本，包括元明杂剧、明清传奇（即民间同样常演的戏）和清代乐部根据小说名著所编连台本戏以及乐部所编节令承应戏等。其抄写年代最早有顺治年间教坊司时期遗留下来的，绝大部分是康熙至道光南府时期及道光七年（1827年）以后升平署时期抄写的。这些戏的演出形式是昆腔、弋腔。还收藏一部分乱弹戏本和梆子腔戏本。有供帝后赏戏时专用的"安殿本"，也有供演员排练用的"串头"和"排场"脚本，有的还配工尺谱。这些剧本有不少尚未刊行的罕见珍本和孤本，是研究清代戏剧的宝贵资料。如乾隆年间抄本《喜朝五位·岁发四时》，为主管乐部大臣张照所撰。墨笔楷书，朱笔句读，附串头排场。属昆腔月令承应戏，一本二出。又如乾隆六十年（1795年）抄本《四海升平》传奇戏，为乐部所撰，昆腔承应大戏第七出，演英吉利来朝故事。这两种皆是编撰和抄写年代较早的罕见孤本。

其六是清内外大臣编进、采集和清宫旧藏的各种抄本书。明抄本重要的有严嵩《钤山堂集》40卷、钱正春《红豆村杂录》稿本等。清抄本内重要的有康熙年间著名藏书家季振宜进献的抄本《全唐诗》710卷。此书是季氏据钱谦益藏残稿补编而成。康熙四十五年（1706年）编校的《钦定全唐诗》900卷，即以此为底本。康有为编进的抄本书有《日本变政考》《波兰分灭记》《列国政要比较表》等，皆是光绪皇帝了解外国政治，准备维新的重要读物。影宋抄本有《营造法式》和《金壶记》两书，纸墨色泽和影抄之精佳，都胜过当时一般名家抄本。所藏唐人吴彩鸾写本《刊谬补缺切韵》，是一部自宋迄清流传有绪的稀世孤本，至今仍保留着宋朝内府龙麟装原貌，尚有宋宣和四印和清乾隆玺印，宋《宣和书谱》、《中兴馆阁储藏书画录》和清《石渠宝笈》初编均有著录，是研究中国古代书籍装帧的宝贵实物资料。

第二，少数民族文字古籍图书。

北京故宫所藏满、蒙、藏等少数民族文字的图书近2000种25000多册（台北故宫博物院收藏11501册）。无论是种类还是数量，均属收藏大户，其中大部分是善本，稀有珍本近百种。大都是清代内府修书的重要组成部分，包括武英殿刻本、精写本和抄、稿本，也有采进的抄本和京师三槐堂、聚珍堂、二酉堂等书坊刻本。其内容广泛，经史子集皆有，尤以满文字书、实录、圣训、方略、典则、天算、佛经和文学艺术类图书最为突出。

北京故宫所藏自然科技方面的满文书颇具特色。天文历法类清历朝满文刻本、抄本及蒙文刻本时宪书就有1000余册。另外有关数学、音乐、地理、医药等方面的满文典籍也有几十种。其中《西洋药书》介绍了金鸡纳霜等40余种西洋医药及其使用方法。嘉庆元年（1796年）内府编《笳吹番部合奏乐章满洲蒙古汉文合谱》和《庆隆舞乐章清汉合谱》两书，共辑缅甸、越南、尼泊尔三国国王进献的乐章和少数民族进献的平定金川、西陲乐章及乾隆八旬万寿舞词等几十首歌舞音乐的曲谱、乐章，于研究清代宫廷音乐和少数民族歌舞颇具价值。

北京故宫收藏清内府刊录和采进的满文音韵字书及有关历史、言情小说亦很丰富，近百种，并多是手抄孤本。例如清乾隆年抄本《会同四译馆译语》，是清帝敕纂而未经刊行的一部翻译词典。与现藏于国内外诸明清刻、抄本《华夷译语》比较，该书所收英、法、拉丁、意、葡、德及我国四川、云南、广西三省的少数民族语种最多，对于研究300年前的西欧、东南亚及我国西南地区民族语言文字及研究我国翻译学史，都是罕见的珍贵资料。清写本《满蒙藏嘉戎维语五体字书》是清代唯一的一部满、蒙、藏、嘉戎、维吾尔语五体合璧词典，是一部"标音词典"，为清代满语、蒙语、藏语、嘉戎语、维吾尔语等各少数民族语言的语音学研究提供了珍贵的语音资料。

北京故宫珍藏的满、蒙、藏等文字的佛经数量大，装帧也极精美。其经文和佛像诸图多出自内廷大臣和名匠之手，艺术水准胜过其他图籍。除过藏文写本《甘珠尔》经及满文刻本《大藏经》后面另作介绍外，还有不少佛经珍本。例如，乾隆三十七年（1772年）命和硕庄亲王允禄率通习梵音之人，将全部藏经中的咒语编为《汉满蒙古西番合璧大藏经全咒》，末附《同文韵统》6卷、《字母读法》1卷、《读咒法》1卷，共96卷，是研读佛经咒语的重要工具书。其他各种文种的单本译经也很多。稀有珍本中如乾隆三十八年（1773年）允禄和章嘉国师奉敕编译的《满汉蒙古土伯忒四体合璧楞严经》，编译、写刻、装帧都十分精彩。

乾隆四十五年（1780年）五世班禅进献的《白伞盖仪轨经》，为汉藏蒙满四体合刻朱色印本。每种文字均为单页双面刻印，共256页，合装在一长方形紫檀木匣内，匣盖上镌刻"班禅额尔德尼所进白伞盖经注"13字。此经被誉为佛说经中之"精深秘传者"，是印度、西藏佛界的根本仪轨，凡黄教僧徒皆虔心敬诵，具有重要的历史文物价值。还有乾隆皇帝亲译的佛经，如《御译大圣文殊师利菩萨法身礼》，末识"此经系唐三藏自梵本译汉，乾隆岁次辛丑（乾隆四十六年）暮春，上诣五台瞻礼，御笔译清文，命扈跸御前额驸巴林公德勒克录"。黑光蜡笺，泥金端写，藏满蒙汉四体对照。

第三，三部重要佛经。

　　清乾隆三十五年（1770年）内府泥金藏文写本《甘珠尔》，全名《太皇太后钦命修造镶嵌珠宝磁青笺泥金书西域字龙藏经》。"太皇太后"指的是康熙皇帝的祖母博尔济吉特氏，她笃信佛法，依据本藏卷首康熙帝的满汉文合璧《御制序》，康熙八年（1669年）她巡视宫廷库房，发现有明代藏文《甘珠尔》一部，年久破损，乃命康熙皇帝派人仿照抄写，是为本藏修造的缘起。乾隆帝为庆祝其生母崇庆皇太后八旬万寿，特颁旨以康熙八年写本为祖本誊录而成，共108卷（夹）。本藏的内容即藏文大藏经中的《甘珠尔》，意为"佛陀教敕的译本"，相当于汉文大藏经中的"经藏"和"律藏"，共收佛典1000余部。本藏为梵夹装，外裹经衣，上下有朱漆描金木夹板，彩色经带。首叶经头板裱磁青纸，覆盖红、黄、蓝、绿、白五色经帘，中间凹下部分书梵藏对照金字，两边彩绘佛像二尊。装饰纯金欢门，镶嵌珍珠、珊瑚珠、松石等各色珠宝1万余颗，可称富丽堂皇。这部藏文《甘珠尔》，现分藏两岸故宫，其中绝大部分藏于北京故宫，有96函（夹），台北故宫博物院有12函（夹）。

　　《清文翻译全藏经》，是奉乾隆皇帝之命用满文翻译的佛教经典总集。"清文"即满文。乾隆皇帝敕旨译印满文《大藏经》，其目的有三：一是在已有汉、藏、蒙三种文字佛教大藏经的情况下，弥补没有满文《大藏经》的缺憾；二是借着满文佛典来推广满文满语；三是认为汉文字词较简约深涩，而满文则明畅易晓，更能表达梵文的原意。该藏翻译始于乾隆三十六年底（1771年），设"清字经馆"于西华门内，成立译场组织，乾隆五十五年（1790年），全藏翻译完毕，乾隆五十九年（1794年）四月二十六日，"所有本馆办理颁发《大般若》《阿含》等经统计一百八套，每套十二分，陆续实收过贵处装潢共一千二百九十六套"[①]，表明《清文翻译全藏经》每部108函，

---

① 中国第一历史档案馆、香港中文大学文物馆合编：《清宫内务府造办处档案总汇》第52册，第632页。

刊印、装潢12套，至此业已全部竣工，并颁发完毕。该藏装潢采梵夹装，极为精美。现仅存二部，一部藏于拉萨布达拉宫，一部分藏两岸故宫，北京故宫收藏76函，台北故宫博物院收藏32函。2002年，北京故宫紫禁城出版社利用故宫所藏乾隆年刊刻的满文《大藏经》经版，经过整理、补照，以《满文大藏经》为名，重新刷印20套，向社会公开发行。

以上两种藏经有着重要的价值：一是文物价值，两者都是海内仅存的珍本，从版面的考究、装潢的富丽、制作的精美，体现了清代印刷及书籍制作的高峰；二是文献价值，《甘珠尔》可与其他版本的藏文大藏经作为校勘比对，而《清文翻译全藏经》中的佛学译语则能补足历来满文辞书语汇的不足。①

北京故宫所藏《嘉兴藏》是浙江巡抚都御史李馥雍正元年（1723年）印本，包括"正藏""续藏""又续藏"三部分，共收经书2100余种12000余卷。其中宋明以来名僧禅师的各种撰著，是其他《大藏经》未曾收录的。每经末的刊刻识语，详载刊刻时间、地点、捐资者、校对者以及写刻工匠姓名，工价银两等，于考证版本十分有用。全书纸墨、写绘、刊刷乃至装帧都十分精良，是传世《嘉兴藏》中最为完整、品相最好、内容最丰富的一部。

第四，敦煌文献。

北京故宫所藏敦煌文书共计116件，除1件属于1949年以前的旧藏外，其余全部是1949年以后入藏的。来源主要是收购、捐献和国家调拨。这批藏品大致可以分为4类：写经、文书（如归义军时期酒账）、古籍（如敦煌土地庙遗书《毛诗注》）、绘画（如敦煌菩萨像和吐鲁番伏羲女娲图）。其中比较重要的有北魏时期的曹法寿楷书《华严经卷》、北周时期的无名氏楷书《大般涅槃经卷》、北凉时期的安弘嵩隶楷《大智度论》、隋代无名氏楷书《大方等大集经》、唐代国诠楷

---

① 《导读故宫》，第165页。

书《善见律卷》等。王素、任昉、孟嗣徽三位研究员对这批敦煌吐鲁番文献（写本、文书类）进行了系统的整理、定名，发表了《故宫博物院藏敦煌吐鲁番文献提要（写本、文书类）》，使这批文献的来源、性质及价值得以清晰的展现。

此外，北京故宫尚存有"禁毁书"、"四库撤出书"和"四库存目书"等，共200余种。如明张燧辑刻《经世要》内有明兵部参将曹飞撰《御览筹兵药言三十六字》和《御览蚤图复辽议》等；明金声撰《金太史集》等，皆因文字和内容不利于清统治者而列入禁书。又如《皇明帝后纪略》《皇明两朝疏抄》等被列入"四库存目"。而如李清《南朝史合注》等4种、周亮工《读画录》5种、吴其贞《书画记》及潘柽樟《国史考异》等11种"四库撤出书"，北京故宫尚存10种。这些书有许多是海内仅存的孤本，具有一定的文物、史料价值，现今编纂《续修四库全书》和《四库全书存目丛书》，多被选作影印底本。

北京故宫藏书中，还有部分极为珍贵的外国典籍。以日本古书为多，有数十部。《日本开国五十年历史》即是日本伯爵大畏重信于光绪三十四年（1908年）七月进献的。朝鲜人李焰《养鹰方》刊于明，此书是介绍养鹰方法的专著。这些书开本宽大，纸质厚重，代表了日本、朝鲜古籍雕版印刷的特有风格。

北京故宫的古籍善本图录，有《两朝御览图书》（朱家溍主编，紫禁城出版社，1992年）、《清代内府刻书目录解题》（紫禁城出版社，1995年）、《清代敕修书籍御制序跋暨版式留真》（朱赛虹编撰，北京图书馆出版社，2001年）、《清代内府刻书图录》（翁连溪编著，北京出版社，2004年）、《盛世文治：清宫典籍文化》（朱赛虹主编，紫禁城出版社，2005年）、《天禄珍藏：清宫内府本三百年》（向斯主编，紫禁城出版社，2007年）。它们的特点是，既有图像资料，也有多年研究的心得。

北京故宫也十分重视善本的影印出版，20世纪90年代，朱家溍先生主持，海南出版社出版《故宫珍本丛刊》731册，选择影印馆藏善本书1100余种和清代南府及升平署戏本、档案1700余种。此外，整理重刊明朝《永乐北藏》，重印出版《满文大藏经》，合作整理《嘉兴藏》等。

十二　古建筑文物

故宫是明清两代的皇宫，是中国古代宫殿发展的集大成者，是中国古代建筑史中最辉煌的篇章，也是最有代表性的中华文明的象征物之一。故宫本身就是最为珍贵的文物，是世界文化遗产。北京故宫古建部还保存了大量古建筑文物资料和构件。

一是"烫样"。除过"样式雷"的2000余张样式图外，北京故宫还有83具"烫样"。样式房做出的建筑物模型，制作中需要熨烫工序，因此也叫"烫样"。古代建筑，凡是工匠能明白的、承做的，一般不再画图。而对于宫廷重要建筑，向皇帝呈报，需做出模型，这是设计过程中非常重要的环节。烫样是根据一定的比例，在空间表现反映设计意图。北京故宫珍藏的烫样，建筑形式有单体的和群体的两种，包括紫禁城建筑，还有圆明园、长春园、万春园、颐和园、北海、天坛等处。主要是清代同治、光绪年间（1872—1896年）重建圆明园、颐和园、西苑等地时所做，至今日已有100多年的历史。由于烫样是专为恭呈皇帝御览而做，钦准后才能据以绘制施工设计画样、编制"工程做法"即设计说明，以及核算工料钱粮。因此烫样制作是清代建筑设计的关键步骤。烫样上都贴有黄色标签，叫"贴黄"。标签上面记录了建筑的高度、面宽、进深等各个部位的尺寸，以及重建或修缮的要求，记述简明清楚。这个标签是非常重要的，也是烫样所具有的珍贵的历史价值的体现。由于烫样完整地表现出了建筑的结构、体量、形式、色彩等，所以留有烫样的建筑，不管因为什么原因，当建筑实体不存在的时候，都能找到原物的例证。烫样作为建筑物实体的有规律的缩影，凝聚了古代建筑独特的艺术形式、建筑美感，也反映了封建帝王对建筑的需求以及审美情趣。同时其精巧的制作工艺，也显示出古代匠师的智慧和技艺，更是研究古代建筑设计思想、建筑准绳、建筑艺术发展的实物资料，是建筑艺术这门非物质文化遗产的组成部分。

二是金砖。故宫的宫殿建筑中，其室内地面用方砖铺墁。太和殿等地面所铺光润似墨玉、踏上去不滑不涩的方砖，称为"金砖"。此砖是专为皇宫烧制的细料方砖，颗粒细腻、质地密实，敲起来有金石之声，所以叫"金砖"。金砖为苏州窑烧造，过程极为复杂。根据有关文献记载①，至少经过4道工序：其一，选取苏州城东北陆墓所产黄色土壤，经过"掘""运""晒""椎""舂""磨""筛"7个步骤而得土；其二，经过澄浆、晾干、揉软三个步骤而得泥；其三，需"徐为棚打"而制坯；其四，入窑烧造，"防骤火激烈，先以糠草熏一月，及以片柴烧一月，又以棵柴烧一月，又以松枝烧四十日，凡百三十日，而后窨水出窑"。经过如此工序烧造出来的方砖还要经过检选，"或三五而选一，或数十而选一"，才能得到"面背四方色尽纯白，无燥纹，无坠角，叩之声震而清者，乃为入格"的合格品。②金砖烧制，从取土到烧成出窑需1年之久，且每烧制10块正砖，必须多备3块副砖以供挑选。金砖不仅是封建王朝时期的御用建筑材料，而且是精美卓绝的工艺品，也是古代劳动人民智慧的结晶。北京故宫现收藏有自明代永乐年间至晚清历代所产的刻有烧造年代、地点、窑户的金砖600余块。

三是玻璃画。玻璃画是指用油彩、水粉、国画颜料等材料在玻璃上绘制的图画，其色彩鲜明强烈，具有喜庆气息。玻璃画早期用于

① 参阅丁文父著《金砖识录》，文物出版社，2008年，第131—132页。
② 《四库全书总目》卷八四，《〈造砖图说〉提要》。

建筑外檐门窗上，进而发展到室内，用于内檐装修隔扇上，或用于挂屏、插屏、围屏、宫灯等处。北京故宫收藏的玻璃画共103块，是清乾隆年间一座建筑物上的遗物。当时玻璃是非常昂贵的物品，在玻璃上制画，更是当时少有的建筑上的工艺用品。这些玻璃画每片高31厘米、宽23.5厘米、厚0.3厘米，规格统一，镶嵌在楠木框中。均于透明的白玻璃上绘制各种图案，取材广泛，形象生动，色彩艳丽。从题材上大致分为人物画、动物画、植物画、风景画四大类。

四是宝匣。宝匣是放置在古建筑正脊正中脊筒内盛放"镇物"的容器。故宫古建筑，就修缮过程所见，宝匣的应用范围相当广泛，大至主要殿座、崇楼，小至门楼、罩棚，均有宝匣发现。北京故宫收藏宝匣30多个。制作宝匣的材料，有铜、锡、木三种，重要建筑上的宝匣多为铜镀金，并刻有龙纹或凤纹图案。宝匣多为长方形。宝匣内放置所谓"镇物"，一般有金、银、铜、铁、锡元宝，金钱、铜钱、五色宝石、绸缎、丝线、五种药材、五谷等，有的还放有经卷、如意、珠子、云母等物。

五是琉璃构件。琉璃，古代又称"流离"，意思是说它流光陆离。为二氧化硅与其他金属氧化物混合烧制而成的釉质物，随着配入的金属物质比例不同而呈现不同的颜色。明清时期，琉璃构件作为建筑材料得到大量使用，为封建等级中尊贵的象征。紫禁城是中国历代皇家宫殿建筑的结晶之作，广泛地运用琉璃。宫殿建筑中常用的琉璃釉色有黄、绿、蓝、紫、白、翠蓝、翠绿等，其不同颜色都有深刻的文化象征意义。琉璃制构件主要是瓦件、脊件、兽件，用于建筑的屋顶。还作为装饰材料，被制作成各种形式用于建造琉璃门、琉璃壁、琉璃花坛，以及镶嵌在墙面上。琉璃构件繁多，名目多达几百种。琉璃构件，不但是中国古代独有的创造、用于建筑上的材料，并且在几百年、上千年的发展变化中，其制作工艺、艺术种类、艺术风格、表现形式等都达到无可复加的地步。北京故宫现收藏有明清两代有代表性的琉璃构件1000余件。

　　六是匾额楹联。皇宫中匾额楹联，是宫廷建筑装饰的一种。但不仅仅是装饰，更体现了建筑功能的观念表达，同时也有欣赏艺术、展示书法、体味工艺的作用。清宫匾联大都是皇帝御笔和知名臣相所题，尤以乾隆时从数量到质地上均达到一个新阶段。除过各殿堂悬挂的匾联外，北京故宫还收藏其他各类匾联600余副。

故宫文物与故宫、故宫学

　　故宫的文物藏品是无价之宝，在国人心目中有着至高无上的"国宝"地位。故宫文物不是孤立的存在，它与故宫古建筑、故宫历史密不可分，正是这一特点决定了故宫文物藏品的独有的内涵及其普世价值，而把故宫、故宫文物以及宫廷历史文化作为一个文化整体看待的故宫学，则不断挖掘着蕴藏其中的丰富内涵，加深着人们对故宫的认识。故宫学的发展必将对故宫及故宫文物藏品的研究、发掘起到重要的积极推进作用。

一　故宫文物的地位

　　故宫是世界上最丰富、最重要的中国古代艺术品的宝库。在两岸故宫的210万件套文物中，论时代，上自新石器时代，下至宋元明清直至近现代；论范围，囊括了古代中国各个地域的文明精华，包容了汉族和古代许多少数民族的艺术精粹；论类别，包含了中国古代艺术品的所有门类。故宫庋藏的各主要类别文物，其本身就完整地记录了该类文物从萌生、发展到辉煌的文化链。以书法为例，故宫的藏品涵盖了从契刻到书写进而发展成为一门独立的书法艺术的历程，藏品从甲骨文、钟鼎文，直至晋朝开始形成书画艺术，此后，各朝各代的名家流派，几乎一应俱全。再以陶瓷为例，从新石器时代的黑陶、彩陶，直到两宋的五大名窑，元青花瓷，明代白瓷、釉里红、斗彩等，清代的粉彩和珐琅彩等；其他如玉器、铜器和许多工艺品等，也是如此。为了这条历史文化长河永远奔腾流淌、润泽后代，两岸故宫还在收藏现当代的艺术精品。因此，故宫是一部浓缩的中华8000年文明史。中华民族绵延不断的历史文化在故宫博物院的各类文物藏品里均得到了充分的印证。

故宫文物有着特殊的崇高的地位，概括地说，是国宝的地位。

长期以来，故宫的文物藏品被称为"国宝"。前些年，有一部反映故宫文物南迁的电视剧，名字叫作《国宝》。故宫博物院前辈专家那志良先生写了一本书，书名就是《典守故宫国宝七十年》。现在人们也把一些极为珍贵的文物称为"国宝"，意为国之瑰宝。但是，把故宫文物称为"国宝"，则有别于一般的"国之瑰宝"的概念，有着国宝本身所具有的特殊含义。

什么是"国宝"？所谓国宝，指的是国家的宝器，又称国器，是祭祀之器。在古代，"国之大事，在祀与戎"①。《国语·鲁语上》载："夫祀，国之大节也。而节，政之所成也。故慎制祀以为国典。"视祭祀为国典，强调祭祀与国家制度的重要关系，说明当时将祭祀视为国家头等重要之事。《周礼·春官·天府》云："天府，掌祖庙之守藏与其禁令。凡国之玉镇、大宝器藏焉。若有大祭、大丧，则出而陈之；既事，藏之。"宋夏僎《尚书详解》卷一〇《商书·汤誓》云："国之宝器，即祭天地诸神宝玉之类。"国之宝器，原本皆指宗庙祭祀之器，这些祭器象征着王位。传统的祭祀礼俗，以祭祖、祭社与祭天最具重要性。在古人看来，"天"主宰王朝的兴替，是人世君主的父亲，因而周王遂被称为"天子"。从政治功能而言，祭天

---

① 《左传·成公十三年》。

就是政权合法性的象征，也只能是君主独享的专权。直到明代，犹有法律颁布，提醒百姓"庶民祭里庄、乡厉及祖父母、父母，并得祀灶，余皆禁止"①。相传夏禹铸九鼎，历商至周，为传国的重器，亦称之为国宝。《史记·平原君列传》记平原君用毛遂出使楚国，谋合纵成功，叹云："毛先生一至楚，而使赵重于九鼎大吕。"《索隐》云："九鼎大吕，国之宝器。"《正义》云："大吕，周庙大钟。"宗庙为国家象征，其宝器之存亡，往往作为国家存亡之标志。"国宝"又特指传国玺，更是与国家的统治权联系在一起。此外，"国宝"还有国家宝贵人才之义。

中国文物博物馆界用国宝称呼相当珍贵的文物，大约受到日本的表述语言的影响。日本于1928年就颁布了《国宝保存法》。对于重要文化财产（文化遗产），他们从世界文化的角度考虑，把其中认为具有较高价值的、不同类型的国民之宝指定为"国宝"，有美术工艺品，也有建筑物②。日本的国宝是文化财产的最高等级名称，有明确的对象，我国则是泛指极其珍贵的文物。把故宫的文物藏品统称为"国宝"，与这种泛指显然有着区别，虽也说明故宫藏品的极端重要性，但应注意到它与国宝的本来含义的关系。

故宫文物国宝地位的形成，有着多种原因，也有一个强化的过程，我们可以从以下4个方面来认识：

第一，皇家收藏的国宝意义。

收藏作为一种文化活动，贯穿于人类社会发展的始终。现代重大考古发现证明了史前人类收藏行为的存在。从商代起，王室就重视文物的搜集和保存。殷商的文物多集中于宗庙。周代王室文物、珍品收藏之处名曰"天府""玉府"，并有专职官员负责管理。在青铜器

①《明会典·祭祀通例》，参阅洪德先《俎豆馨香——历代的祭祀》，载《敬天与亲人》，台湾联经出版事业公司，1983年。

②王军：《日本的文化财保护》，文物出版社，1997年。

时代，象征着权力之源的青铜器是最受尊崇的王室宝物。汉朝的"天禄""石渠""兰台"，则是汉宫贮藏珍贵文物及图书之所。到宋徽宗时，收藏尤为丰富。清代帝王特别是乾隆皇帝，更使宫廷收藏达到了顶峰。在古代中国，"溥天之下，莫非王土；率土之滨，莫非王臣"①，掌握着绝对权力的封建帝王，必然是全社会中最高等级同时也是最为丰富的奢侈品、礼仪用品、珍奇品及古董的拥有者；由于皇帝以"内圣外王"的身份出现，被人为地推崇为全社会伦理的最高典范，这样皇室又成为祖先、民族、国家象征物的最大收藏者②。

人类收藏的动机与目的是多方面的。对于源远流长的皇室收藏，它不仅是"宜子孙"的一笔宝贵财富，也不是只供皇帝个人赏玩的珍稀艺术品，更重要的是这些藏品所具有的强烈的政治与文化的象征意义。皇室收藏文物，更重视这些文物所寓有的某种至高德行的含义，认为它的聚集可被视为天命所归的象征。因此，新的王朝接受前朝的旧藏，表示着它继承前朝的天命；或者如有的研究者认为，皇家收藏是中国历代统治者确定其政权合法性的重要来源③。故宫的收藏，可以上溯到宋朝，至今已有千年历史，而所收藏的文物，则反映了中华5000年的文明史。宋代宫廷收藏宏富，靖康之乱，图籍、书画宝器，悉归于金；宋高宗南渡，迁都临安，又积极搜集。南宋灭亡，临安未遭兵革，元相伯颜派郎中董祺将南宋收藏由海运到大都，即今日的北京。元为明所灭亡，明将徐达将元内府所藏，全部运到南京；后来明成祖迁都北京后，这些宝物又由南京运到北京。明代亡国，这些宫廷藏品又悉数为清所得。见于著录中的很多古代文物早已散失，但也有不少珍品几经聚散，历尽沧桑，保存到今天。

皇室收藏与王朝命运的紧密联系，使这些藏品成为皇权的象征。

---

① 《诗·小雅·北山》。

② 吴十洲：《紫禁城的黄昏》，文物出版社，1998年，第148页。

③ ［美］珍妮特·埃利奥特、沈大伟：《中国皇家收藏传奇》，当代中国出版社，2007年，第9页。

因而清宫旧藏文物本来就具有国宝的意义。

第二，故宫博物院的成立，象征君主法统的清宫旧藏为人民所共有并同享，为其国宝意义赋予了维系中华民族文化、传续中华文明血脉的新内涵。

在封建时代，"朕即天下"，国即家，家即国，整个天下都是帝王的，皇宫里的所有物品，自然都是帝王的财产，谁也动不得。乾隆皇帝曾规定过，宫中的一切物件，哪怕是一寸草都不准丢失。养心殿的一个景泰蓝小罐里盛着36根一寸长的干草棍，他拿了几根放在几案上，叫人每天检查，少一根都不行，这叫作"寸草为标"。溥仪曾回忆道："这堆小干草棍儿曾引起我对那位祖先的无限崇敬，也曾引起我对辛亥革命的无限忿慨。"①

辛亥革命后，紫禁城的三大殿交给了中华民国政府，但溥仪还暂居内廷，皇宫里大量堆积的文物珍宝仍然由皇室和内务府占有。为了解决经费困难，小朝廷1922年曾用公开投标的办法拍卖古物，还在向各银行借款时抵押了大量金器古董。不仅溥仪小朝廷认为这些文物珍宝属于自己，甚至民国政府也承认这是皇室的私有财产。1914年民国政府成立古物陈列所，在文华殿、武英殿展出了从沈阳故宫与热河行宫运来的20万件清宫藏品，据庄士敦称，这些艺术品是被"借"来而尚待民国政府购买的皇室藏品②。

对于溥仪等拍卖或抵押宫中大量文物的行径，社会舆论予以高度的关注。这些文物到底是国家财产还是皇家私产？皇室是否有权处理？一些报刊时评发出抗议的言论，认为被处置的物品是国家财产，皇室没有权力出卖它们。湖北省教育会为制止清室出售古物致内务部代电（1923年11月12日）更有代表性，认为这些古物是"全国五千年之文物"：

---

① 溥仪：《我的前半生（全本）》，群众出版社，2003年，第37页。

② ［英］庄士敦：《紫禁城的黄昏》，山东画报出版社，2007年，第228—230页。

窃我国与埃及、希腊、印度同为数千年前古国，其文明久为中西所慕。清室之古物，尤为历代帝室递嬗相传之珍秘，并非一代一人所得私有。合全国五千年之文物，集于首都之清室，一涉疏忽，不徒散佚堪虞，即立国精神且将无从取征。清室以经费短绌，转售东邻，不啻将五千年立国精神捐弃一朝，念及此，能勿痛心。①

驱逐溥仪出宫后，成立了清室善后委员会，首先就是清点清宫物品，分清公产与私产。原清宫的物品，有公私产之分。属于私者，为溥仪生活衣物、财钱，包括金、银锭等，均由溥仪带去；属于公者，是与中国历史文化相关的部分，必须交给人民并努力保卫。也正因这个原因，当溥仪出宫时行李中所藏的王羲之《快雪时晴帖》和仇十洲的《汉宫春晓图》一卷，因系公物被扣了下来，而存放在库房中的101382两银元宝，则悉数发给了溥仪。清宫善后委员会在点查时发现溥仪的"赏溥杰单"等文件，后以《故宫已佚书籍书画目录四种》为题刊行，在序言中强调"国宝散失，至堪痛惜"！

对清宫旧藏文物的这种内涵，并不是所有人一下子都能认识。1928年6月，国府委员经亨颐提出一项议案，认为故宫是逆产，要求废除故宫博物院，分别拍卖或移置院内一切物品。国民政府会议竟然通过了这一荒谬提案，并要求中央政治会议重新复议有关故宫博物院的决定及有关法令。故宫博物院同人向社会各界特别是政府高层做了大量的宣传工作，阐述保护故宫文物的重要意义以及故宫博物院的历史使命，对经亨颐提案的5个要点逐条反驳。两个月后，中央政治会议否决了经亨颐提案，故宫博物院保存下来了。这次交锋，留给世人印象最深的是张继以古物保管委员会主席委员的长篇呈文，他在最末一

---

① 中国第二历史档案馆编：《中华民国史档案资料汇编第一辑·文化》，江苏古籍出版社，1994年，第222—223页。

段说道：

> 现欧洲各国，为供历史之参考，对于以前皇政王政时代物
> 品，莫不收罗保存，惟恐落后，即苏俄在共产主义之下，亦知保
> 护旧物，供学者之研究。一代文化，每有一代之背景，背景之遗
> 留，除文字之外，皆寄于残余文物之中，大者至于建筑，小者
> 至于陈设，虽一物之微，莫不足供后人研究之价值。明清两代，
> 海航初兴，西化传来，东风不变，结五千年之旧史，开未来之新
> 局。故其文化，实有世界价值，而其所托者，除文字外，实结晶
> 于故宫及其所藏品。近来欧美人士，来游北平，莫不叹为大可列
> 入世界博物院之数，即使我人不自惜文物，亦应为世界惜之。[①]

这里突出故宫古建筑及其藏品的"世界价值"，是难能可贵的
认识。

1932年，日军进攻热河，窥伺华北，"北平政务会议"对故宫
做了三项决议方案，其中第一项是呈请中央拍卖故宫古物，购买飞机
500架，以作抗日之用。经院长易培基等多方努力，国民党中央政治
会议议决保护故宫办法，拍卖文物一案被否决。

每次争论的结果，都使人们加深了对故宫文物国宝地位的认
识：这是数千年中华文明的精粹，来之不易，不可当作寻常古董任意
处置。

第三，文物南迁进一步强化和提升了故宫文物的国宝地位[②]。

故宫文物南迁的消息经报纸披露后，引起截然不同的反响。支持
者认为，日军极有可能得寸进尺，继续南侵，有必要把故宫重要文物

---

① 转引自刘北汜：《故宫沧桑》，紫禁城出版社，2004年，第83页。
② 石守谦在《清室收藏的现代转化——兼论其与中国美术史研究发展之关系》一文中，
对此有所论述。该文载《故宫学术季刊》第23卷第1期。

转移到南方安全地带。国土沦丧犹可力图恢复，任何文物之损失，终将万劫不复。反对者则认为，迁运文物犹如弃国土于不顾，势将造成民心浮动，社会不安。反对最力者为北平名流周肇祥，他于中南海成立"北平民众保护古物协会"并自任主席，发通电，散传单，公然表示将以武力手段阻止文物南迁。当时一些文化界名人也反对南迁。而有意思的是，此后不久即担任故宫博物院院长的马衡先生正在为文物南迁奔忙时，他的儿子马彦祥却以笔名在报纸上发表多篇文章，对文物南迁提出批评："因古物之值钱，结果弄得举国上下，人心惶惶，束手无策，这种现象，想起来实在有点好笑。"他说："我们国难一来的时候，不是大家都众口一辞地说'宁为玉碎，勿为瓦全'么？现在为了一点古物，便这样手忙脚乱，还说什么牺牲一切，决心抵抗？要抵抗么？先从具有牺牲古物的决心做起！"①想不到的是，1937年11月下旬，两列装有故宫文物的火车要从南京发往陕西，缺少押运员，院秘书便请马彦祥帮忙押运，他便担负了这个重任。4年前的反对，到这次甘冒战火参与到押运故宫文物西迁的行列之中，马彦祥的认识已有了重大转变。

故宫的文物不能简单地视为古董、古物，而是国宝，是祖宗留给我们的文化遗产，其中蕴含着民族的历史、民族的文化、民族的情感，不能以币值论价。故宫文物南迁的争论，使人们对它的国宝地位有了进一步的认识。文物南迁10多年，受尽种种险阻，始终为国人所关注。而文物的常常化险为夷，使"古物有灵"的说法广为传颂②，且与"国家的福命"联系了起来。1947年9月3日，马衡院长在北平广播电台做了《抗战期间故宫文物之保管》的著名演讲，简要介绍了抗战时期文物南迁、西迁的经过以及保管之困难等。他说：抗战8年之中，

---

① 马思猛：《参与故宫文物西迁》，载《攒起历史的碎片》，北京图书馆出版社，2007年，第185—186页。

② 参阅那志良：《典守故宫国宝七十年》，紫禁城出版社，2004年，第110页。

文物多次险遭灭顶之灾，例如当9000多箱文物由重庆运往乐山途中暂存于宜宾沿江码头时，重庆以及宜宾上游的乐山和下游的泸县都遭到敌人的狂轰滥炸，唯有宜宾幸免；长沙湖南大学图书馆在文物搬出后不到4个月就被炸毁；重庆的几个仓库在搬出后不到1个月，空房也被炸掉；从南郑到成都时，在把存放在南郑文庙的文物运出后刚12天，文庙就遭敌机投下的7枚炸弹夷平。"像这一类的奇迹，简直没有法子解释，只有归功于国家的福命了。"①

从现在来看，历史已经证明，当时还不可能有比南迁更为有效的保护文物的方法。为了避开战争的灾难性破坏，为了保证在这一个非常时期文物不受损失，最为可能的方法就是将文物迁到安全的地方。迁徙疏散成了战时文物保护与保管的手段。

不仅中国，在第二次世界大战中，欧洲许多国家为了防止德国的侵掠，也都纷纷疏散、藏匿本国博物馆的艺术精品。以英国为例，英国博物馆的主管们1938年就做转移藏品的准备。他们计划将艺术收藏品转移到英国西北部的威尔士隐藏起来。在伦敦本地，地铁未用地段被预置为储存点。在国家美术馆，大幅画的边框都做有特别的槽口，以便很快从框中取出画装入存放在地下室的箱子里。经过多次操练，一个大美术馆能在7分钟内清空。1939年8月23日苏德互不侵犯条约宣布后，欧战不可避免地步伐加快，英国博物馆即着手装箱外运。装满了包装好的首都博物馆藏品的皇室列车只能以每小时10英里的速度行进，以使颠簸震动减少到最小限度。大多数英国藏品甚至在9月3日正式宣战前就抵达指定隐匿地点，9月5日，所有重要物品都撤离疏散。

再以美国为例。日本偷袭珍珠港后，美国本土主要博物馆即着手转移他们最有价值的收藏品，弗立克、大都会和其他艺术品收藏机构做出了授权转移收藏品的决定。文化资源保卫委员会1943年3月的报告称，仅从华盛顿就有4万立方英尺的书籍、手稿、其他印刷品和

---

① 马衡讲演稿，现存故宫博物院图书馆。

绘画，加上第一面星条旗，以及那些代表着美国民主发展步伐的档案被送往"内陆腹地的三处教育机构"；《独立宣言》则送往诺克斯堡保存①。

欧洲及美国博物馆的文物藏品，绝大多数是来自世界各地，一般不是本国本民族的艺术品，而故宫的文物，全部是中华文明的结晶，是中国5000年艺术长河的重要载体和见证。与欧美相比，故宫文物精品在外迁移10多年，历尽艰难曲折，更是为保存人类文化遗产创立了丰功伟绩。

第四，海峡两岸两个故宫博物院的同时存在，为两岸同胞及国际社会所关注，也更加彰显着故宫及其藏品的国宝意义。

二　故宫的内涵

清宫旧藏与紫禁城密不可分。要了解故宫文物藏品的深刻内涵，必须加深对故宫古建筑价值与意义的认识。

故宫是明清两代的皇宫，又叫紫禁城，中间虽经多次重修和扩建，但仍保持了初时的格局。从1420年建成至1911年清朝统治结束，491年间先后有24位皇帝在此居住并执政。

皇宫是封建帝王发布政令的统治中心和豪华生活、奢侈享受的所在，因此总是力求宏大壮丽。西汉初年，天下还未定，萧何大发民役营作未央宫，"壮甚"，汉高祖刘邦以为过度，怒责萧何，萧何回答说："天下方未定，故可因遂就宫室。且夫天子以四海为家，非壮丽无以重威，且无令后世有以加也。"②刘邦听了大悦。因此，宫殿营造

---

① ［美］L. H. 尼古拉斯：《欧洲的掠夺——西方艺术品二战蒙难记》，江苏人民出版社，2000 年，第 63—65、271 页。

② 《史记·高祖本纪》。

的指导思想是儒家礼制，是尊卑贵贱的等级制度，它鲜明地反映了中国传统文化中注重巩固人间社会政治秩序，特别是体现统治者的权威与财富，也象征着封建王朝的强人。唐初骆宾王有诗说："山河千里国，城阙九重门。不睹皇居壮，安知天子尊？"[1] "九天阊阖开宫殿，万国衣冠拜冕旒"，[2] 王维的诗句，使人们感受到唐代大明宫早朝时的庄严、帝王的尊贵以及唐王朝的威仪。

宫殿是中国古代建筑中发展最为成熟、成就最高、规模最大的一类建筑，故宫则是历代宫殿建筑的集大成者，也是我国古代宫城发展史上现存的唯一实例和最高典范。故宫城墙以内的面积达到72万平方米，现存建筑面积16.7万平方米。紫禁城蕴含着深刻的政治、文化意义，体现了"皇权至上"的伦理思想。它的规划设计是附会封建宗法礼制的，继承了传统的宫城、内城、外城的三重城制度，居都城中央。有大明门（大清门、中华门）、天安门、端门、午门、太和门、太和殿、中和殿、保和殿等五门三殿。明代三大殿等南部建筑为"外朝"，以北建筑为"内廷"，乾清门内及乾清宫之廷为"燕朝"，也就是所谓的"寝"。总体规划布局仍可见"五门三朝""前朝后寝""左祖（太庙）右社（社稷坛）"，体现儒家的理想和封建礼制。传统的阴阳五行学说在紫禁城建筑中也得到运用。

如果说，秦汉宫殿主要是通过高台建筑形式追求"非壮丽无以重威"，那么隋唐宋元以来，则力求通过纵向排列，从空间序列上取得整齐、庄重、威严的艺术效果；而紫禁城正是将以往的实践经验兼收并蓄，成为我国封建社会后期宫殿建筑的典范。在建筑布局上，故宫强调所谓"中正无邪"，即中轴对称的方式，从永定门开始，经前门、天安门、端门、午门、太和殿、景山、地安门、鼓楼、钟楼，北京城市和皇家建筑形成一条长约8公里的中轴线。故宫在这条中轴线

---

[1] 《帝京篇》。

[2] 《和贾舍人早朝大明宫之作》。

的中部，其中最重要的建筑外朝三殿和内廷三殿都坐落在这条中轴线上，其余建筑则对称布置左右，形成强烈的反差与对比。同时以层层推进、步步深入的手法，给人以深远、悠长之感。太和殿是整个宫殿建筑的中心，它不仅占据了最主要的建筑空间，而且在布局和建筑上还调动了种种手段来衬托它，集中体现了皇帝至高无上的封建威权，"非壮丽无以重威"在此得到绝好的印证。

故宫修成后，当时的文渊阁大学士金幼孜作了《皇都大一统赋》称颂："萃四海之良材，伐南山之巨石"；"以相以度，以构宫室。栋宇崇崇，檐楹秩秩。以盖以覆，陶冶埏埴。以绘以图，黝垩丹漆。焕五彩之辉煌，作九重之严密。""超凌氛埃，壮观宇宙。规模恢廓，次第毕就。奉天屹乎其前，谨身俨乎其后。惟华盖之在中，竦摩空之伟构。文华翼其在左，武英峙其在右。乾清并耀于坤宁，大善齐辉于仁寿。""左祖右社，蔚乎穹窿；有坛有庙，有寝有宫。"[1]

作为皇宫的紫禁城，是皇权的象征，是封建王朝的中枢所在地，成为鲜明的政治符号，有着至高无上的地位，它庄严、肃穆，也充满神秘感。

正因为如此，故宫博物院的创立，就具有两方面的意义：其一是民主革命的又一胜利，是对封建复辟势力的一次致命打击；其二是我国文化艺术史上的一个伟大业绩。

辛亥革命结束了清朝的统治，根据《清室优待条件》，溥仪还暂居紫禁城内廷，这一住就是13年。不仅大清皇帝"尊号"仍存，且继续使用宣统年号，并享受中华民国对待外国君主之礼遇。逊清皇室在北洋政府的庇护下，不断进行与民国政府法令相抵触的活动。1917年张勋复辟破坏共和的闹剧，便是其中一幕。1924年9月的第二次直奉战争中，爱国将领冯玉祥发动震惊中外的"北京政变"，修正《清室优待条件》，驱逐溥仪出宫，完成了辛亥革命未完成的事

---

① ［清］于敏中等编纂：《日下旧闻考（一）》，北京古籍出版社，2001年，第93页。

业。接着成立"清室善后委员会"，负责清理清室公产、私产及一切善后事宜，成立图书、博物馆筹备会。在点查过程中，清室遗老及保皇怀旧军阀、官员的阻挠与破坏从未停止。发现溥仪与内务府大臣金梁、保皇派头子康有为的密谋复辟的往来信件，使人们进一步看清，冯玉祥将军驱逐溥仪出宫是正确的，因为只要溥仪还住在清宫内廷，逊清遗老、旧臣和保皇党人就断不了复辟的念头。鉴于当时的紧迫形势，同时根据图书、博物馆筹备会完成的筹备工作，善后委员会决定于1925年10月10日举行故宫博物院成立典礼。10月10日是中华民国的国庆日，这当然是颇有用意的。在成立大会上，曾任摄政内阁总理的黄郛致辞说："今日开院为双十节，此后是日为国庆与博物院之两层纪念；如有破坏博物院者，即为破坏民国之佳节。吾人宜共保卫之。"执行驱逐溥仪出宫的京畿警卫总司令鹿钟麟说："大家都听过'逼宫'这出戏，人们也指我去年所作之事为'逼宫'。但彼之'逼宫'为升官发财，或为作皇帝，我乃为民国而'逼宫'，为公而'逼宫'。"①人们在讲话中一再强调在这一天成立故宫博物院的深意。把博物院与民国等同起来，既说明博物院的意义重大，也表示了要像保护民国一样保护博物院的决心。

博物馆是以文化教育为目的，收藏、研究、展示和保存实物的机构。19世纪下半叶在洋务运动、维新运动中，有识之士不断提倡引进西方类型的现代博物馆，作为"开民智"的重要措施。由于办博物馆被视为"新政"之一端，遭到清政府的反对。故宫博物院的成立，将紫禁城这座昔日帝王居住的宫苑禁区，变为平民百姓可以自由参观的场所；将作为君主法统象征和仅供皇帝观赏享用的珍贵文物，变为全民族的共有财富。故宫博物院成立时，就制定了《故宫博物院临时理事会章程》。1928年，国民政府颁布了《故宫博物院组织法》，这是中国历史上第一部有关博物馆的法律，后来又颁布了《中华民国故宫

---

① 《益民报》，1925年10月11日。

博物院理事会条例》。这两份文件在故宫博物院的发展史上具有十分重要的意义，标志着博物院已由草创走向成熟，也是中国博物馆事业走上正轨的开端。

故宫博物院是以故宫及其丰富的珍藏为基础建立起来的中国最大的博物馆。"宫"与"院"是什么关系？当人们从世界遗产的视角看待故宫时，这个问题就很清楚了。

1972年，联合国教科文组织在法国巴黎通过了《保护世界文化和自然遗产公约》，确定为了人类的今天和未来，将世界范围内被认为具有突出和普遍价值的文物古迹和自然景观列入《世界遗产名录》，以确保遗产的价值能永续保存下去。公约规定，对于世界遗产，整个国际社会都有责任予以保护。1987年，故宫被列入世界文化遗产。世界遗产组织对故宫的评价是："紫禁城是中国5个多世纪以来的最高权力中心，它以园林景观和容纳了家具及工艺品的9000个房间的庞大建筑群，成为明清时代中国文明无价的历史见证。"这说明，故宫文物藏品与故宫古建筑都是旷世之宝。故宫文物藏品的一个重要特点是与故宫古建筑的不可分割。

故宫成为世界文化遗产，使人们对故宫古建筑价值的认识有了深化。建筑是人类历史文化的纪念碑，伟大的建筑往往成为一个城市、一个民族，甚至一个国家的象征物。故宫就是这样的象征物，故宫不只是宏伟的古建筑，还包括珍藏其间的文物精品，它们联结在一起，成为中华传统文化的一个载体与中华文明成就的一个标志。故宫所代表的是已经成为历史的文化，而且有着宫廷文化的外壳，同时它却代表了当时的主流文化，经过了长时期的历史筛选和积累，当然不能简单用"封建落后"来概括。故宫和博物院不是毫不相干或对立的，而是有机的统一，是相得益彰。把它们结合起来，就可看到，故宫博物院是世界上极少数同时具备艺术博物馆、建筑博物馆、历史博物馆、宫廷文化博物馆等特色，并且符合国际公认的"原址保护""原状陈列"基本原则的博物馆和文化遗产。世界文化遗产的基本精神是文化的多样性，从世界文化遗产的角度，人们努力挖掘和认识故宫具有的突出的和普世的价值。

"文化遗产"观念的引入，突破了传统的"文物"观念的局限性，强化着遗产的环境意识、共享意识，以及全社会都必须承担管理和保护的理念，促使人们从"大故宫"的观念来看待故宫保护。这在故宫保护中得到充分体现。不仅要保护故宫本身，还要保护它的环境。过去只重视对故宫本身的保护，后来认识到与皇宫连在一起的护城河也是皇宫的当然组成部分，必须治理，于是就有了20世纪90年代投资6亿元人民币、费时3年的护城河治理，改变了长期存在的脏、乱、差面貌。根据世界遗产委员会的要求，在文化遗产地的周边必须划定"缓冲区"，以保护其周边原有的历史风貌和环境。2005年故宫缓冲区方案确定，总面积达到1463公顷。这一方案的实施，将使故宫外围环境传统风貌的历史真实性得到有效保护。北京旧城是以故宫为中心规划发展起来的，人们更认识到，北京旧城的整体保护必须重视作为中心区域的故宫的保护。这种不断提升的文物保护意识与理念有力地推动着故宫的整体保护。

故宫作为世界文化遗产，对它的保护被提到了重要的议事日程。2002年10月17日开始的故宫百年来的最大规模的修缮，引起海内外的高度关注。这次维修，通过保护故宫整体布局、彻底整治故宫内外环境，保护故宫文物建筑，系统改善和配置基础设施，合理安排文物建筑的使用功能，提高文物展陈艺术品位与改善文物展陈环境等"完整保护、整体维修"的五大任务，使故宫重现盛世庄严、肃穆、辉煌的原貌。故宫维修坚持祛病延年、最少干预、最大限度地保存故宫古建筑真实性和完整性的原则。从世界遗产的高度，故宫修缮工程既是保护我国珍贵的文化遗产，也是履行我国对国际社会的庄严承诺，它的根本意义在于实现人类文明延续和可持续发展。世界遗产事业所倡导的是由各国政府保护文化的多样性。故宫修缮所秉持的保护理念及修缮中所坚持的具有中国传统特色、实践证明是正确的技术与做法，不但对国内，而且也对国际世界遗产保护理论做出了应有的贡献。2007年5月，在北京召开的"东亚地区文物建筑保护理念与实践国际研讨会"通过的《北京文件》，对中国遗产保护的政策和原则给予很高评价，对故宫等世界遗产地的修缮给予充分的肯定，这是对不同文化背景的世界遗产及其特色的保护方式的尊重。

三 故宫学的视野

故宫学是2003年提出的，它是以故宫及其丰富收藏为研究对象的一门科学。故宫学研究主要包括紫禁城宫殿建筑群、文物典藏、宫廷历史文化遗存、明清档案、清宫典籍及故宫博物院的历史6个方面，有着丰富深邃的学科内涵。故宫文化是以皇帝、皇权、皇宫为核心的皇家文化。从反映皇家文化的特点来划分，故宫学有狭、广两义。狭义的故宫学是人文科学的一门独立学科，广义的故宫学则是一门知识和学问的集合。长达80年的有关故宫的实践和研究成果是故宫学的基础，故宫学的提出并确立将使其研究进入自觉阶段，从整体上提高故宫研究的水平。故宫学体现出的故宫博物院对传承弘扬中华文明的强烈的责任感、使命感和自觉性，它倡导的"故宫在中国、故宫学在世界"理念所蕴含的开放的工作思路、自觉的创新意识，不仅引领着故宫学术研究从自发走向自觉、积极规划故宫的学术前景、提高故宫的学术影响力和学术地位，更为故宫保护和博物馆建设事业提供了理论的指导。

从故宫学的视野看待故宫，不仅认识到故宫古建筑、宫廷文物珍藏的重要价值，而且看到宫廷历史遗存有着同样重要的意义；更为重要的是，古建筑、文物藏品、历史遗存以及在此发生过的人和事，是一个不可分割的文化整体。这一认识是故宫学得以产生的重要依据，也有利于进一步挖掘故宫的历史文化内涵。故宫文化的这一整体性，也使流散在院外、海外、国外的清宫旧藏文物、档案文献有了一个学术上的归宿。基于此，两岸故宫博物院在学术研究上的交流与合作就是不可避免的，人为的阻隔只能是暂时的，事实上这种交流也是在不断地发展。

在故宫学的影响下，北京故宫文物保护观念有了新的变化，对文化遗产概念的理解与认识逐步深化，更加自觉地对故宫进行全面的保护。制定了《故宫博物院2004—2010年文物清理工作规划》，启动了彻底清理藏品的工作。对原来认为是"资料"的10万多件藏品予以重新鉴别定级，对由于历史原因重视不够的大量宫廷遗存给予新的认识。北京故宫在认真清理文物藏品的基础上，正在编印《故宫博物院藏品大系》《故宫博物院藏品总目》，向社会公开发行，更好地为公众服务，为院内外乃至海内外的故宫学研究者提供便利。文物征集也有了新的思路：突破旧有的收藏理念，入藏著名现当代画家和一批国家级工艺美术大师的代表作品，确立起从传承民族文化角度审视当代艺术品、从保护民族财富的高度认识征集收藏的新理念。

从故宫学角度审视，故宫不仅是举世闻名的物质文化遗产，同时也承载着重要的非物质文化遗产内容，其中最突出的是中国古代宫殿建筑的工艺技术。它们一方面以物质的形态存在于建筑物中，一方面以手艺的形态，通过工匠口传心授世代相传。故宫有专门的维修管理机构和施工队伍，涌现过一批古建大家和专门工艺人才。这次故宫大规模维修，进行全过程跟踪影像记录，实行"师承制"，就是为了使古建筑技术薪火相传。书画装裱等文物保护传统技艺，也是需要保护和传承的非物质文化遗产。2008年，北京故宫的中国古代官式建筑传统工艺和书画装裱工艺已被国务院公布为国家非物质文化遗产项目。

故宫学的提出与确立，正在推动着北京故宫学术视野的扩大与研究的深入。以保护文化遗产和弘扬传统文化为主旨的《故宫学刊》于2004年创刊，《故宫博物院院刊》《紫禁城》成功改版，并在其他图书出版方面，大力开拓、挖掘故宫文化资源。院古书画研究中心、古

陶瓷研究中心、古建筑研究中心陆续成立，正在筹建的还有藏传佛教
文物研究中心、明清宫廷史研究中心。积极主动地与院外科研院所进
行联合考古、学术考察和办学，学术成果大量涌现，故宫价值及丰富
内涵不断得到发掘。

从故宫学的视野来看故宫与故宫文物，就能认识到故宫文化的经
典性。从物质层面看，故宫只是一座古建筑群，但它不是一般的古建
筑，而是皇宫。中国历来讲究器以载道，故宫及其皇家收藏凝聚了传
统的特别是辉煌时期的中国文化，是几千年中国的器用典章、国家制
度、意识形态、科学技术以及学术、艺术等积累的结晶，既是中国传
统文化精神的物质载体，也成为中国传统文化最有代表性的象征物，
就像金字塔之于古埃及、雅典卫城神庙之于希腊一样。因此，从一定
意义上说，故宫文化是经典文化。经典具有权威性和代表性。故宫体
现了中华文明的精华。经典具有不朽性。故宫属于历史遗产，它是中
华5000年历史文化的沉淀，蕴含着中华民族生生不息的创造精神，具
有不竭的生命力。经典具有传统性。传统的本质是主体活动的延承。
故宫所代表的中国历史文化与当代中国是一脉相承的，中国传统文化
与今天的文化建设是相连的。对于任何一个民族、一个国家来说，经
典文化永远都是其生命的依托、精神的支撑和创新的源泉，都是其得
以存续和赓延的经络与血脉。

故宫是什么？从故宫学角度来审视，它是紫禁城，是皇室藏品，
也包括曾在这里发生过的人和事，更是这几方面所组成的文化整体。
因此，不仅故宫文物具有国宝地位，而且整个故宫就是一个国宝，有
着更为丰富的内容。

故宫文化的这种整体性、丰富性及象征性，使故宫成为取之不竭
的文化宝藏。保护故宫及其藏品，就是保持我们与祖先联系沟通的渠
道，就是保护中华民族的文化根基。故宫丰厚的文化资源，对于我们
传承中华民族的优秀传统文化，对于弘扬和培育民族精神、建设中华
民族共有精神家园，对于加强同世界各国的文化交流、扩大中华文明

的国际影响力，都能够发挥独特的重要作用。

在中国周代，曾设"天府"的官职，"掌祖庙之守藏与其禁令"①。后来，历史上就称朝廷藏物之府库为"天府"。而"子子孙孙永宝用"的诚铭，更是寄托着对后人永远宝爱和使用的期望。故宫过去是、现在更是一个"天府"。瑰宝聚集，来之不易；沧海桑田，文明永续。基于虽有两个故宫博物院，但故宫只有一个的中华民族文化认同感，以及两个博物院的收藏都是中华民族文化遗产的事实，因此，努力保护好这笔丰厚的文化遗产，并为弘扬中华传统文化、使中华文明赓续不断而努力，就是两个故宫博物院庄严而神圣的历史使命。

---

① 《周礼·春官·天府》。

主要参考文献

1.《北京志·故宫志》，北京市地方志编纂委员会编，北京出版社，2005年10月。

2.《故宫沧桑》，刘北汜著，南粤出版社、紫禁城出版社，1988年2月。

3.《故宫博物院藏文物珍品全集》，60卷，香港商务印书馆。

4.《故宫博物院八十年》，紫禁城出版社，2005年。

5.《中华文物播迁记》，杭立武编著，台湾商务印书馆，1980年11月。

6.《故宫跨世纪大事录要》，宋兆霖总编辑，台北故宫博物院，2000年1月。

7.《故宫四十年》，那志良著，台湾商务印书馆，1980年8月。

8.《故宫七十星霜》，昌彼得总编辑，台湾商务印书馆，1995年10月。

9.《国立故宫博物院巡礼》，台北故宫博物院，2002年1月。

10.《物华天宝》，林曼丽主编，台北故宫博物院，2007年2月。

11.《国立故宫博物院年报》，2001年、2003年、2004年、2005年、2006年、2007年。

后记

　　这是一部首次将两岸故宫博物院的文物藏品并列一起介绍的小书。揆其意义，主要有二：从公而言，是想让公众了解两岸故宫博物院文物藏品的渊源、流变及全貌，进一步认识故宫的价值、意义及地位；从私而言，则是我从事故宫学研究的基础和需要，是一项必须完成的工作。近年来，我对该课题念兹在兹，盖源于此！

　　我对两岸故宫博物院文物藏品的研究始于2005年，即故宫博物院建院80周年。通过搜集资料，分析研究，于2007年10月，写出一篇约4万字的长文，为两岸故宫藏品的分类与介绍，基本上是现在第五章的内容。但觉得就文物谈文物，没有这些文物的来龙去脉，没有两个博物院的基本状况，使人难以获得全面认识。2008年春节，又拿出一个11万字的稿子，但仍感到有些部分讲得不够。后在此基础上又下了较大功夫，结果文字翻了一番，成了现在的模样。好比面条，越抻越长。但我始终抱着认真负责的态度。其实书稿的反复过程，也反映着我研究的进展与认识的提高。

　　然而，我也感到了其中的困难。主要有两点：一是资料的掌握，二是对两岸故宫博物院藏品特点的认识。台北故宫博物院的文物藏品在20世纪五六十年代就陆续公布了，一些大宗的收藏早已为人所知，此外的其他门类，多归入"珍玩"一类，种类不算少，但一般数量有限，有的虽经多方了解，具体情况我仍不很清楚。北京故宫的文物藏品，尚未全面对外公布，有些文物还在继续清理，极少数类别的文物从未向社会公开过。应该说，资料尚不算是大问题。我认为，"通览"不应是已有资料的简单罗列。对于已有的文物藏品资料，特别是一些重要的作为收藏主体的门类，需要有整体的把握，认识其特点，或进行必要的比较。但这样就存在一定的"风险"，即可能因资料不足或识见局限而出错，甚至贻笑大方。因此我就要求自己，应努力弄清两岸故宫藏品的真实状况，同时抱着对灿烂的中华文明的挚爱心和自豪感，实事求是，反对任何偏隘的观念，力求论述的科学性和客观性。

关于北京故宫博物院的文物藏品状况，除参考已经出版的图书外，还得益于不少同事的帮助，他们是王连起、余辉、傅红展（古书画）、施安昌、尹一梅（碑帖）、刘雨、丁孟、李米佳（青铜器）、陈华莎、吕成龙、王健华、王光尧（陶瓷器）、张广文（玉器）、方斌、胡国强（铭刻类文物）、张荣（其他工艺类文物）、任万平（宫廷类文物）、王家鹏、罗文华（宗教文物）、朱赛虹、向斯（档案文献、古籍善本）、张克贵、周苏琴（古建类文物）、娄玮（文物统计）等女士和先生。我还先后请教了耿宝昌、杨伯达、杜迺松、万依等诸位前辈。他们的无私帮助和热情鼓励，使我的研究得以继续并能有所提升，在此谨致衷心的感谢！

台北故宫博物院的文物藏品，参考的图书资料尽管比较多，但为了有更加全面的了解，我曾请时任台北故宫博物院文献处处长、现任副院长的冯明珠女士帮助，她寄来了一些有关藏品的数字以及出版物的目录，还复印过一些资料。一直为促进两岸故宫合作交流而努力的台湾《中国时报》总经理黄肇松先生也曾给予积极支持，亲自把我所需要的资料带来北京。在此也谨向他们二位表示诚挚的谢意！

当我把书稿交到紫禁城出版社章宏伟先生手中后，并没有以往那种书稿告竣的轻松之感。两岸故宫文物藏品是一个重大的研究课题，这本书只能算是我的初步研究成果。我恳切地希望读者特别是两岸故宫同人匡谬补缺，使书中的内容得到修正和完善。

2008年6月25日

于北京故宫博物院

《郑欣淼文集》书目